図解 組織開発入門

入門

組織づくりの基礎をイチから学びたい人のための
「理論と実践」100のツボ

An Illustrated Introduction to Organization Development:
Theory and Practice in
100 Essential Points

坪谷邦生
TSUBOTANI Kunio

Discover
ディスカヴァー

はじめに

■自己紹介

お疲れ様です。坪谷です。私は研究者ではなく実践者です。もともとIT企業のエンジニアでしたが、疲弊していた現場の状況を改善したいと人事部門へ異動し、それから20年以上「人事」をしています。人事担当者、人事マネジャーとして8年間実務を経験したのち、リクルート社で人事コンサルタントとして8年間50社以上で人事制度を構築して組織開発を支援しました。ベンチャーのアカツキ社で人事企画室を立ち上げたのち、現在は株式会社壺中天を起こし、クライアント企業の人材マネジメントパートナーとして「人事の意志を形にする」活動をしています。

■当書のねらい

当書は組織開発の入門書です。組織を作る人だけでなく、組織で働く人にもお届けしたい本です。前書『図解 人材マネジメント入門』は人事の「型（仕組み）」を理解するための入門書でしたが、当書は、組織に「血」を通わせるための本です。密接に関連していますが、それぞれ独立して読める本に仕立てました。

私は人事担当者のころ「組織開発」が何をさす言葉なのか、よくわかりませんでした。人材マネジメントや人材開発との違いが理解できず混乱していました。どうにか学ぼうと組織開発の本を何冊も読んだのですが「専門的で難しすぎる」か「1社の特殊な事例のみ説明している」本ばかりで、全体像を捉えることができませんでした。その経験から、組織開発を「体系的にわかりやすく」理解できる本を書こうと考え、執筆したのが当書です。

「組織」について、未来への兆しや可能性を感じてくれたら、これほど嬉しいことはありません。

当書『図解組織開発入門 100のツボ』の構成

■つまみ食いできる100ツボ構造

当書はタイトルに「100のツボ」とあるとおり、100個のツボ（ポイント）を解説した本です。

1つのツボは見開き2ページで完結した内容となっており、ペラペラとめくって気になるツボだけを「つまみ食い」することができます。下図のとおり①上部にQ&A、②左ページに解説、③右ページに図解、④右下にはツボを理解し実践するためのヒントを記載しました。

1つのツボだけで学びがある、そして100のツボを通して読むと、組織開発の全体像を把握することができます。

①上部にQ&A

③右ページに図解

②左ページに解説

④右下にヒント

Q 組織開発とは何か？

A 組織をよくするため、実践者の価値観をベースに、人と人の間の関係性へ働きかけること

■組織開発はアメリカのODの日本語訳

組織開発とは、アメリカで1940年代に発祥したOrganization Development（OD）を日本語訳したものです。1950年代に日本に導入されました（ツボ008）。

「開発」という言葉から、外部のコンサルタントなど組織を創ったり改善したりするというイメージを持つ人もいるのですが、それは間違い（むしろ逆）です。

Developmentは「発達」「成長」を意味しています。そのため、組織を構成するメンバーが当事者として、自分の組織を成長させることが本来の組織開発（OD）です。組織に属していない外部パートナーはあくまでも当事者たちが組織を良くするための「支援」を行う役割となります（Chapter2.）。

■目的は「組織を良くする」こと

組織開発の定義を確認しましょう。さまざまなものがありますが、ここではウォリックの定義を紹介します。

組織開発とは、組織の健全さ、効果性、自己革新力を高めるために、組織を理解し、発展させ、変革していく、計画的で協働的な過程である。

つまり、所属メンバーが幸せで（健全さ）、組織の目的・目標を達成できて（効果性）、組織が絶えず学習し自ら変革に取り組み続ける（自己革新力）。これが組織開発の目的です。

■やり方は「関係性への働きかけ」が主流

組織開発のやり方には4つの「働きかけ（intervention）」があります（図表003）。そのうち最も大切なのは「関係性（Human Process）への働きかけ」、人と人との間で起こっていることに働きかけて改善するアプローチです。当書でこれ以降ご紹介する組織開発の手法のほとんどは、関係性への働きかけとなります。

残りの「技術・構造的働きかけ」「人材マネジメントによる働きかけ」「戦略的働きかけ」はもともと他の専門コンサルタントたちが得意とする分野でした。組織開発がビジネス上のニーズに応えてきた歴史の中で、取り込んだ領域です。それぞれを単発の仕組みとして扱うだけでなく、関係性に配慮し一貫性を持って行うことで組織開発のアプローチとすることができます。

■重要なのは実践者のあり方「価値観」

組織開発にとって最も重要なのは実践者の「あり方」つまり価値観です（ツボ016参照）。

一人ひとりが活き活きとし、働く幸せを感じる職場をつくりたいと願うならば、そのような価値を提供できるように日々の関わりから自ら実践すること。これが組織開発の基本であり、最も重要で本質的なことだと考えます。（中村和彦『入門組織開発』より）

次のツボ004では、組織開発の歴史を確認します。

図表003
組織開発の目的・やり方・実践者のあり方

目的 — **組織をよくする** 組織の健全さ・効果性・自己革新力を高める

やり方 — ヒューマン・プロセス **関係性への働きかけ**
技術・構造的働きかけ ／ 人材マネジメントによる働きかけ
戦略的働きかけ

あり方 — 人間尊重／民主的／クライアント中心／社会・環境志向
チェンジエージェント 実践者

（中村和彦『入門組織開発』を参考に作成）

▶ 人材マネジメントによる働きかけは、組織開発のやり方の一部なのです　HINT

■組織開発のやり方・あり方と組織モデル

　当書では「組織開発のやり方・あり方」と「組織モデル」を10のChapter（章）で説明しています（図表000）。1つのChapterは10のツボからできています。どのChapterから読んでも理解できる仕立てとなっていますので、興味のあるところから読みはじめてください。

Chapter 1. 　組織開発：そもそも組織とは何か、組織開発とは何か、組織開発の目的、歴史、哲学など、組織開発の概論です。

Chapter 2. 　チェンジエージェント：チェンジエージェントとは実践者のこと。組織開発においてもっとも重要とされる実践者のスタンス、あり方について考えます。

Chapter 3. 　サーベイ・フィードバック：組織開発の代表的な手法であるサーベイ・フィードバックについて解説します。

Chapter 4. 　対話型組織開発：組織開発の新しいアプローチである対話型組織開発を、理論と具体的な方法を交えて紹介します。

Chapter 5. 　学習する組織：1990年代に組織開発のバイブルと呼ばれ、多くの企業が取り入れたピーター・センゲ『学習する組織』を紹介します。「組織の学習能力」を伸ばすメソッドです。

Chapter 6. 　ティール組織：発達という概念を組織自体に取り入れたフレデリック・ラルー『ティール組織』を紹介します。組織が進化するという兆しを見せた「希望の書」です。

Chapter 7. 　ビジョナリーカンパニー：経営者が入れ替わっても長期的に成果を出し続ける「偉大な企業」の特徴を調査したジム・コリンズ『ビジョナリーカンパニー』を紹介します。

Chapter 8. 　デリバリング・ハピネス：ザッポス社が実践してきた「幸せ」な企業の文化づくりのノウハウと、永続的に続く企業を目指した「ティール組織」への挑戦を紹介します。

Chapter 9. 　心理学的経営：リクルート社が創業期から行なってきた「個をあるがままに生かす」自主経営の理論と実践を紹介します。

Chapter 10. 　ワイズカンパニー：日本でもっとも有名な経営書『知識創造企業』の続編である『ワイズカンパニー』を紹介します。個と組織、内的と外的を統合する「知恵の書」です。

図表000

当書の構成

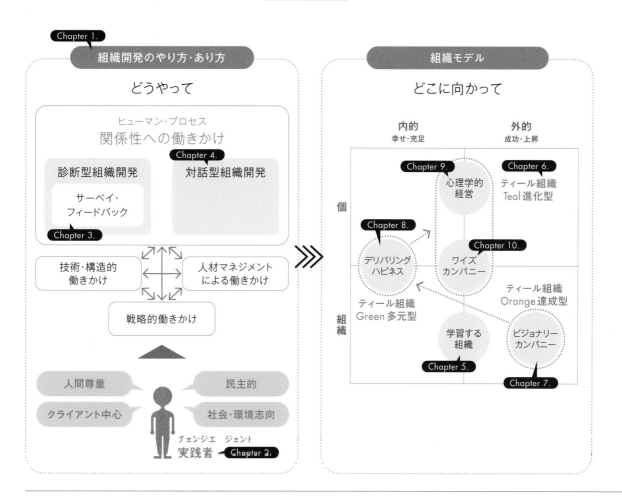

Chapter 1.
組織開発のやり方・あり方

どうやって

ヒューマン・プロセス
関係性への働きかけ

診断型組織開発

サーベイ・
フィードバック
Chapter 3.

Chapter 4.
対話型組織開発

技術・構造的
働きかけ

人材マネジメント
による働きかけ

戦略的働きかけ

人間尊重　　　民主的
クライアント中心　　社会・環境志向

チェンジエージェント
実践者 **Chapter 2.**

組織モデル

どこに向かって

内的
幸せ・充足

外的
成功・上昇

Chapter 9.
心理学的
経営

Chapter 6.
ティール組織
Teal 進化型

個

Chapter 8.
デリバリング
ハピネス

Chapter 10.
ワイズ
カンパニー

ティール組織
Green 多元型

ティール組織
Orange 達成型

組織

学習する
組織

ビジョナリー
カンパニー

Chapter 5.

Chapter 7.

▶ 複雑で捉えにくい組織開発の「地図」を用意しました　HINT

目次
Contents

組織開発

Chapter 1.

Q 組織とは何か？

本題の組織開発の前に「組織（Organization）」について確認しておきましょう。さて、組織とは何でしょうか？

■ ただ人が集まっただけでは組織ではない

組織の定義として有名なものをいくつか見てみましょう。まず組織開発の研究者エドガー・シャインは組織をこう定義しています。

> ある共通の明確な目的、ないし目標を達成するために、分業や職能の分化を通じて、また権限と責任の階層を通じて、多くの人々の活動を合理的に協働させること

次は経営学者チェスター・バーナードの定義です。

> 意識的に調整された、人々の活動や諸力のシステム（システムとは相互作用する諸要素の複合体）
> 成立のための条件は、共通の組織目的・貢献し協働する意欲・円滑なコミュニケーション

日本の経営コンサルタント波頭亮はこう言っています。

> 複数の組織構成員の有機的共働によって、より効率的に共通の組織目標を達成することを通じて、各組織成員の得る個別効用を極大化させるための集団

これらの定義からまず、シンプルにわかることがあります。それはどうやら複数の人が集まっただけでは組織とは呼べない、ということです。それはただの「集団（Group）」です。

そして集団が組織になるためには、次の2つの要件が必要です（図表001）。

■ 組む：目的を共有している

人は、それぞれ違った目的を持って組織に所属しています。例えば給与のためという人も、仕事自体にやりがいを感じる人も、自己実現が大切な人も、仲間たちとの切磋琢磨が楽しい人もいます。しかもその目的は年齢や環境の変化によって変わります。

これらの多様で可変なメンバーたちを束ねるために必要なのが「共通の目的」です。組織目的にむけて貢献しその達成を通じて自分自身の目的が叶う、つまり目的が重なって「共有」されて、組む状態になっている必要があるのです。

■ 織りなす：協働する

一人ずつバラバラにやった方が効果的なのであれば、複数人が集まる必要がありません。役割分担されて力が織りなされていること、つまり「協働」によって効果があがることが組織となる意味です。ここでいう効果とは、共有された組織目的と、それに重なり合う個人の目的がどちらも達成されることです。

次のツボ002では、なぜ組織開発が必要なのかを確認します。

組んで織りなす。
「目的」が共有されて「協働」している集団のこと

図表001
組織の要件

組む　　　　　　　　　　織りなす

目的
共通の目的を
目指していること

協働
一人で行うより
効果があがること

人はそれぞれ違った目的を
持っているため、ただ集まった
だけでは力が集約されない

一人ずつバラバラにやった方
が効果的なのであれば、複数
人が集まる必要がない

▶組織の「目的」を一緒に目指せない人は、その組織に属していてはいけません　HINT

Q なぜ組織開発が必要なのか？

なぜ、いま、組織開発が必要なのでしょうか？

■着目される組織開発

組織開発は1940年代のアメリカで始まり、1950〜1960年代にかけて日本企業でも導入されましたが、それ以降はあまり耳にしない言葉となっていきました（ツボ004）。しかし2000年前後には「ファシリテーション」や「コーチング」などの組織開発から発祥した手法が脚光を浴びる様になり、再び組織開発が着目されるようになってきました。中村和彦『入門組織開発』によれば、組織開発に関する記事や論文の数も2000年以降大幅に増加しているそうです。

■いまの組織では解決されていない問題

2018年に日本で翻訳出版されたフレデリック・ラルー『ティール組織』は10万部のベストセラーとなりました（Chapter6）。この書籍は「組織の新しい形」があり得ると示したものでした。既存の組織に不満や不安を持った人が「希望」を求めた結果、流行したのだと思います。

その不満や不安の背景には「多様化」があります。世の中の環境は複雑になり、事業が既存のやり方では通用しない、そして働く人の状況やニーズがそれぞれ異なっていく中で、これまでのマネジメントでは組織が十分に機能せず、働く一人ひとりにその歪みが痛みとして現れているのでしょう。

■仕組みを作っただけでは解決しない

前述のコーチングやファシリテーションを、各企業はどのように取り入れているのでしょうか。多くの場合、コーチング研修、ファシリテーション研修などの個人に能力をつける研修（トレーニング）において行われています。それは人材マネジメント（図表002）における「人材開発」のアプローチです。

私が人事担当者として、人事コンサルタントとして、いつも苦心するのは、組織の問題とは「仕組みを作っただけでは解決しない」ということです。研修体系に新しい何かを組み込み、定期的な実施をした「だけ」では組織は何も変わりません。短期的な刺激にはなるかもしれませんが、中長期で見れば誤差の範囲です。

組織のハードな側面（仕組み）だけでなく、ソフトな側面（人と人の関係性）に働きかけ、その変革に取り組む必要があります。「型」を作るだけではなく、そこに「血」を通わせるのです。

そのソフトな側面に働きかけ、血を通わせる手法の体系である組織開発についてここから学んでいきましょう。

次のツボ003では、まず組織開発とは何か、その概要を確認します。

仕組みを作っただけでは、組織は良くならないから

図表002
人材マネジメントの構造

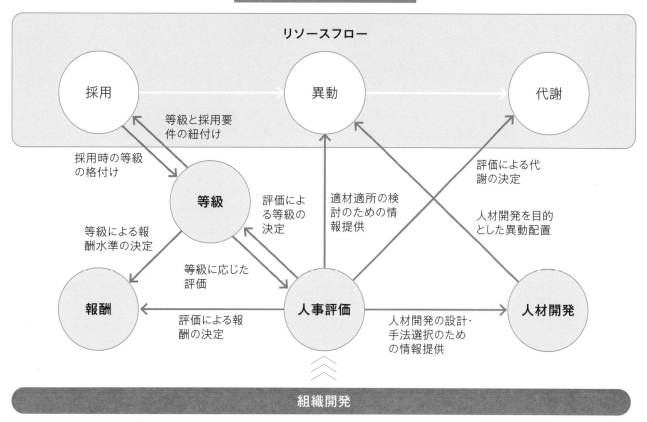

（坪谷邦生『図解人材マネジメント入門』より）

▶仏作って魂入れず。それなら仏像を作らない方がマシです　HINT

Q 組織開発とは何か？

■組織開発はアメリカのODの日本語訳

組織開発とは、アメリカで1940年代に発祥したOrganization Development（OD）を日本語訳したものです。1950年代に日本に導入されました（ツボ008）。

「開発」という言葉から、外部のコンサルタントなどが組織を創ったり改善したりするというイメージを持つ人もいるのですが、それは間違い（むしろ逆）です。

Developmentは「発達」「成長」を意味しています。そのため、組織を構成するメンバーが当事者として、自分の組織を成長させることが本来の組織開発（OD）です。組織に属していない外部パートナーはあくまでも当事者たちが組織を良くするための「支援」を行う役割となります（Chapter2.）。

■目的は「組織を良くする」こと

組織開発の定義を確認しましょう。さまざまなものがありますが、ここではウォリックの定義を紹介します。

組織開発とは、組織の健全さ、効果性、自己革新力を高めるために、組織を理解し、発展させ、変革していく、計画的で協働的な過程である。

つまり、所属メンバーが幸せで（健全さ）、組織の目的・目標を達成できて（効果性）、組織が絶えず学習し自ら変革に取り組み続ける（自己革新力）、これが組織開発の目的です。

■やり方は「関係性への働きかけ」が主流

組織開発のやり方には4つの「働きかけ（intervention）」があります（図表003）。そのうち最も大切なのは「関係性（Human Process）への働きかけ」、人と人との間で起こっていることに働きかけて改善するアプローチです。当書でこれ以降ご紹介する組織開発の手法のほとんどは、関係性への働きかけとなります。

残りの「技術・構造的働きかけ」「人材マネジメントによる働きかけ」「戦略的働きかけ」はもともと他の専門コンサルタントたちが得意とする分野でした。組織開発がビジネス上のニーズに応えてきた歴史の中で、取り込んだ領域です。それぞれを単発の仕組みとして扱うだけでなく、関係性に配慮し一貫性を持って行うことで組織開発のアプローチとすることができます。

■重要なのは実践者のあり方「価値観」

組織開発にとって最も重要なのは実践者の「あり方」つまり価値観です（ツボ016参照）。

1人ひとりが活き活きとし、働く幸せを感じる職場をつくりたいと願うならば、そのような価値を提供できるように日々の関わりを自ら実践すること、これが組織開発の基本であり、最も重要で本質的なことだと考えます。（中村和彦『入門組織開発』より）

次のツボ004では、組織開発の歴史を確認します。

100 の ツ ボ
003

図表003

組織開発の目的・やり方・実践者のあり方

目的

組織を良くする
組織の健全さ・効果性・自己革新力を高める

やり方

ヒューマン・プロセス
関係性への働きかけ

技術・構造的
働きかけ

人材マネジメント
による働きかけ

戦略的働きかけ

あり方

人間尊重

民主的

クライアント中心

社会・環境志向

チェンジエージェント
実践者

（中村和彦『入門組織開発』を元に作成）

▶ 人材マネジメントによる働きかけは、組織開発のやり方の一部なのです　HINT

Q 組織開発の歴史は?

何かを「学ぼう」と思ったときには、その領域の歴史を知ることが有効です。「すぐに使える知識」を求めている人にとっては遠回りだと感じてしまうかもしれませんが、表面上の手法と事例をマネしても、ほとんどの場合は目的に届きません。それでは「哲学」や「思想」を外してしまうからです。

これはどの分野の学びにおいても共通して言えることですが、「実践者のあり方」が重視される組織開発においては、特に大切だと言えます。

組織開発の哲学と思想を理解するために、その歴史を学んでいきましょう。

100のツボ
004

■組織開発の根底にいる3人の哲学者

まず1900年代、組織開発の根底に流れる思想を唱えた3人の哲学者が登場します。「経験から内省」して学ぶジョン・デューイ、「いま・ここ」を意識化するエドムント・フッサール、「無意識」の抑圧を治療するジクムント・フロイトです（詳細はツボ005）。

■組織開発の基礎となった方法と理論

次に1920年代、組織開発の基礎となった方法と理論が現れます。集団の力で治療する「集団精神療法」、大量生産の科学的管理手法に対抗してはじまった「人間関係論」、そして組織を「システム」として捉えたバーナード組織論です（詳細はツボ006）。

■組織開発の誕生「Tグループ」

1940年代に組織開発が誕生します。創始者クルト・レヴィンによる民主的な組織開発手法「Tグループ」、その実践者「チェンジエージェント」たちが集う総本山NTL（Chapter2.）、リッカートのサーベイ・フィードバック（Chapter3）などから組織開発が形作られていきました（ツボ007）。

■日本の「QCサークル」を取り込む

日本には1950年代に組織開発が入ってきました。NTLのTグループではなく感受性訓練（ST）が広がり一時的なブームとなります。一方で製造業において品質管理の自主活動である「QCサークル」が発展しました。その流れをアメリカの組織開発も取り込んでいきます（詳細はツボ008）。

■転換期と対話型組織開発への発展

1970年代、アメリカの組織開発は拡大し絶頂期を迎えます。しかし1990年代には大手コンサルティング会社による「チェンジ・マネジメント」の台頭などにより衰退していきました（詳細はツボ009）。2000年代に救世主クーパーライダーの登場で復活し「対話型組織開発」として発展していきます（Chapter4）。

ツボ005〜009にて歴史を順に追います。まずツボ005は根幹にある哲学を確認しましょう。

A 1900年代の哲学を源流として、1940年代の
アメリカで始まり、1950年代に日本に入ってきた

図表004
組織開発の歴史

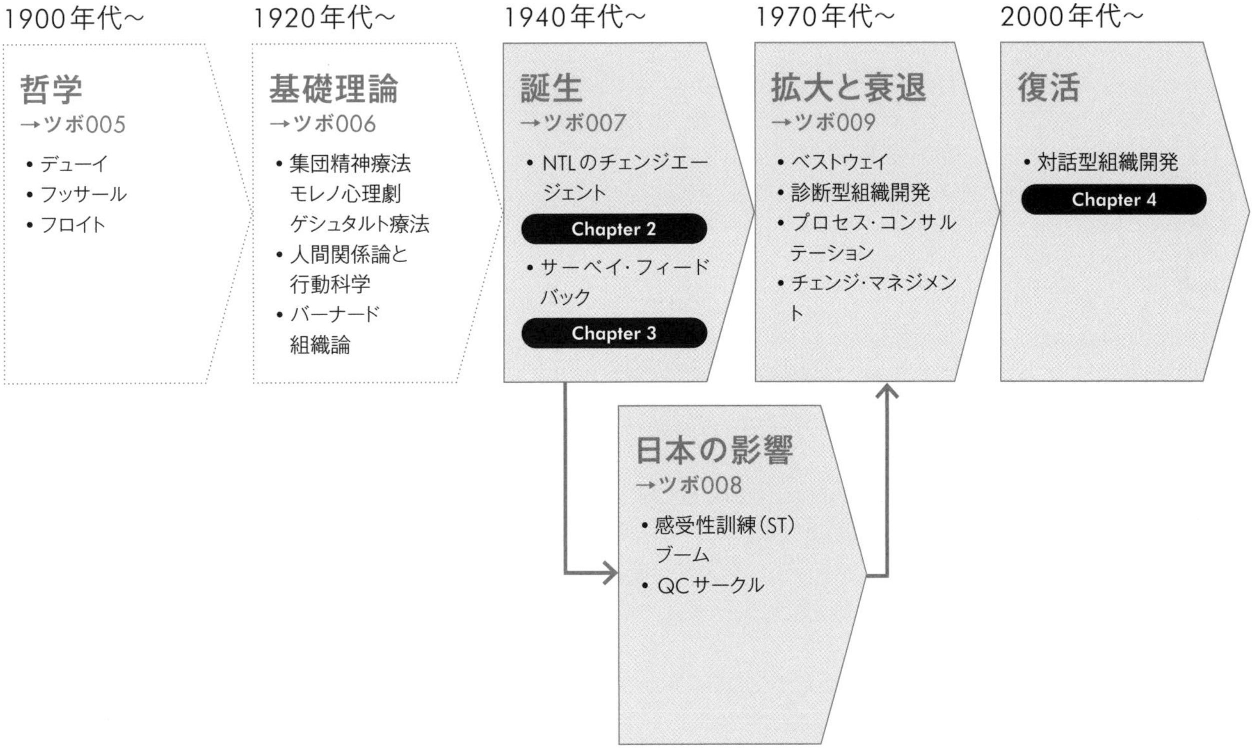

1900年代～

哲学
→ツボ005

- デューイ
- フッサール
- フロイト

1920年代～

基礎理論
→ツボ006

- 集団精神療法
  モレノ心理劇
  ゲシュタルト療法
- 人間関係論と
  行動科学
- バーナード
  組織論

1940年代～

誕生
→ツボ007

- NTLのチェンジエー
  ジェント
  Chapter 2
- サーベイ・フィード
  バック
  Chapter 3

1970年代～

拡大と衰退
→ツボ009

- ベストウェイ
- 診断型組織開発
- プロセス・コンサル
  テーション
- チェンジ・マネジメン
  ト

2000年代～

復活

- 対話型組織開発
  Chapter 4

日本の影響
→ツボ008

- 感受性訓練（ST）
  ブーム
- QCサークル

▶ 歴史を知ることで、組織開発の全体像を捉えることができます　　HINT

組織開発の根底にいる哲学者を3人、紹介します。

■「経験から内省」して学ぶデューイ

1人目はジョン・デューイです。1900年代のプラグマティズムを代表する哲学者で、教育界に大きな影響を与えました。

アメリカで発祥したプラグマティズムは「効果を出しているものこそが真実であると見なす」思想です。そのため、効果の有無を「見える化」する科学的手続きを重視します。アメリカは移民の国です。多くの民族や人種が入り乱れた中で「効果が出ていれば、多少相容れないものがあったとしても、正しいと見なそう」とする包括的な思想が必要とされていたのです。

当時は「受動的な人間」に知識やスキルを与える教育観が一般的でしたが、デューイは異を唱えました。「能動的な人間」は自ら環境に働きかけて経験する、そして経験を内省することによって学ぶ、と主張したのです。「経験からの内省」によって学ぶというデューイの思想は、個人の教育から組織へと対象を広げて、組織開発へ発達していきました。

■「いま・ここ」を意識化するフッサール

2人目はオーストリアの哲学者エドムント・フッサールです。1900年代に現象学を唱えました。フッサールは当時の客観的な自然科学を「真の人間性にとって決定的な意味を持つ問題から無関心に目をそらさせる」として強く対抗しました。そして生まれたのが現象学の価値観である「いま・ここ（here & now）」です。今、起こっている自分の経験に耳を傾けること、つまり「主観」を重視したのです。私たちがふだん自明であると素通りしているような経験に、あえてじっくり向き合って書き記し、意識化することをフッサールは求めています。この現象学の「いま・ここ」は、組織開発において最も重要な価値観となりました。

■「無意識」の抑圧を治療するフロイト

3人目はオーストリアの精神科医ジクムント・フロイトです。フロイトは「心とは氷山のようなものだ。氷山は、その大きさの7分の1を海面の上に出して漂う」と人間の心には意識できない「無意識」という領域があると主張しました。その水面下に抑圧された心理的な葛藤が病理を生み出すと考えて、それを対話によって治療する精神分析を行いました。

心理学の開祖と呼ばれるフロイトは世界中のあらゆる思想に影響を与えています。組織開発へは、チームや組織の「水面下に隠れて見えない問題」を、対話によって見える化するという形で継承されています。

次のツボ006では、組織開発の基礎となる方法と理論を確認しましょう。

A デューイ、フッサール、フロイト

図表005
組織開発の根底にいる哲学者

「経験から内省」 して学ぶ	「いま・ここ」での 経験を意識化	「無意識」の抑圧を 対話で引き出す

ジョン・デューイ
1859〜1952年
プラグマティズム

- 「経験からの内省」によって学ぶという考え方は組織開発全体へ
- アクティブ・ラーニングやコルブの経験学習サイクルなど人材開発領域へも強い影響を与えている
- ショーンの省察的実践を通じて「学習する組織（Chapter5.）」へも継承されている

エドムント・フッサール
1859〜1938年
現象学

- 集団精神療法（ツボ006）へ色濃く反映されている
- 「いま・ここ」は組織開発においてもっとも重要な価値観となった

ジクムント・フロイト
1856〜1939年
精神分析

- 心理学の開祖と呼ばれる
- 集団精神療法（ツボ006）の原点
- 組織開発における「氷山モデル」は見えない問題を対話で見える化する思想の源流である

（中原淳，中村和彦『組織開発の探究』を元に作成）

▶組織開発の思想的な源流を知ることは、本質的な理解につながります　HINT

Q 組織開発の基礎になった方法と理論は？

組織開発の基礎となった方法と理論を3つ紹介します。

■「集団の力」で治療する集団精神療法

第1次世界大戦によって多くの兵士がPTSD（心的外傷後ストレス障害）患者となってしまいました。個別の治療を行うには膨大すぎるその数に対応するため、「集団の力」を利用して治療を行う『集団精神療法』が編み出されました。いくつかの手法がありますが、のちの組織開発に影響を及ぼした2つを紹介します。どちらも戦争の傷痕も深い1920年代に生まれました。

ヤコブ・モレノ『心理劇（サイコドラマ）』：フロイトの言う「抑圧」（ツボ005）を、グループの中で「劇として演じる」ことで見える化し、振り返りを行い気づきを得る治療法です。

フリッツ・パールズ『ゲシュタルト療法』：意識下にある心残りを「身体を用いて表現する」ことで見える化し、その心残りと患者自身が「いま・ここ」（ツボ005）で対決して、わだかまりを解消する治療法です。

組織開発の原点「Tグループ」（ツボ011）などの技術的な基盤となりました。

■「人間的側面」を重視する人間関係論

1900年代、アメリカ製造業の大量生産を支えたのはフレデリック・テイラー『科学的管理法』です。組織や人間を機械とみなして、作業時間や作業工程を科学的根拠に基づき管理しました。

ここに対抗したのがジョージ・エルトン・メイヨーらの『人間関係論』です。1927〜32年に行われたホーソン実験（拙著『図解 人材マネジメント入門』のツボ003参照）を皮切りに、人の感情や人間関係に着目しました。この動きは1950年代の『行動科学』と呼ばれる様々な領域の学問に受け継がれ組織開発の基盤となりました。

経営学では科学的管理法は「古典派」、人間関係論や行動科学は「新古典派」と呼ばれています。

■組織を「システム」と捉えたバーナード

経営学の「近代派」を切り開いたのは、アメリカで電話会社を経営するチェスター・バーナードでした。

バーナードは組織を「システム」だと捉えました。システムとは「その内部の要素が相互に関連する、1つのまとまり（一般システム理論）」のことです。組織内の要素の関係性（例えば、公式組織と非公式組織）、そして組織の外部環境というより大きなシステムへの適応を、重要な課題と考えたのです。このバーナード組織論も組織開発を支える中心理論となりました。

次のツボ007では、いよいよ組織開発のはじまりを見ていきましょう。

A 集団精神療法、人間関係論、バーナード組織論

図表006

組織開発の基礎になる方法・理論

第一次世界大戦でPTSD患者が多発	テイラーの科学的管理法への対抗	一般システム理論を組織へ応用

集団精神療法
1920年代
「集団の力」で治療する

心理劇
1920年代
抑圧を演じて見える化
して振り返る
ヤコブ・モレノ

ゲシュタルト療法
1920年代
心残りを身体で表現して
対決する
フリッツ・パールズ

人間関係論
1930年代
組織の「人間的側面」を
重視する
エルトン・メイヨー

行動科学
1950年代

- マズロー:自己実現
- マグレガー:X理論・Y理論
- ハーズバーグ:動機付け要因・衛生要因
- リッカート:サーベイ・フィードバック・リーダー
  シップ研究
- アージリス:個人と組織の適合・不適合

バーナード組織論
1930年代
組織を「システム」
と捉える
チェスター・バーナード

- Tグループの技術的な基盤

- 人材マネジメント全般

- 意思決定論
- 経営戦略論
- コンティンジェンシー理論

(中原淳, 中村和彦『組織開発の探究』を元に作成)

▶ **集団精神療法は心理損傷の危険を伴うため、治療する人の倫理観と力量が重要です**　HINT

Q 組織開発はどのように始まったのか？

組織開発は1940年代のアメリカで花開きました。大きく2つの源流があります。「チェンジエージェント」と「サーベイ・フィードバック」です。

■ NTLのチェンジエージェント

組織開発はマサチューセッツ工科大学（MIT）集団力学研究所の心理学者クルト・レヴィンによる「Tグループ」から始まりました。Tはトレーニングの頭文字、8〜10名の参加者が合宿形式で「いま・ここ（ツボ005）」の体験を通じて「人間関係（ツボ006）」のトレーニングを行うものです。

1947年にTグループを推進するための団体、NTL（National Training Laboratories for Group Development）が設立されました。その年にレヴィン自身は亡くなってしまうのですが、その遺志を継いだNTLのメンバーによって、Tグループは1950〜1960年代のアメリカで盛んに行われていきました。

このNTL初期メンバーの実践が、組織開発の主要な概念やツールを作りました。ざっとご紹介すると、ダグラス・マグレガー「X理論・Y理論」、クリス・アージリス「組織学習」（ツボ041）、ロバート・ブレークとジェーン・ムートン「マネジリアル・グリッド」、エドガー・シャイン「プロセス・コンサルテーション」（ツボ013）などです。NTLは組織開発のパイオニアが集う総本山となったのですね。

彼らは「チェンジエージェント（組織や社会の変革推進者）」を養うことを目指しました（Chapter2.）。

■ リッカートのサーベイ・フィードバック

ミシガン大学の社会心理学者レンシス・リッカートも、レヴィンから強い影響を受けた一人です。レヴィンが亡くなった後、MIT集団力学研究所のメンバーを引き受けて研究を続けていきました。

リッカートはアンケートなどで使用される「リッカート式」が有名です。1948年にアメリカの企業で、従業員の行動や態度を調査し、そのデータを組織の構成員にフィードバックして上司と従業員で話し合ってもらったところ良い効果が得られたことから、サーベイ・フィードバックの手法を見出しました（Chapter3.）。そしてこの調査・フィードバック・対話という流れは組織開発の基本的な進め方「ODマップ」（ツボ014）へと発展しました。

またリッカートは組織調査を行う中で、組織のリーダーについての研究を進め「課題志向」「関係志向」という2次元でリーダーシップを捉えました。この考え方はそれから数十年間におよぶリーダーシップ論の礎となっています（例：三隅二不二「PM理論」）。

チェンジエージェントたちの活躍によって、組織開発は1960年代のアメリカで大きく発展していきました。

次のツボ008では日本の組織開発について確認します。

A クルト・レヴィンのＴグループから始まった

図表007

組織開発のはじまり

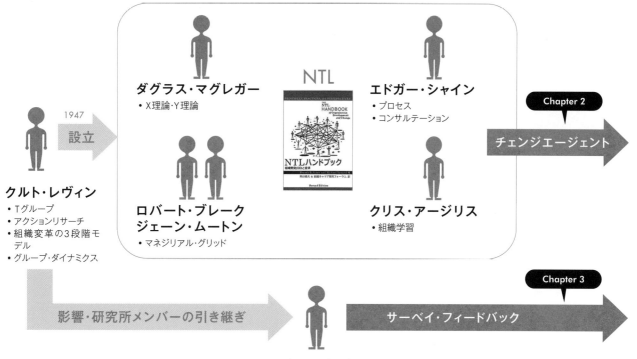

（中村和彦『入門組織開発』および中原淳，中村和彦『組織開発の探究』を元に作成）

▶ ドイツから亡命してきたレヴィンは、差別のない「民主的」な価値観を重んじました　HINT

Q 日本の組織開発の歴史は？

日本の組織開発の歴史には大きく2つの流れがあります。感受性訓練とQCサークルです。

■感受性訓練（ST）のブームと終焉

NTL（ツボ007）でTグループを学んだUCLA（カリフォルニア大学ロサンゼルス校）の人々がアメリカ西海岸にWTLを作りました。そこで「感受性訓練（ST＝Sensitivity Training）」が生まれます。

日本では、NTLのTグループではなく、WTLのSTが流行しました。1963年に産業能率短期大学がUCLAのマサリック教授を招いたことに始まり、1960年代後半から1970年代初めにかけて、多くの大企業に導入されていったのです。そのため日本では組織開発といえばSTという認識が強くなりました。

背景として、当時の日本は高度経済成長の只中であり、物を作れば売れた時代でした。「モーレツ社員」が求められており「社員が劇的に変わる画期的なトレーニング方法」としてSTはブームとなったのです。しかしこのブームはすぐに終焉を迎えます。ニーズに対して供給の質が間に合わなかったのです。トレーナーの教育がされておらず、軍隊出身のトレーナーが参加者に暴力を振るう、自殺者が出るなどの社会問題を巻き起こし「STは危ない」と下火になって行きました。

組織開発には見識と倫理観のある人材が不可欠だと示した負の歴史と言えます（ツボ017）。

■QCサークルの発展とアメリカへの影響

一方、日本の工場ではQCサークルという品質管理活動が行われました。1950年にアメリカのデミング博士を招いてセミナーを開催したことに始まり、日本科学技術連盟が「デミング賞」を設置、機関紙「現場とQC」を創刊、「QC7つ道具」を設置するなどして推奨してきました。専門家が行うのではなく「第一線の職場で働く人々」による小グループによって運営を自主的に行い「創造性を発揮し自己啓発・相互啓発」を図ることに特徴があります。QCサークル大会は現在も継続されており6200回を超えています（2021年）。

1980年代のアメリカは日本のQCサークルを組織開発に取り込んでいきました（ツボ009）。

■NTLの系譜は南山大学と九州大学へ

STもQCも純粋な「関係性への働きかけ」ではありません。本流NTLの系譜も確認しておきましょう。

1958年、日本人牧師に対してTグループが実施され、そのノウハウは立教大学、そして南山大学へと引き継がれました。九州大学では三隅二不二教授が集団力学研究所を開設してレヴィンの方法を日本に広めました。三隅教授から学んだ潮崎通康はリクルート社でRODという組織開発手法を開発しました（ツボ015）。

次のツボ009は組織開発の発展を確認します。

感受性訓練（ST）は一時的なブームで終わったが、自主活動であるQCサークルが発展し続けた

図表008

日本の組織開発の歴史

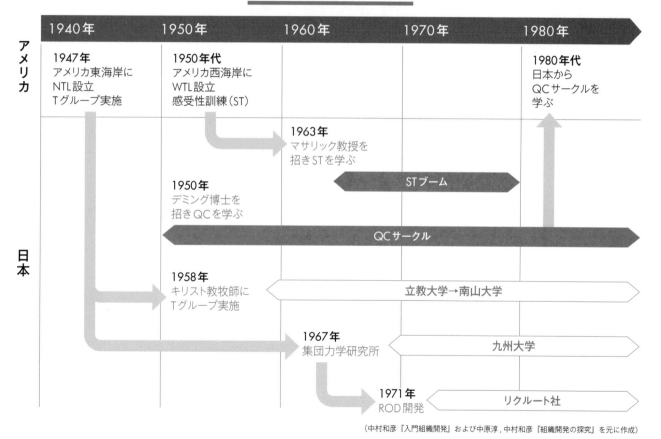

（中村和彦『入門組織開発』および中原淳，中村和彦『組織開発の探究』を元に作成）

▶ 現場主体で相互啓発を重んじるQCサークルのスタンスは組織開発そのものです　HINT

Q 時代の変化は組織開発にどう影響したのか？

組織開発が発展していった歴史を追いかけます。

■「人間性尊重」が求められた1960年代

1960年代のアメリカは、キング牧師による人種差別撤廃に向けた公民権運動、ベトナム反戦運動、ヒッピー・ムーブメントなど「人間性尊重」が求められた時代でした。その追い風に乗ってNTLチェンジエージェントたち（ツボ007）が活躍し、組織開発はアメリカ企業に取り入れられ発展しました。この時代には「組織の理想像」が定義されており、その「ベストウェイ」を支援することが組織開発だとされました。主な手法を2つ紹介します。

リッカート『システム4理論』：組織を独善的専制型・温情的専制型・相談型・集団参画型の4つに分類し、サーベイ・フィードバック（Chapter3.）を行う。

ブレーク＆ムートン『マネジリアル・グリッド』：マネジャーを「人間に対する関心」「業績に対する関心」の2軸で分類し、自分のリーダーシップスタイルに気づく研修を行う。

■不景気で「戦略」が求められた1970年代

1970年代のアメリカは、オイルショックと不景気から、外部環境の変化に耐えうる「戦略論」が求められるようになりました。そして「コンティンジェンシー理論」が台頭します。状況によって組織の良さは変わるというもので、理想像が決まっているベストウェイとは対極の考え方です。

経営戦略論の研究者チャンドラーは「組織構造は戦略に従う」と言いました。外部環境に適応するための戦略が組織の形を決めるのです。この時代の流れから、組織の現状のデータを集めて分析する『診断型組織開発』（ツボ014）やクライアント中心に問題を解決する『プロセス・コンサルテーション』（ツボ013）が生まれます。

■風呂敷を広げすぎた1980年代、そして…

1980年代には、組織開発は企業からの強いニーズに応える形で、多様なものを取り込んでいきました。戦略論、日本のQCサークル（ツボ008）、人材マネジメント（HRM）など。しかし、あれもこれも大事だと風呂敷を広げすぎた組織開発は窮地に追い込まれます。

1990年代、大手コンサルティング会社による「チェンジ・マネジメント」が現れたことで、組織開発は衰退の危機を迎えました。チェンジ・マネジメントは成果や経済的な価値を大切にして、コンサルタントや経営者といった少数精鋭で進める手法で、組織開発とは思想が大きく異なります（図表009）。当時の企業ニーズは、組織開発ではなくチェンジ・マネジメントを選んだのです。冬の時代は2000年代まで続きました。

次のツボ010では組織開発のこれからを考えます。

人間尊重のニーズは追い風となり、戦略や成果に直結するニーズは逆風となった

図表009
チェンジ・マネジメントと組織開発

チェンジ・マネジメント		組織開発
成果を強調する	⟷	プロセスを強調する 人と人との間に起こること
経済的な価値を 尊重する	⟷	人間的な価値を 尊重する
エリート・プロセス 少人数で進める	⟷	パーティシペイトリー・プロセス 多くの人に参加を促し、 決定にも関わってもらう
ディレクティング 方向づけを行う	⟷	当事者主体 ファシリテーションとコーチングで 当事者のプロセスを支援する

（中村和彦 , 金井壽宏 , 大谷友樹 , 平野 光俊『戦略パートナー / チェンジエージェントとしての人事部が取り組む組織開発』（2014、経営行動科学第 27 巻第 1 号）を元に作成）

▶ 2000年代に救世主クーパーライダーが『AI』という新たな希望を持って登場します　　HINT

このChapter1.では組織開発の全体像をつかむため、その歴史を順に辿ってきました。最後のツボとなる010では過去の経緯を踏まえて、これから組織開発はどうなるか、考えていきます。

100のツボ
010

■ 組織開発は「善（組織の内面）」の分野

組織開発の歴史において登場した考え方を「個と組織」「内面と外面」の四象限で整理しました（図表010）。この枠組みはケン・ウィルバー『インテグラル理論』の四象限（ツボ055）を参考に作成しています。

内面とは、見てもわからない、話しかけて聞き、その内容を解釈する側面です。外面とは、見てわかる、科学的、定量的に測定ができる側面です。

とても興味深いことに、ウィルバーはこの四象限を「真・善・美」に対応させて説明しています。個人の内面は私（I）の領域です。私が何を「美」しいと思うか。組織の内面は私たち（We）の領域です。私たちにとって何が「善」いことなのか。外面はそれ（It）の領域です。客観的・科学的に正しい「真」は何なのかという分類です。

この整理に沿って確認すると、組織開発の歴史は「美（個の内面）」の領域にいるデューイ、フッサール、フロイトから始まり、「善（組織の内面）」の領域で発達してきたことがわかります。組織開発とは元来、「善（私たちにとって善いもの）」を追求する分野なのでしょう。

そして、「真（外面）」の領域にある科学的管理法やチェンジ・マネジメントとは違う方向に進んできたこともわかります。時代の流れの中で客観的・科学的な「真」が強く求められたとき、組織開発は窮地に立たされてきたのです。

■ より善を追求して発展していく

真と善を跨いだ領域にいるサーベイ・フィードバックや診断型組織開発は、企業からの要望に直結で応えながらも「善」にリーチできる方法です。また、2000年代以降はクーパーライダー『AI』の登場によって「対話型組織開発」が発展していきます（Chapter4.参照）。対話型組織開発はまさしく「私たち」で善いものを共創する方法であり、「善」の真ん中に位置していると言えます。

これからの組織開発は、やはり本質的には「善」を追求する方向へ発展していくものだと思います。そして、そのためには真・善・美の全領域を見る視界と、統合する力が求められていくことでしょう。

次のChapter2.では、組織開発の実践者「チェンジエージェント」について学んでいきます。

組織の内面(善)を追求する分野として発展する

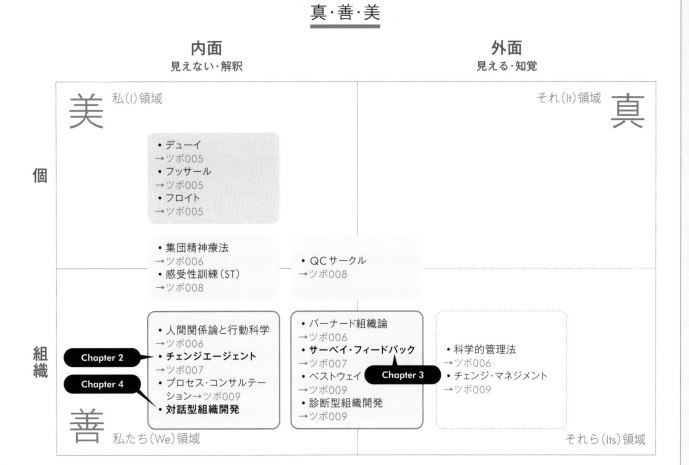

図表010
真・善・美

内面
見えない・解釈

外面
見える・知覚

美 私(I)領域

個

• デューイ
→ツボ005
• フッサール
→ツボ005
• フロイト
→ツボ005

• 集団精神療法
→ツボ006
• 感受性訓練(ST)
→ツボ008

• QCサークル
→ツボ008

それ(It)領域 真

• 人間関係論と行動科学
→ツボ006

Chapter 2

• チェンジエージェント
→ツボ007

Chapter 4

• プロセス・コンサルテーション→ツボ009
• 対話型組織開発

組織

• バーナード組織論
→ツボ006
• サーベイ・フィードバック
→ツボ007
• ベストウェイ
→ツボ009
• 診断型組織開発
→ツボ009

Chapter 3

• 科学的管理法
→ツボ006
• チェンジ・マネジメント
→ツボ009

善 私たち(We)領域

それら(Its)領域

▶自己組織化により品質を向上させるQCサークルは真善美の中央に位置しています　HINT

まとめ

　Chapter1. のまとめとしてツボ001〜010のQ&Aを一覧としています（右表）。

　また、人事担当者、管理職（マネジャー）、経営者、組織で働く人それぞれに向けてこの「組織開発」でお伝えしたいメッセージを記載しています。

人事担当者の方へ

　人事担当者にとって、組織開発とは「人事として取り組まなければならないことはわかっているが、正体のわからない不安なもの」なのではないでしょうか？　安心してください。領域が広く曖昧とした組織開発、実は経営者も現場のマネジャーたちも、その正体をよくわからずに扱っていることが多いのです。あなたが一番知っている人になるチャンスです。ぜひ歴史と哲学を知り、根幹から語れる人になってください。

管理職（マネジャー）の方へ

　組織・チームの責任者である管理職（マネジャー）の方にとって、組織開発とは人材マネジメントとほとんど同義の言葉かもしれません。その捉え方は大きく間違っていません。しかし押さえて欲しいのは、組織開発においては実践者の「あり方」が最も重要だということです。ぜひ自ら学んで正しいスタンスの実践者となってください。

経営者の方へ

　経営者にとって、組織開発とは自らの「器」を大きくすることそのものです。組織はあなたの器（意識レベル）以上には発達しません。ぜひ、リベラルアーツとして組織開発の哲学と思想を学び、実践知として磨き続けてください。組織一人ひとりの行動が目的に繋がり、成長できるかどうかはあなたのパラダイム（ものの見方）にかかっています。

組織で働く方へ

　組織で働いているあなたにとって、組織開発とは日々の言動そのものです。あなたの発する言葉こそが組織文化の現れです。そしてあなたの行動の一つひとつが組織を作ります。健全で、効果的で、絶えず学習し自ら変革に取り組み続ける組織とは、一人ひとりの行動からできているのです。

　次のChapter2. では、組織開発の実践者「チェンジエージェント」について学んでいきましょう。

001	組織とは何か？	組んで織りなす。「目的」が共有され「協働」している集団のこと
002	なぜ組織開発が必要なのか？	仕組みを作っただけでは、組織は良くならないから
003	組織開発とは何か？	組織を良くするため、実践者の価値観をベースに、 人と人の間の関係性へ働きかけること
004	組織開発の歴史は？	1900年代の哲学を源流として、1940年代のアメリカで始まり、 1950年代に日本に入ってきた
005	組織開発の根底に流れる思想を 唱えた哲学者は？	デューイ、フッサール、フロイト
006	組織開発の基礎になった方法と 理論は？	集団精神療法、人間関係論、バーナード組織論
007	組織開発はどのように 始まったのか？	クルト・レヴィンのTグループから始まった
008	日本の組織開発の歴史は？	感受性訓練(ST)は一時的なブームで終わったが、 自主活動であるQCサークルが発展し続けた
009	時代の変化は組織開発にどう影響した のか？	人間尊重のニーズは追い風となり、 戦略や成果に直結するニーズは逆風となった
010	これから組織開発はどうなる？	組織の内面(善)を追求する分野として発展する

次の**1**歩

組織開発についてさらに
1歩踏み出したい方へおすすめの書籍をご紹介します。

▍入門組織開発

中村和彦 著
光文社／2015年

難易度

組織開発を学ぶときに、まず読むべき新書です。著者の中村和彦教授は総本山NTL（ツボ007参照）で実際の手法を体感し学んできた方です。また伝統的な組織開発の実践を伝え続けてきた数少ない教育機関の1つ南山大学（ツボ008参照）に所属されています。日本ではこれ以上の入門書はないでしょう。私もボロボロになるまで読み込みました。

▍組織開発の探究

中原淳，中村和彦 著
ダイヤモンド社／2018年

難易度

組織開発の中村和彦教授と、人材開発の中原淳教授がタッグを組んで組織開発の源流を辿った名著です。
分厚いのですが読みやすく「組織開発」の価値を現代に届けようという熱意が伝わってきてグイグイと引き込まれます。『入門組織開発』を読んだあと、こちらをぜひ読んでください。拙著を執筆する際にもっともお世話になった基底本です。

▍組織設計概論

波頭亮 著
産能大出版部／1999年

難易度

組織開発ではなく、組織を設計するための本です。ハード面から「組織」を考えるための基礎を知りたいときにおすすめです。コンサルタントである著者の文章は硬質で読み込むには一定のハードルがありますが、論理構造が精緻で正しい理解を促進してくれます。

経験と教育

ジョン・デューイ 著
講談社／2004年

難易度

組織開発の源流にいる哲学者の1人、ジョン・デューイの教育論です。原点をデューイの言葉で知るためにおすすめします。「教育とは知識を教えることではない。経験から学ぶことだ」という主張からは、当時のアメリカにおける詰め込み型の知識教育の実態なども窺えて興味深いです。人材開発をスキルセットとして捉えがちな現代の日本企業でも基礎として知っていて欲しい概念です。

はじめてのフッサール「現象学の理念」

竹田青嗣 著
講談社／2012年

難易度

組織開発の源流にいる哲学者の2人目、フッサールの現象学。フッサール自身の書籍は（私には）難解すぎたのでおすすめできませんでした。竹田青嗣教授は難解な哲学を読者にわかりやすく示してくれることで定評があります。ぜひここから取り組んでみてください。

精神分析学入門

フロイト 著
中央公論新社／2019年

難易度

組織開発の源流にいる哲学者の3人目、フロイトの精神分析学入門です。1916-1917年にフロイトが一般聴衆に向けて行った講義をそのまま再現したもので、他のフロイトの専門書に比べるとわかりやすい内容になっています。「私は学術論文としての冷静さを保つことができなかった。むしろ、講演者としての私は、ほぼ二時間にわたる講演のあいだ、聴衆の注意力が麻痺しないように苦心しなければならなかったのである。」（はしがきより）

「坪谷さんのいう『組織開発』って言葉に違和感があるんですよ」

　私がベンチャー企業アカツキ社で人事企画をしていたころ、仲間のエンジニアリングマネジャーからこう言われました。「開発」という言葉は、外側から変えられてしまうニュアンスを感じる、もっと内側からメンバーたち自身が組織を良くしていくような言葉にならないだろうか、と。
　その言語感覚の鋭さに私はハッとしました。彼は定義にこだわるエンジニアであり、表現の与える力を知っているエンターテインメントのクリエーターであり、大規模なプロジェクトチームを良い状態にしようと日々奮闘しているマネジャー。彼のセンサーは正しいはずです。

　組織開発はOrganization Developmentを日本語訳したものです（ツボ003参照）。Developmentの意味を調べてみると「発達」「成長」なので、これは彼の求めているニュアンスのとおりでした。「開発」という翻訳がうまくいっていないのかもしれません。「組織発達」などと言い換えることも検討しましたが、一般的に流通している言葉は「組織開発」なので、アカツキの仲間たちが他社の方と話をするときに伝わらなくなってしまう可能性もあります。さて、困った。

　さらに調べていくと、どうやら「開発」の語源は仏教用語の「開發（かいほつ）」だということがわかりました。開發とは「自分の中に眠る、自分や他者に対する前向きな気持ち〈資源〉を掘り起こし、顕在化させていくこと」（日蓮宗ホームページより）です。エンジニアリングマネジャーの彼に伝えたところ「それならわかります！」と納得してくれました。
　古の仏教用語を使うことで、現代のベンチャー企業のエンジニアに言葉が通じる。味わい深い経験でした。

Column 01
かいほつ
開發

チェンジエージェント

Chapter 2.

Q チェンジエージェントとは何か？

組織開発を実践する人を「チェンジエージェント」と呼びます。このChapter2ではチェンジエージェントについて学んでいきましょう。

■ NTLの初期メンバーが好んで使った言葉

1947年、アメリカの一番北にあるメイン州の避暑地ベセルに設立されたNTL（National Training Laboratories for Group Development）は、組織開発の発展の中心となった、いわば総本山です（ツボ007）。

その創始者であったクルト・レヴィンは残念ながら設立の3ヶ月前に亡くなってしまい、その遺志を継いだ弟子たちが初期メンバーとなります。ダグラス・マグレガー、クリス・アージリス、ロバート・ブレーク、ジェーン・ムートン、エドガー・シャインなど行動科学（ツボ006）に大きな影響を与えた人物たちです。彼らが中心となって組織開発の理論と手法は磨かれていきました。

「チェンジエージェント」とは、その初期メンバーたちが好んで用いた言葉です。「変革推進者」「変革推進体」「変革媒体者」「変革の使徒」などとも訳されました。

グループや組織、コミュニティや社会がよくなっていくことに向けて、変化が起こることのきっかけとなり、変革を推進する人を指します。（中原淳, 中村和彦『組織開発の探究』より）

■ 人間が尊重される民主的な風土への変革

当時のアメリカにはまだ人種差別が強く残っていて、組織は官僚的でした。チェンジエージェントという名称には、その社会や組織を変革したいという願いが込められています。その背景には、NTLの創始者であるクルト・レヴィンがユダヤ人でありナチスから逃れるためにドイツからアメリカへ亡命してきたことが影響しているでしょう。

組織開発を通じて、人間が尊重される民主的な風土へと、グループを、組織を、そして社会を変革していく人になって欲しい、という想いがチェンジエージェントという言葉には込められているのです。

■ いま・ここのプロセス（関係性）に気づく

NTLではチェンジエージェントを育てるために、「Tグループ」と呼ばれるグループ・セッションを4～6日かけて行います。その中で「いま・ここ」（ツボ005）で起こっていることに目を向け、お互いの感情やお互いの関係性（プロセス）に気づき、自分、他者、グループの発達を促進する方法を学んでいきます。この1人ひとりの「関係性に気づく力」を高めることが、チェンジエージェントの育成の根幹だと考えたのです。

次のツボ012では、企業における組織開発の実践者について考えます。

図表011

チェンジエージェントとTグループ

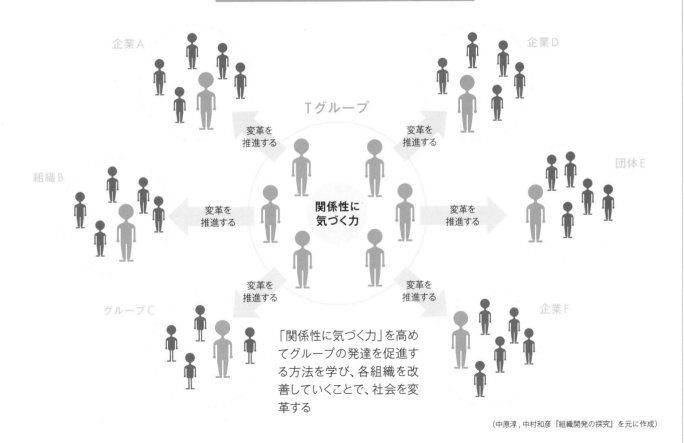

企業A

Tグループ

変革を
推進する

変革を
推進する

組織B

変革を
推進する

**関係性に
気づく力**

変革を
推進する

企業D

団体E

グループC

変革を
推進する

変革を
推進する

企業F

「関係性に気づく力」を高め
てグループの発達を促進す
る方法を学び、各組織を改
善していくことで、社会を変
革する

（中原淳, 中村和彦『組織開発の探究』を元に作成）

▶ NTL初期メンバーたちは、組織だけではなく社会を変革しようと志していました　　HINT

組織開発の実践者とは誰でしょうか？

■ 組織開発の「やり方」の４分類

アメリカの大学院でよく教科書として使われている『Organization Development and Change』（Cummings & Worley,2009）によれば、組織開発のやり方は大きく４つに分類されます。

①関係性への働きかけ：人と人との関係性へ働きかける、組織開発の中心的な領域です。サーベイ・フィードバック（Chapter3.）、プロセス・コンサルテーション（ツボ013）、ホールシステム・アプローチ（ツボ035）など。

②人材マネジメントによる働きかけ：狭義での人材マネジメントの領域です。人材開発、目標設定、人事制度などを通じて組織開発を行います。

③技術・構造的働きかけ：仕事のやり方、組織のデザインに対して働きかける領域です。QCや組織構造の変革などを通じて組織開発を行います。

④戦略的働きかけ：戦略的な変革、合併、提携など、ビジョンと戦略を明確にするプロセスを通じて組織開発を行う領域です。

■ 組織開発を担当する部門

それぞれの手法には、主に担当する部門があります （図表012）。図の左側、個人の領域の②人材マネジメントへの働きかけは人事部門が担当します。図の中央下側、部門内の③技術・構造的働きか

けについては現場の品質管理部門などが担当します。図の右上、組織全体の④戦略的働きかけ、そして右下の③技術・構造的働きかけは役員会議・経営企画・経営戦略部門などが担当します。

■ 機能の隙間が存在する日本企業

さて、着目して欲しいのは点線になっている領域です。ここは多くの日本企業では担当部門のない領域です。まず上段中央、部門内の④戦略的働きかけが空いています。会社全体の戦略の下、自部門は何をするか「戦略にチームの意志を込める」支援を行う機能は日本企業にはありません。経営企画部門が戦略の落とし込みまではやりますが、具体的な進め方は部門に一任されています。そして、中央とその右側①関係性への働きかけは、組織開発の中心的領域でありながら担当部門が存在しません。アメリカには伝統的に組織開発部門があり、チーム・ビルディングなどの支援をしてくれますが、多くの日本企業にはないのです。

この先、これらの「機能の隙間」を、誰が担っていくべきでしょうか。専門部門を作る、人事部門が担う、経営企画が担う、風土改善プロジェクトのような短期的な部隊を作る、など各社様々な形態が試行錯誤されている段階です。

次のツボ013では実践者とクライアントの関わり方について考えます。

A 日本企業では決まっていないことも多く、試行錯誤が続いている

図表012

組織開発を担当する部門

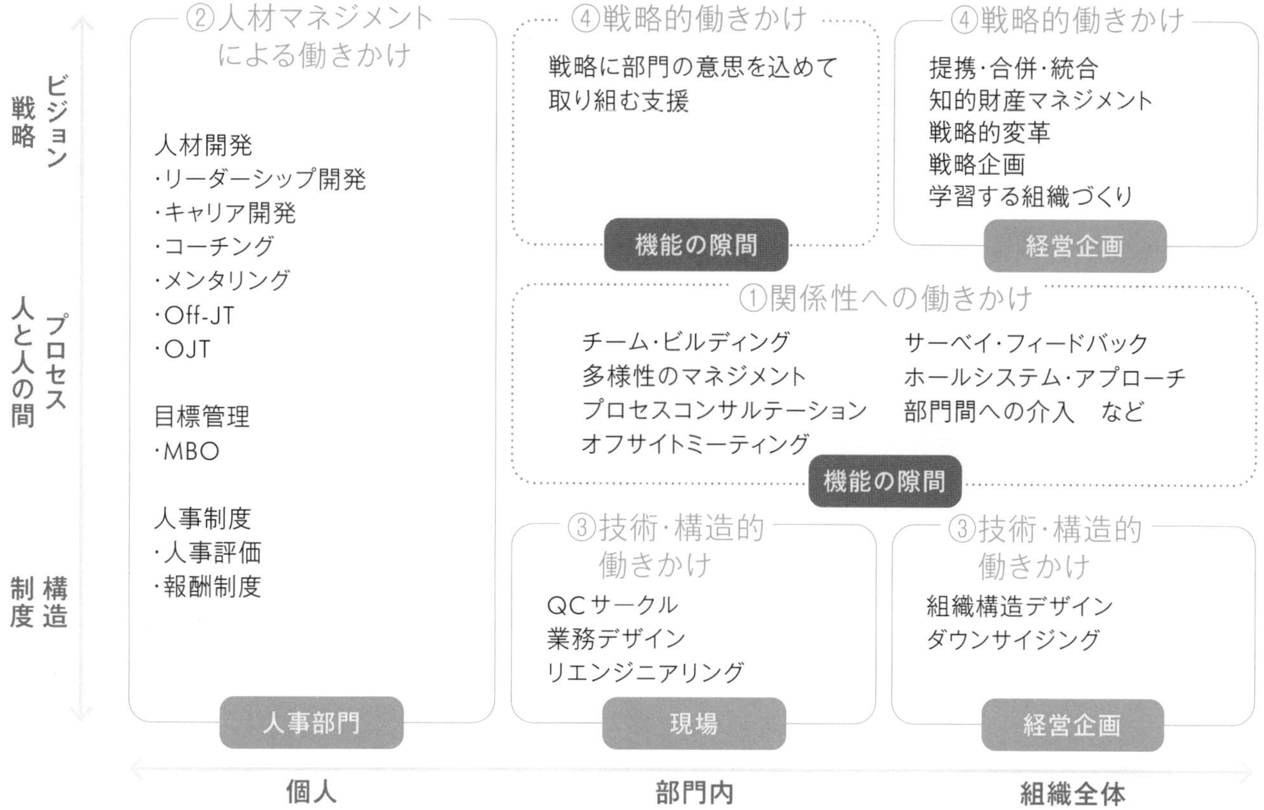

ビジョン 戦略
プロセス 人と人の間
構造 制度
②人材マネジメントによる働きかけ
人材開発
・リーダーシップ開発
・キャリア開発
・コーチング
・メンタリング
・Off-JT
・OJT
目標管理
・MBO
人事制度
・人事評価
・報酬制度
人事部門
④戦略的働きかけ
戦略に部門の意思を込めて取り組む支援
機能の隙間
④戦略的働きかけ
提携・合併・統合
知的財産マネジメント
戦略的変革
戦略企画
学習する組織づくり
経営企画
①関係性への働きかけ
チーム・ビルディング
多様性のマネジメント
プロセスコンサルテーション
オフサイトミーティング
サーベイ・フィードバック
ホールシステム・アプローチ
部門間への介入　など
機能の隙間
③技術・構造的働きかけ
QCサークル
業務デザイン
リエンジニアリング
現場
③技術・構造的働きかけ
組織構造デザイン
ダウンサイジング
経営企画
個人
部門内
組織全体

（中村和彦『入門 組織開発』,『戦略パートナー／チェンジ・エージェントとしての人事部が取り組む組織開発』を元に作成）

▶ **②③④の領域の担当者も、もちろん組織開発の実践者と言えます**　HINT

Q 実践者はクライアントとどう関わるべきか？

組織開発の実践者は、クライアント（援助する相手）と、どのように関わるべきでしょうか？

■人間の「関係」なくして援助はできない

プロセス・コンサルテーションとは、エドガー・H・シャイン（NTLの初期メンバー）が提唱した「援助すること」の哲学です。組織開発におけるコンサルタントとクライアントの関係を中心に扱いますが、親と子、上司と部下、友人と友人、マネジャーと他部署のマネジャーなど「援助関係」すべてに当てはまります。

> プロセス・コンサルテーションとは、クライアントとの関係を築くことである。それによって、クライアントは自身の内部や外部環境において生じている出来事のプロセスに気づき、理解し、それに従った行動ができるようになる。その結果、クライアントが定義した状況が改善されるのである。（E.H.シャイン『プロセス・コンサルテーション』より）

この定義は、一般的に想像されるコンサルティングと大きく異なるため、理解が難しいかもしれません。もう少し詳細に見ていきましょう。

■3つのモデルを必要に応じて使い分ける

シャインは、援助関係を築くためには、その瞬間に適した3つのモデルのいずれかを選択して、モードとして使い分けることが必要だと言います。

①専門家モデル：コンサルタントは専門家の立場から、クライアントに何をすべきかを告げる。クライアントは問題が何かわかっていて、コンサルタントは解決策を持っていることが前提となる。

②医師-患者モデル：コンサルタントは医師のようにクライアントを診断して治療する。コンサルタントは問題も解決策も見出せる前提である。

③プロセス・コンサルテーションモデル：問題も解決策も明確でないことが前提。クライアントの問題、プロセス（どのように援助するか）自体を両者で見出し、クライアント自身が解決する。

コンサルティングビジネスにおいては、最もサービス設計が簡単で売りやすい①がよく行われます。またコンサルタント自身にとっては②こそもっとも自尊心が満たされる役割でしょう。

しかし実際には、援助を求めている人は自分の求めていることが何なのか、問題をわかっていないことがほとんどです。そしてクライアントにわかっているのは、何かがうまくいっていないこと、そして何らかの支援が必要だということだけです。何を支援することが最適かわかるまでは③を選択すべきだとシャインは主張しています。

援助において最も大切な役割は、その瞬間に何が起きているかを察知し、最も適切な援助関係を築けるモデルを選択することなのです。

次のツボ014では組織開発の進め方を考えます。

図表013

援助関係3つのモデル

その瞬間に、最も適切な援助関係を築けるモデルを選択する

専門家 モデル	医師 - 患者 モデル	プロセス・コンサルテーション モデル
専門家の立場から、クライアントに何をすべきかを告げる。	**医師のように、クライアントを診断して治療する。**	**プロセス(どのように援助するか)自体を見出す。**
問題:クライアントがわかっている	問題:コンサルタントが診断する	問題:両者で見出す
解決:コンサルタントが解決する	解決:コンサルタントが治療する	解決:クライアントが解決する

クライアント
援助する相手

コンサルタント
実践者

(エドガー・シャイン『プロセス・コンサルテーション』を元に作成)

▶ 援助を求めている人は、自分が何を求めているか、実はわかっていないのです　HINT

実践者はどうやって組織開発を進めるのでしょうか？　代表的な進め方としてODマップを紹介します。

■ ODマップの8ステップ

ODマップは、NTL（ツボ007）で使用している組織開発の進め方です。実践者は、人事部門や組織開発プロジェクトのメンバーであっても、外部のコンサルタントであっても、内外どちらの場合でも活用できます。

8つのステップで進めます（図表014）。

①エントリーと契約：クライアント（当事者）の話を聞き、どのような現状が、どのような状態になることを望むのか（ニーズ）を把握し、進め方やお互いの役割を合意します（実践者はデータを収集してフィードバックする、クライアントはアクション計画と実行を主体的に行う、など）。この合意が心理的「契約」です。ここではアクション実施の内容についてはまだ決定しません。

②データ収集：実践者によるインタビュー、360度アンケート、組織サーベイなどを行いデータを集めます。

③データ分析：フィードバック・ミーティングに向けてデータを整理します（特定の診断モデルに基づいて整理する場合もあります）。

④フィードバック：データをクライアントにフィードバックし、対話を通して気づきを促進します。

⑤アクション計画：実践者とクライアントで協働してプロセスを変革する計画を立てます。

⑥アクション実施：計画されたアクションを、クライアントが主体的に実施します。

⑦評価：アクションが実施されたのちに、その効果を評価します。

⑧終結：評価の結果、①で合意された変革の目的が達成されていれば終わりとなります。達成されていなければ②④⑤のいずれかに戻ります。

■ 診断フェーズがない対話型組織開発

ODマップの②〜④にあたる「診断フェーズ」が存在しない手法があります。2000年代以降に広まった「対話型組織開発」です。対話型組織開発においては、データによる診断ではなく、対話を通じて現状を把握します（詳細はChapter4.参照）。

対話型組織開発という手法が登場したために、それまでの組織開発は「診断型組織開発」と呼ばれるようになりました（ブッシュ＆マーシャク）。Chapter3.で紹介するサーベイ・フィードバックは診断型組織開発の代表的な手法です。

次のツボ015では、日本で実践されてきた組織開発の例を見ていきます。

図表014

ODマップ

①エントリー
と契約

②データ収集

③データ分析

④フィード
バック

クライアントのニーズを
把握し、進め方やお互い
の役割を合意する

インタビュー、アセスメン
ト、観察などで、データを
収集する

データを整理する
（診断モデルに基づいて
整理がなされる場合もあ
る）

データをクライアントに
フィードバックし、対話を
通して気づきを促進する

診断フェーズ

⑤アクション
計画

⑥アクション
実施

⑦評価

⑧終結

プロセスを変革するため
のアクションを計画する

計画されたアクションを
実行する

合意された変革目的がど
れくらい達成できたかを
評価する

変革目的が達成された
場合は終結する

（中村和彦『入門 組織開発』を元に作成）

▶ エントリーでの合意を曖昧にして進めると、取り組みは達成につながりません

HINT

Q 日本で実践されてきた組織開発の例は？

日本で実践されてきた組織開発手法の一例として、ROD（Recruit Organization Development）を紹介します。

■ 50年間、実施されてきた組織開発手法

リクルート社の組織開発部（現・リクルートマネジメントソリューションズ）で開発されたRODは1971年にリリースされ、今も提供されています。多い年には年間で2万5千人以上、おそらく日本で最多の組織開発の実施数でしょう。激しい環境変化の中で50年間実施されてきたことは驚異的です。

■ 部下が上司を評価する「小さな世直し」

RODの最大の特徴は「360度サーベイ」を活用する点です。受講者は、事前に上司や同僚そして部下に自分に関するアンケートを答えてもらい、その結果を使って研修を行うのです。360度のアンケートは今でこそ広く普及した手法ですが、1970年代はまだ「部下が上司を評価するなんてとんでもない」という時代でした。「閻魔帳管理」が当たり前で人事考課の結果はフィードバックされず、給与明細を見てはじめて結果を知ることが普通でした。

RODはそこをオープンにした象徴的なサービスでした。上司は「部下の評価を受け止め」ることが求められ「その影響力を自覚し、部下のためを思って仕事をする民主的リーダー」であるべきだという考え方が広められていったのです。

リクルートの営業マンやトレーナーたちは「小さな世直し」を合言葉に、これで世の中を変えるという誇りを持ってこの研修を提供してきたそうです（トレーナー育成についてはツボ019参照）。

RODは普通に集合研修を実施した場合と比べて、参加者の「行動が変化」する効果が高いことがわかっています（リクルートマネジメントソリューションズの他研修と受講後アンケートにて比較）。その理由をRODのプログラム開発者の一人であり、三隅二不二教授（ツボ008）から学んだ潮崎通康はこう説明しています。「人は事実をちゃんと見れば、自ら立ち上がるもの。人は、他者が自身の成長に真剣に取り組んでいる姿に共感し、力になりたいもの」。

■ リクルート社のフィードバック文化

リクルート社の創業社長、江副浩正は「人に勧めることは、まず自分で試みよ」とリクルート社内でもRODを実施しました。江副社長が自分の360度サーベイのデータを社員総会で持ち出して全社員にフィードバックすることもありました。「僕はここが低かったから、今後はここを心せんとイカンなぁと思った」。

RODで培われた「肩書きに関係なく思ったことを言い合う」フィードバック文化は、リクルート社のマネジメント力の源と言われています。

次のツボ016では実践者の価値観について考えます。

50年間、実施されてきたROD
（Recruit Organization Development）

図表015
ROD 実施の流れ

①360度サーベイ

1.360度サーベイ実施
参加者の日々の行動に関する
アンケートを行う。参加者本
人、その上司、同僚、そして部
下の360度から回答を得る。

2.事前課題の記入
参加者本人の現状認識を確
認する。
- 日々の仕事の内容
- 職場の現状
- 大切にしている考え方

②集合研修

目的の確認と
参加者の相互理解

サーベイ結果の意味・
結果の見方の理解

サーベイ結果返却と
個人による分析

グループメンバーと
分析結果の相互検討

ありたい姿の設定と
開発計画の策定

開発計画の相互検討

1泊2日～2泊3日

③職場ミーティング

職場ミーティング
サーベイに回答した上司、部
下、同僚を交えて、

- 研修で気がついたこと
- 考えたこと
- 今後の行動計画

を共有し意見と協力を得る。

行動計画の実行

認知的不協和
サーベイで意外な事実が示されたとき
参加者の心に「不安定」な状態が生じ
る。その状態を解決したいという欲求
が研修の場への強い関与を引き出す。
（レオン・フェスティンガー「認知的不
協和理論」の応用）

集団力学
トレーナーは「集団の凝集性」を高める
ように参加者に関わることで、グルー
プで共有された目標達成や課題への
意欲が高まる行動変容を促進してい
る。（クルト・レヴィン「集団規範」の応
用）

職場からきて職場へ帰る
職場ミーティングは行動計画と実行を
橋渡しする。関係者の理解や合意に
よって計画の実行は後押しされ、実行
の結果を振り返り、次のアクションに挑
戦するといった好循環につなげること
ができる。

（大沢武志『心理学的経営』、リクルートマネジメントソリューションズ『MassageVol.10』を参考に作成）

▶ RODは50年間、顧客企業の要望に応え続ける中で磨かれ洗練されてきました　HINT

実践者に必要な価値観は？

組織開発において、変革ツールとなるのは研修プログラムや人事制度ではなく、実践者自身の「価値観」です（この考え方をユース・オブ・セルフと言います）。その価値観とはどのようなものでしょうか。

■ NTLが重視した4つの価値観

NTLのメンバーたちが組織開発について解説した『NTLハンドブック』には以下の4つの価値観が示されています（執筆はロバート・マーシャク）。

人間尊重 humanistic philosophy：人間は基本的に善であり、最適な場を与えられれば、自律的かつ主体的にその人が持つ力を発揮する、つまり「人間を信じる」価値観です。NTL初期メンバーのダグラス・マグレガーの提唱したY理論「人間は自己実現のために行動し、主体的に仕事をする」も人間尊重の価値観の現れと言えます。

民主的 democratic principles：物事を進める時は、それに関連するできる限り多くの人が参加した方が決定の質が高まり、実行されやすくなる。つまり「みんなで考える」価値観です。組織開発の原点である「Tグループ」も、専門家だけでなく参加者の意見を聞いてプロセスを検討したことから始まりました（ツボ020参照）。権限を持った一部の人間による独裁ではなく、多くの人々が自由に対話をして探求する。そこにはナチスから逃れてアメリカへ亡命してたユダヤ人、NTL創始者クルト・レヴィンの、人種差別のない民主的な世の中を望む価値

観が、強く影響しています。

クライアント中心 client-centered consulting：コンサルタントが中心となって行うのではなく、クライアントである当事者が中心となって取り組む、という価値観です。その組織のトップが、自組織の変革にオーナーシップを持たずして変革は起きません。NTLメンバーであるエドガー・シャインのプロセス・コンサルテーション（ツボ013）もこの価値観の現れです。

社会・環境志向 social-ecological system orientation：組織を機械ではなく、有機的な生命体システムであると捉えます。組織はその内部の要素が相互に関連する1つのまとまりであり、また組織を取り巻くより大きなシステム「社会・環境」との共存を目指す、つまり「世の中のために」という価値観です。組織内の視点だけに閉じた取り組みは、組織開発とは言えません。

■ 人と組織の可能性を信じて関わる

ドナルド・アンダーソンは著書『Organization Development』の中で、最も重要な価値観は「発達・学習を信じること」だと断言しています。人と組織の可能性を信じて関わることが実践者には求められているのでしょう。

次のツボ017では、実践者に必要な倫理観について考えます。

図表016

実践者に必要な価値観

ユース・オブ・セルフ

変革ツールは自分自身の価値観

人間尊重
人間を信じる

民主的
みんなで考える

クライアント中心
自分が中心ではない

社会・環境志向
世の中のために

チェンジエージェント
実践者

（Brenda B. Jones, Michael Brazzel 編『NTL ハンドブック～組織開発（OD）と変革～（改定版）』, 中村和彦『入門 組織開発』, 中原淳, 中村和彦『組織開発の探究』を元に作成）

▶**実践者の価値観には、クルト・レヴィンやNTLメンバーの想いが受け継がれています**　HINT

組織開発の手法は、効果的であるだけに危険も大きく、実践者のスタンスが強く問われます。

▪目的の歪み「自己啓発セミナー」の暴走

アメリカでは、1970〜1980年代に倫理的に問題のある「自己啓発セミナー」が出現しました。ネットワークビジネスなどの誤った目的に対して、ゲシュタルト療法やTグループが使用されてしまったのです。この流れは1980年代の日本にも広まり「マインドコントロール」という言葉が流行しました。組織開発の手法は人間の心理に深く働きかけるため、このように目的を誤ると凶器となってしまうのです。

▪実践者の育成に失敗した「ST」の悲劇

組織開発は、目的が正しくても実践者の質の低さによって失敗してしまうことがあります。

例えば1960〜1970年代の日本では感受性訓練（ST）が流行しましたが、市場ニーズに実践者の育成が追いつかず、倫理観に欠けたファシリテーターによる研修中の暴力、受講者の自殺などが発生し、大きな社会問題となってしまいました（ツボ008）。

では実践者（ファシリテーター）に必要なスタンスとは、具体的にどのようなものなのでしょうか。

▪プラスの効果を生む実践者のスタンス

スタンフォード大学のアーヴィン・ヤーロムの研究によって、実践者に必要な質が見えてきました。

210名の大学生を対象に、Tグループやゲシュタルト療法、ST、サイコドラマなどのワークショップを12週間で計30時間行いました。その結果、参加者の33％には肯定的な変化が起きた一方で、参加者の8％は心理的なダメージを感じていたのです。調査によればこの違いは「手法」ではなく、ファシリテーターの「質」の差によって生じていました。ヤーロムはファシリテーターの役割をこう分析しています。

①配慮（支援、受容、関心、称賛）
②意味づけ（説明、解釈、枠組みの提示）
③情緒的刺激（自己開示を迫る、挑発）
④実行機能（目標の設定、時間管理）

①と②は、多ければ多いほどプラスの効果に繋がり、③と④は多すぎても少なすぎてもプラスの効果を生まない、ということがわかりました。

つまり実践者のあるべき「スタンス」とは、受講者に配慮を持って向き合い（①配慮）、意味づけして内省を促す（②意味づけ）ことを徹底するべきだが、自己開示を無理やり迫ったり（③情緒的刺激）、実行計画を何がなんでも立てさせる（④実行機能）ような無理強いを、決してしてはならない、ということです。

次のツボ018では実践者の育成方法を考えます。

図表017
実践者が守るべきスタンス

正しい目的と価値観へ向けて

人間尊重・民主的・クライアント中心・社会環境志向

①配慮
配慮を持って向き合う

③情緒的刺激
自己開示を
無理やり迫る

②意味づけ
意味づけして
内省を促す

④実行機能
実行計画を
絶対に立てさせる

チェンジエージェント
実践者

（中原淳，中村和彦『組織開発の探究』を元に作成）

▶ 悲劇を繰り返さないために、実践者は正しいスタンスを身につけねばなりません　HINT

Q どうやって実践者は育つのか？

実践者は、どうやって育つのでしょうか。

■ アメリカでの実践者の育成状況

アメリカでは実践者の育成プログラムが体系化され、実行され続けてきました。

NTLによる体系化：総本山NTLでは1967年から実践者向けのトレーニング『NTL組織開発サーティフィケート・プログラム』が行われています。

大学院修士課程：1970年代から大学院に組織開発コースが設置され1980年にはNTLとアメリカン大学が共同で組織開発の修士課程プログラムを開発しました。現在もアメリカには修士号を取得できる大学院が10コース以上あり、修了した人々は主に企業内コンサルタントとなっています。

企業内の実践：アメリカ企業において組織開発部門の形態は、独立した組織開発部門、タレントマネジメント機能と融合したTM・OD部門、人事部門の下にあるチーム、人事部門にスタッフとして配置、と様々です。彼らは専門職であり、会社都合の異動などで他の職種になることはありません。経験と知識が積み上がり、先達の実践者たちから価値観と倫理観を学ぶことができるのです。

学会：組織開発の学会であるOD Networkには内部コンサルタント、外部コンサルタント、研究者など約4,000名の会員が所属しています。現在は実践者の質を保証し、スタンスや倫理観を担保する（ツボ017）ための資格制度化の動きが起きています。

■ 日本での実践者の育成状況

日本においては、組織開発を体系的に学ぶ場が少ない状況です。その原因は「関係性への働きかけ」という中心分野よりもQCなどの「技術・構造的働きかけ」が発達してきたこと、大学院が発展途上であること、日本企業は総合職・ローテーションが一般的であり専門職に知識と経験が積み上がりにくいこと、などが考えられます。しかしアメリカにはない発展と兆しがあります。

QCサークル：自律的な小集団活動によって自己啓発・相互啓発が現場で起き続けてきました。アメリカも積極的にQCサークルから学び組織開発に取り込んでいます（ツボ008）。

場（BA）：ホンダ社のワイガヤ、京セラ社のコンパなど、いま・ここで相互主観をぶつけ合う「場」の中で、リーダーたちはお互いに高め合い、価値観を磨きあってきました（ツボ096）。

組織開発では、やり方（doing）よりも、あり方（being）が重視されます。それは実践によって磨かれるものです。しかし体系的な知識がない中での実践は、遠回りをしたり、危険な誤りを犯したりしてしまうことでしょう。アメリカの得意な体系的な理論と、日本の得意な現場での実践、どちらも必要なのです。

次のツボ019では、実践者育成の例としてリクルート社のトレーナー育成を見ていきます。

100のツボ
018

体系的な知識と、先達の実践者と、現場での実践によって成長する

図表018
実践者の成長

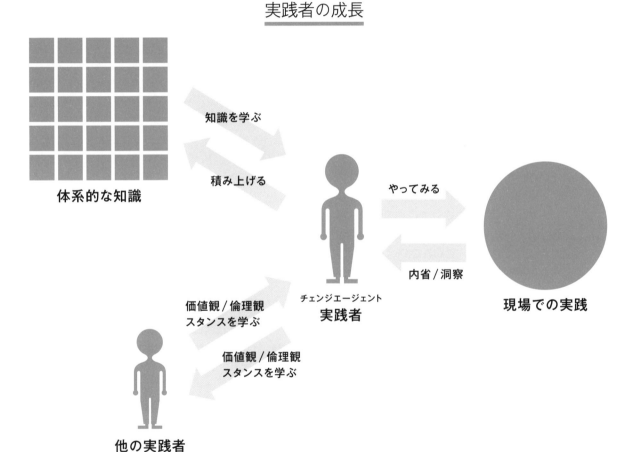

体系的な知識

知識を学ぶ

積み上げる

やってみる

内省／洞察

現場での実践

価値観／倫理観
スタンスを学ぶ

価値観／倫理観
スタンスを学ぶ

チェンジエージェント
実践者

他の実践者

▶ 日本でもODネットワークジャパンが2010年に発足しています　HINT

Q 日本での実践者の育成例は？

日本の実践者育成の一例として、ROD（ツボ015）から始まったトレーナー育成を紹介します。

■「個と組織を生かす」ためのトレーナー

リクルートマネジメントソリューションズ（以下RMS）社は2004年にリクルート社の組織活性化事業、適性検査事業などを統合して設立されました。RMSのブランドスローガンは「個と組織を生かす」。「組織の中で働く人が仕事にやりがいを持っていきいきと働けば、日本の企業、社会は変わっていく」それが目指す姿です。

1971年にRODを開発した当初から、RMSのトレーナーとは「顧客の現場に身を置き、事業や組織のことを感じ、考え、研修を企画し、実施する、この一連のプロセスを磨きつづける仕事」でした。そして研修プログラムという商品を媒介として「受講者との間で何かを起こしていく」のです。単に「教える」のではなく、受講者が自分で「気づく」あるいは受講者の力を「引き出す」スタンスを大切にしてきました（RMSホームページより）。

■トレーナーに求められるスタンスと素質

トレーナーに必要なあり方 (図表019) は、NTLの定義する実践者の価値観（ツボ016）と非常に近いことがわかります。これはROD開発者でありトレーニング事業を作った一人である潮崎通康がNTLで学んだ九州大学の三隅二不二教授から薫陶を受けている

ことも影響しているのでしょう（ツボ008）。

RMS初期のトレーナーたちは、NTLのTグループだけではなく、カール・ロジャーズのエンカウンター・グループからも多くのことを学んだと言います。ロジャーズの「人間中心療法（Person Centered Approach）」という考え方は、RMSでは「メンバーセンタード」となり、人の中にある「自分を生かしたいと思う力」や「可能性」を信じて引き出すスタンスとして大切にされてきました。

■採用と育成

RMSは歴代で200名以上のトレーナーを育てました。日本で最多の輩出数でしょう（現在120名）。

採用要件として、マネジメント経験が必須ですが、講師やトレーナーの経験は問いません。多くの方が40歳代で未経験からのスタートとなります。採用で最も重視されるのは「誠実さ」です。ここがなければどんなに優秀な人も採用されることはありません。育成で重視されるのは①自己理解、②経験からの学び、③相互学習。個人で独立しても十分やっていける120名のプロフェッショナルたちが、お互いの知識とスタンスを磨き合う、他では得られない環境と言えます。

次のツボ020では、実践者（チェンジエージェント）のこれからを考えます。

図表019

RMS トレーナー

目的

個と組織を生かす

組織の中で働く人が仕事にやりがいを持って
いきいきと働けば、日本の企業、社会は変わっていく

やり方

研修プログラムの実施

人の中にある自分を生かしたいと思う力や可能性を引き出す
全国各地のクライアント先企業で受講者（主に10〜20名程度）に向けて1〜3日間の研修実施

あり方

あり方

感情と現実を扱う

| プロ意識 | | メンバーセンタード |
| 相互学習 | | 個と組織を生かす |

トレーナー

育成
①自己理解
②経験からの学び
③相互学習

素質

| 誠実さ | 好奇心 |

採用
年一回一斉選考
・説明会
→書類選考
→グループ面接
→最終選考会
（1泊2日予定）
→役員面接
→決定

要件

雇用形態：業務委託契約（原則1年更新）　平均契約継続年数は10年以上
【必須】マネジメント経験またはリーダーやプロジェクトマネジメント経験をお持ちの方
【歓迎】事業の意思決定、戦略立案、組織風土改革に携わってきた方
※講師・トレーナー経験は問わない。多くの方が40代・未経験から、多種多様な業種から応募。

（RMS ホームページ『 https://www.recruit-ms.co.jp/information/tr/important.html（2021 年 10 月 14 日閲覧）』を元に作成）

▶ トレーナー採用で、もっとも重視されているのは「誠実さ」です　　HINT

チェンジエージェントに必要な価値観・スタンスが欠落していると、危険な結果を招くことは歴史が証明しています（ツボ017）。選ばれたエリートを専門家として育てるべきなのでしょうか？

■ 組織開発は専門家以外も主役である

組織開発の始まりは、クルト・レヴィンの「Tグループ」です（ツボ011）。そのTグループは、偶然の産物だったそうです。1946年コネティカット州の人権問題委員会からの依頼で、レヴィンは指導者育成のワークショップを行っていました。効果分析のためにMITの心理学者やモレノの心理劇（006参照）の専門家たちも参加していたため、夜に集まって日中のワークショップについて分析をする「振り返り」が日課となっていました。

ある日、専門家ではない一般の3人のワークショップ参加者が振り返りの場に入りたいと言ってきました。研究者たちは難色を示したのですが、レヴィンは彼らを歓迎しました。差別をしない姿勢は、ユダヤ人としてナチスから逃れ亡命してきたレヴィンの生立ちが影響していたのかもしれません。

そして研究者、参加者の枠を超えてやってみたところ、とても活発な議論が起きたのです。その日以降、昼は指導者育成のワークショップ、夜は話し合いのプロセスやチームワークについての振り返りの「場」を持つようになり、この出来事がTグループの発端となったのです。

このように組織開発は、その発祥の瞬間から「専門家だけでなく関係者全員で進める」取り組みです。これからの組織開発においては「組織をよくしたい」という意志をもった人たちが、より多く活躍することを目指すべきではないでしょうか。

■ 意志のある人は全員が実践者となる

より多くの人を巻き込んだ組織開発の動きが、アメリカで起きています。ラージグループ（大人数）での対話型組織開発（Chapter4）が発展しつつあるのです。体験した人は、組織開発に必要な価値観・スタンスを実践的に学んでいくことでしょう。

また日本においてはQCサークルなどによって、現場の1人ひとりが実践者となる文化はすでに根付いていると言えます。その中で「1on1」や「ファシリテーター」などのニーズが高まっていることは、体系化された「型」が求められている兆しです。

図表020は、アジャイル開発スクラムです。野中郁次郎（Chapter10）による日本製造業の研究から発想を得て、アメリカのジェフ・サザーランドたちが体系化した協働の型です。ソフトウェア業界をはじめとして日米で広く活用されています。

型の普及によって、意志のあるメンバー全員が実践者となり、組織が活性化し続ける、そんな未来が見えてきています。次のChapter3では、最も広く浸透している組織開発の型「サーベイ・フィードバック」について学んでいきましょう。

100 の ツボ
020

図表020

アジャイル開発スクラム

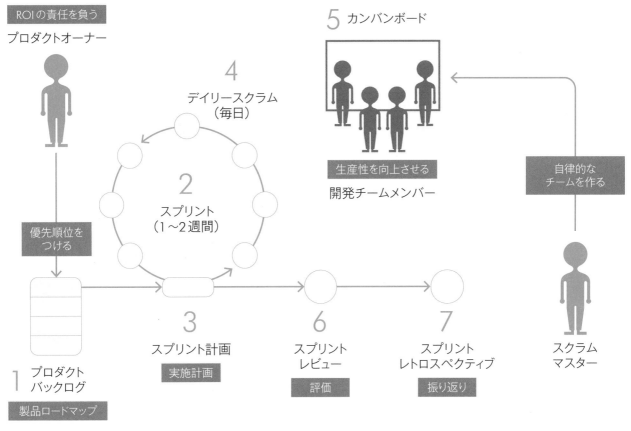

ROIの責任を負う
プロダクトオーナー

5 カンバンボード

4 デイリースクラム
（毎日）

2 スプリント
（1〜2週間）

生産性を向上させる
開発チームメンバー

自律的な
チームを作る

優先順位を
つける

3 スプリント計画
実施計画

6 スプリント
レビュー
評価

7 スプリント
レトロスペクティブ
振り返り

スクラム
マスター

1 プロダクト
バックログ
製品ロードマップ

▶ 価値観やスタンスの維持・継承が大きな課題です　HINT

まとめ

　Chapter2.のまとめとしてツボ011〜020のQ&Aを一覧としています（右表）。

　また、人事担当者、管理職（マネジャー）、経営者、組織で働く人それぞれに向けてこの「チェンジエージェント」でお伝えしたいメッセージを記載しています。

人事担当者の方へ

　人事担当者のあなたに、チェンジエージェントとして活躍することを期待するかどうかは、企業によって異なります。人事こそが組織開発の部隊だと考える企業もあれば、役割の範囲外だと考える企業もあるでしょう。多くの企業において、組織開発は機能の隙間に落ちてしまっているのが現状です。あなたが興味を持ち、虎視眈々と知識を蓄えていけば、いざ企業が前に踏み出したいと思った時、あなたが第一人者となることも十分考えられる話です。

管理職（マネジャー）の方へ

　組織・チームの責任者である管理職（マネジャー）の方にとって、チェンジエージェントとは心強い味方である「支援者」です。企業内部に組織開発の部門があれば、ぜひ相談を持ちかけてみましょう。また外部のコンサルタントを頼ることも有効です。そのとき、重要なことはその支援者の価値観とスタンスです。見極める目を持っておきましょう。「自己開示を無理やり迫る」「何かのやり方を強要する」ような支援者は危険です。

経営者の方へ

　経営者にとって組織開発を「誰」と進めていくのかは大きな課題です。社内に組織開発の専門部隊を置くのか、置くとすればどこか（人事部門か、独立した部門か、経営企画か）、外部に頼るとすればそれはどこか。そして最も大切なのは、経営者のあなたが「信頼関係」を築いていきたいと思える相手と進めることです。

組織で働く方へ

　組織で働くあなたが「組織を良くする」という意志を持っているのであれば、あなたはすでに実践者の門をくぐっていると言えます。組織の中で、組織開発の取り組みは何が行われているでしょうか。サーベイ・フィードバック（Chapter3.）やワールドカフェなどのホールシステム・アプローチ（Chapter4.）の手法が行われていればチャンスです。ぜひ積極的に参加して意見を発信してください。

　次のChapter3.では、診断型組織開発の手法の一つである「サーベイ・フィードバック」について学びます。

100の ツボ	Q	A
011	チェンジエージェントとは何か？	NTLの初期メンバーたちを発祥とする、組織開発の実践者のこと
012	企業では、誰が組織開発の実践者になるのか？	日本企業では決まっていないことも多く、試行錯誤が続いている
013	実践者は、クライアントとどう関わるべきか？	援助関係3つのモデルを使い分ける
014	実践者はどうやって組織開発を進めるのか？	ODマップの8ステップで進める
015	日本で実践されてきた組織開発の例は？	50年間、実施されてきたROD（Recruit Organization Development）
016	実践者に必要な価値観は？	人と組織の可能性を信じて関わる
017	実践者が守るべきスタンスとは？	配慮を怠らずに内省を促し、 自己開示や実行は無理強いしない
018	どうやって実践者は育つのか？	体系的な知識と、先達の実践者と、現場での実践によって成長する
019	日本での実践者の育成例は？	50年間で200人以上を育てた、 RMS（Recruit Management Solutions）のトレーナー育成
020	これからチェンジエージェントはどうなる？	意志ある人、全員がチェンジエージェントになる

次の **1** 歩

チェンジエージェントについて
さらに1歩踏み出して学びたい方へおすすめの書籍をご紹介します。

マンガでやさしくわかる 組織開発

中村和彦, 松尾陽子 著
日本能率協会マネジメントセンター／2019年

難易度

南山大学中村和彦教授による、組織開発の入門書マンガ版です。ストーリーでチェンジエージェントの関わり方が具体的によくわかります。主人公は自動車販売店の店長である魁忠治、クライアントです。それを支援するのが人事部組織開発チームの水科奈々子、チェンジエージェントです。魁が新しく赴任した緑岡店は業績は良いが、休職者が多いという問題を抱えていた、そこで組織開発チームに相談したところ水科が派遣されてきた…と物語は始まります。

NTLハンドブック～組織開発(OD)と変革～(改訂版)

Brenda B. Jones, Michael Brazzel 著
NextPublishing Authors Press／2018年

難易度

NTLのメンバーたちによる組織開発ハンドブックです。A4サイズ厚みは3cmの大判で、27,500円。購入には勇気が必要ですが総本山の秘伝書とも言える当書を日本語訳で読めることはありがたい限りです。組織開発のプロを目指す方は、手元に置いておきましょう。

プロセス・コンサルテーション―援助関係を築くこと

エドガー・H・シャイン 著
白桃書房／2012年

難易度

当事者ではなく、支援者であるとはどういうことか。間接部門や外部コンサルタントの立場にいる実践者は、いつも迷うことでしょう。「健全な援助関係」は、管理者、親、友人などの立場でも必要な考え方です。NTL初期メンバーであるエドガー・シャインの40年を超えるコンサルタント経験から学んでみましょう。

企業の人間的側面—統合と自己統制による経営

ダグラス・マグレガー 著
産能大出版部／1970年

難易度
🌶🌶🌶

NTL初期メンバーの一人ダグラス・マグレガー。有名なX理論・Y理論については多くの方がご存知だと思いますが、当書を実際に読んだ方は少ないことでしょう。Y理論とは一人ひとりの目標と企業目標の「統合」である、ということを述べた4章だけでも一読してください。マグレガーの真意に目が覚める思いがするのではないでしょうか。

組織の罠

クリス・アージリス 著
文眞堂／2016年

難易度
🌶🌶🌶🌶

NTL初期メンバーの一人クリス・アージリス。ダブル・ループ学習の重要性を唱えた「組織学習の父」です。ピーター・センゲ『学習する組織』にも大きな影響を与えました（Chapter5.）。この『組織の罠』は87歳のアージリスが書いた長年の組織研究の到達点です。

完全なる経営

アブラハム・マズロー 著
日本経済新聞出版／2001年

難易度
🌶🌶🌶🌶🌶

「自己実現」という言葉は知っていても、その意味をマズローの著作とともに考えたことがある人は少ないと思います。「いい人間」とは何か、「いい社会」とは何か、そしてその窓口としての「いい会社・いい組織」とは何か。神戸大学金井壽宏教授の監訳に導かれて味わってみてください。

組織開発は「やり方」ではなく、実践者の「あり方」が大切だと言われます。いったいどうなっていれば良い「あり方」なのでしょうか。

心理カウンセラーの河合隼雄の興味深い話を紹介します。彼がタクシーに乗ると、運転手さんが身の上話や相談を持ちかけてくるというのです。

> タクシーに乗るでしょう。すると「私は、本当は別の仕事をしていたんですよ」とか話しだすんです。それで僕が「へえ～」とかいうとね、ブワーッと話が続いてきてね。それで、曲がり忘れたりね（笑）。まるっきり違うとこに行ってたりするんです。そこでメーターを倒して、「ここからタダで行きますから」とかいって（笑）。そのあいだ、もうずっと、身の上話。（河合隼雄・茂木健一郎『こころと脳の対話』より）

面白いのはそのタクシーの運転手さんは河合隼雄のことを知らない、心理カウンセラーであることを知らないということです。河合隼雄がただ相槌を打つ、それだけで相手が相談してしまうのです。

「相手の方が自然と、聞いてほしい感情が湧き上がるような人になること、そんな人格をつくるのに、何十年もかかりました」と河合隼雄は言います。これが「あり方」の究極の姿かも知れません。

RMSトレーナーたち（ツボ019）にも、逸話がたくさんあります。ある大企業の部長を集めたミーティングでのこと。始まる前にトレーナーが着席している部長たちの席の中を、歩いていたそうです。「おはようございます」「今日はよくきてくださいましたね」とごく普通の挨拶をしながら。すると、ある一人の部長が嗚咽を上げて泣き始めたのです。そしてその涙は多くの部長に広まっていきました。何かが「受容されている」ことが自然と伝わっていったのでしょう。トレーナーの「あり方」によって。

Column 02
あり方

Chapter 3.

サーベイ・フィードバック

Q サーベイ・フィードバックとは何か？

Chapter3.では、レンシス・リッカート（ツボ007）から始まった診断型組織開発の手法「サーベイ・フィードバック」を、現代でどのように活用すれば良いか考えていきます。

◤HRテックの流行とサーベイの失敗

人材マネジメント（HR）に最新テクノロジー（IT・AI・センサー技術・ウェアラブルツール）を活用することをHRテックと呼びます。その中でも近年は社員の働きがいを測定するエンゲージメント・サーベイが流行しています。しかし多くの企業で「導入したものの使いこなせていない」「手間をかけて回答したけど、いったいこれが何の役にたつのか」という声があがっています。いったいなぜうまくいかないのでしょうか？

◤サーベイとは広く全体像を調査すること

サーベイ（Survey）とは調査のことで、広く全体像を測定し、調べるときに使用します。似た言葉にリサーチ（Research）がありますが、こちらは同じ調査でも、深く研究して理解することです。

組織開発においては、組織・チームの状態をデータとして可視化する「見える化」がサーベイの役割です（図表021上）。注意しなければならないのは、調査だけでは改善は起きないということ。体重を測っただけで痩せることはできません。

測っただけでは組織は良くならない、当たり前

のようですが、手法論に気を取られているうちに「組織をよくする」という真の目的が忘れられてしまう、これもまた企業の現実です。新しいテクノロジーを使って簡単にデータ収集を行えること、得られたデータから高度な分析やモデル化を行うこと、スマートにビジュアル化すること、実はこれらはすべて些末なことです。

◤フィードバックから先が本番

サーベイの結果、得られたデータを現場と関係者に返す「フィードバック」を行うことで、はじめてデータは組織を改善する主体者のもとに渡り、活用できる状態となります。可視化されたデータに、現場と関係者が全員で向き合い問題の解決を目指して「対話」する、そしてこれからの組織・チームをどうしていくのか「未来づくり」を自分ごととして決めてアクションプランを得るということが本番なのです（図表021下）。

そして実際にアクションを起こし、その結果を振り返るために定期的に組織・チームの状態を「見える化」してまた「対話」へ、という循環を起こし、止まらずに回し続けることが求められます。

次のツボ022では、なぜサーベイ・フィードバックを行うのか、その理由を考えます。「HRテックが流行しているから」という表面的な理由ではなく、その本質を捉えにいきましょう。

A 組織調査で得られたデータを現場に返し、チームでの対話を生み出し、自分たちの未来を決める技術

サーベイ・フィードバックの3要素

サーベイ

①見える化
組織・チームの
状態をデータとして
可視化する

フィードバック

③未来づくり
将来のあり方を
自分たちで決めて
アクションプランを
得る

②対話
可視化されたデータ
に現場と関係者が
向き合い対話を行う

（中原淳『サーベイ・フィードバック入門』を元に作成）

▶ 測っただけでは組織は良くなりません。主体者へフィードバックしましょう　HINT

■単一マネジメントから多様化へ

なぜサーベイ・フィードバックが必要なのでしょうか？　その背景にはマネジメントが「多様化」に対応しなければならないという状況があります。

かつての日本企業では新卒一括採用、終身雇用によって同質的なメンバーばかりが所属しており、組織への求心力は高く、マネジャーは全員に同じ「単一のマネジメント」を「カンと経験」で行っていればうまく回っていました。答えがシンプルだったのです。しかし現代ではメンバーの雇用形態や働き方は多様になりました。その中で成果を出していくためには、マネジャーは組織・チームのコンディションを把握して「状況に適した対応」を「メンバーと一緒に」行う必要があります。マネジャーも答えを知らないのです。

こんな背景の中、サーベイ・フィードバックにできることは次の3点です。

1．離職を防止する

優秀な人材の離職防止（リテンション）は経営にとって重要な課題です。一歩目としてメンバーのエンゲージメント状態（組織・チームの一員であると思えているか）を定点観測することは必須と言えます。見えていなければ引き止めようがないからです。

2．声なき声を拾う

チームで働く人は多かれ少なかれ「職場の空気（同調圧力）」の中にいます。言いたいことがあっても声をあげられない、それはごく普通のことです。サーベイでそういった「声なき声」を拾っていきましょう。ドロリと溜まる前に。

3．同じ景色を見て進む

通常、メンバーは「変化への恐れ」を持っています（現状維持バイアス）。全員が経営者やマネジャーのように高く広い視野を持っているわけではありません。そのため、仕事のやり方を変えるときにはマネジャーとメンバーが同じ景色を見て進むことが大切です。「改善されている状況」を見える化して一緒に観察し続けること。そしてそのプロセスをともに協力して進めることができれば、変化への恐れよりも、自分たちの手で改善する喜びが上回っていくはずです。

■マネジャーを素手で戦わせてはならない

コロナ禍以降、リモート環境で働く割合も急増しており多様化に拍車がかかっています。「見えない中で何かが起きている」という不安をマネジャーは抱えているのです。「見えないもの」はマネジメントできません。多様化に立ち向かっていくマネジャーたちに、サーベイによる「見える化」という武器を渡してあげましょう。

次のツボ023では、サーベイ・フィードバックが失敗するパターンを確認していきます。

図表022
サーベイ・フィードバックにできること

1
離職を
防止する

メンバーのエンゲージメント（チームとのつながり）状態を知り 離職防止につなげることができる

2
声なき声
を拾う

職場で言えないことが
ドロリと溜まってしまう前に
吸い上げることができる

3
同じ景色を
見て進む

マネジャーとメンバーが
同じ状況を観察しながら
改善を進めることができる

**多様化に立ち向かうマネジャーに
サーベイ・フィードバックという武器を渡す**

▶ 見えないものはマネジメントできません　　HINT

サーベイ・フィードバックが失敗するとき、たいていこの4つのパターンにはまっています。

1. サーベイに期待しすぎる

サーベイ・フィードバックで最も多い失敗はこちらです。「データをとっただけでは何も変わらない」この当たり前の事実がなぜか忘れられ、過大な期待をしてしまうのです。

「サーベイを実施すれば、自ずと組織の問題と解決方法が浮かび上がってくるはずだ」「驚くべき事実が出てくるはずだ」「問題が解決されていくはずだ」…残念ながらサーベイはそういった魔法ではありません。現場でも薄々気づいていた問題が「データ」という目に見える形で明るみに出るだけのものです。その限界と効用を正しく知りましょう。この先に対話と未来に向けたアクションがなければ組織・チームが変わることはありません（ツボ021参照）。

2. 結果が放置される

サーベイを実施した人事部門が、またはデータを受け取ったマネジャーが誰にも共有せずに放置してしまう。これもよくある実態です。実施で疲れ切ってしまい、経営や上司に報告して終わったことにする。コンサルタントに丸投げして満足する。

結果が悪いときほど、メンバーには伝えられないという気持ちからか、触れられないまま時間がすぎていくことも多いようです。

サーベイの結果をないがしろにすると、調査に協力したメンバーは「いったいなんだったのか」「協力したのに何も変わらないじゃないか」と不信感を抱くことになります。これではまったく逆効果で、やらない方がマシだったと言えます。

3. 自分に甘くなる

自分に都合の良いようにデータを解釈し、「行動を変えない」選択をすることがあります。「繁忙期だから」「特定のメンバーが悪くつけているから」「まだ新任課長だから」たしかにその事実を斟酌することは必要ですが、データを無視すべきではありません。一人で分析すると自分に甘くなり解釈に偏りが出ます。フラットに受け止めるためにも対話して客観性をあげていきましょう。

4. 数字におどらされる

結果の数字だけに囚われて、点数をあげるために場当たり的な対症療法ばかりが検討されることがあります。とくに結果数値がKPIなど「目標」として掲げられていてマネジャーが通信簿のような受け止め方をしているとき、偏差値化して他社と競争的な気持ちになっているとき、よく起こります。ひどい場合は調査時に「必ずいい結果をつけるように」という「お達し」が会社や組織長からおりてくるなどということもあるそうです。それは健全な組織風土の破壊行為です。

次のツボ024では、サーベイ・フィードバックの理論的な背景を確認します。

図表023
失敗のパターン

1 サーベイに
期待しすぎる

過剰な期待をもって
しまい、動きが止まる

2 結果が
放置される

当事者に共有されずに
アクションが起きない

失敗の
パターン

3 自分に
甘くなる

都合のよい解釈をして
「行動を変えない」

4 数字に
おどらされる

数字をあげるための
対症療法のみとなる

▶「組織・チームを良くする」という目的に、常に立ち返りましょう　HINT

Q サーベイ・フィードバックの理論的な背景は？

サーベイ・フィードバックの背景にある理論を3つご紹介します。コレクション効果・フィードバック効果・外在化効果です（図表024）。

■ 質問が行動を変える コレクション効果

コレクション効果とは、サーベイを実施するために組織・チームのメンバーに質問を投げかけてデータを集める動き（コレクション）そのものが「人々の行動を変える原動力」となりえる、というものです。たとえば「あなたは自社のサービスを友人に紹介したいと思いますか？」という質問項目があること自体「紹介してほしい」というメッセージを暗に伝えていることになります。

■ 動機とヒントを得る フィードバック効果

フィードバック効果には、①モチベーション機能と②ディレクション機能があります。

①モチベーション機能は、フィードバックされた内容によって「物事を変えたいという動機」がつくられることを指します。フィードバックされた情報と、自分の思っている自分の姿に「ズレ」を感じたときに人は「不安」を感じ、その不安を解消しようと考えるのです。例えば、体重計に乗って、思った以上に体重が増えていたという「ズレ」を知り、これはまずいと「不安」になり、痩せようという「動機」が湧く、ということです。

②ディレクション機能は、自分の行動を変える

うえで何を改善すれば良いか「手がかり」を得ることを指します。フィードバックされた情報はヒントの塊です。明確にピンポイントで改善点が見えないとしても「何を試行錯誤すればよいか」はわかるようになります。

■ 問題を個人と切り離す 外在化効果

外在化とは、心理学の用語で、心の問題を外から扱えるように（客観視）することです。組織開発においては見える化したデータによって、本音や真実を言えるようになることを指します。

外在化効果とは、「職場で起こっている問題を個人の性質や資質に起因する属人的な問題であると、個人に帰属することを防止して、いったん問題と個人を切り離しておく効果」です（中原淳『サーベイ・フィードバック入門』より）。

「特定の個人に問題がある」と責任の所在を個人に求めてしまうこと（内在化と呼ばれます）が横行すると、組織・チームの中はお互いに攻撃し合うようになり、対話ができない状態となってしまいます。そこで向き合う相手を個人ではなく、客観的な「データ」とすることで、問題を安易に個人のせいにせずに対話を行うことができるのです。「言える化」が起きるのですね。

次のツボ025ではサーベイの設計について学びます。

A　コレクション効果、フィードバック効果、外在化効果

図表024

サーベイ・フィードバックの理論的背景

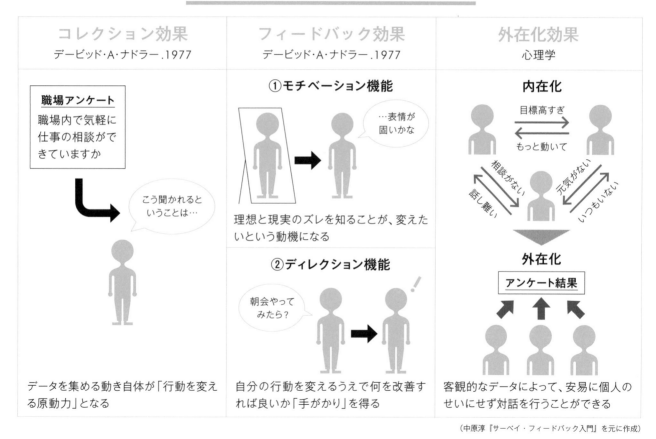

コレクション効果	フィードバック効果	外在化効果

デービッド・A・ナドラー.1977 ／ デービッド・A・ナドラー.1977 ／ 心理学

職場アンケート
職場内で気軽に仕事の相談ができていますか

こう聞かれるということは…

データを集める動き自体が「行動を変える原動力」となる

①モチベーション機能

…表情が固いかな

理想と現実のズレを知ることが、変えたいという動機になる

②ディレクション機能

朝会やってみたら？

自分の行動を変えるうえで何を改善すれば良いか「手がかり」を得る

内在化

目標高すぎ
もっと動いて
相談がない
話し難い
元気がない
いつもいない

外在化

アンケート結果

客観的なデータによって、安易に個人のせいにせず対話を行うことができる

（中原淳『サーベイ・フィードバック入門』を元に作成）

▶ **有意義な対話を起こし、行動を改善するために必要な原理原則を押さえましょう**　HINT

サーベイ設計のやり方は？

サーベイ設計に必要な観点を説明します。

■ 目的をおさえてから手法を選ぶ

まず初めに考えるべきことは、サーベイ実施の「目的」です。なぜコストをかけて組織サーベイを行うのでしょうか。離職防止なのか、定期検診なのか、経営方針の浸透のためなのか（ツボ022参照）。その目的がずれないように関係者と確認しておきましょう。そしてその目的をことあるごとに伝え続けていきましょう。

サーベイはいくつものサービスが販売されています。とくに初めて実施するときは外部サービスも検討する価値があります（ツボ026参照）。慣れてきて質問項目も作成できればGoogleフォームなどを使って自前で運用することも、そこまで難しくありません。

■ 実施頻度とスケジュールを決める

実施頻度は重要な観点です。回数が少なすぎると実態が掴めませんし、回数が多すぎると現場の手間がかかり「サーベイ慣れ」が発生して回答の質が下がってしまいます。私は半年に1回の実施をおすすめしています。

スケジュールを考える時に大切なのは、データを収集してからフィードバックまでの間をどれだけ短くできるか、です。遅くなればなるほど情報の鮮度が落ち、結果が無駄になってしまうからです。

■ 目指す組織状態から質問を作成する

質問項目作成のポイントは以下の7つです（デイビッド・ナドラーの定義をもとに作成）。

①自組織・チームに関係があると思える質問
②メンバーが具体的な行動をイメージできる質問
③要点のみに絞られた少ない質問数
④短い回答時間（10分以内が目安）
⑤理解できる（専門的すぎない）分析結果
⑥データが正確で信頼できる分析結果
⑦データを他組織と比較できる分析結果

メンバーはサーベイで質問された内容を「メッセージ」として受け取ります（コレクション効果、ツボ024参照）。そのため質問項目は「目指す組織状態」を想定して作成する必要があるのです。図表025は一例ですが、ウルリッチの「リーダーの役割」とシャウフリの「エンゲージメント」から作成しています。

■ 現場へアナウンスする

前提として、メンバーにとってサーベイとは「厄介なもの」です。その認識の上で可能な限り現場の手間がかからない仕立てを用意したいものです。そして「目的」を何度も伝え続けましょう。失敗は目的を忘れることから起きるのです。

次のツボ026ではサーベイ・サービスを選定します。

図表025
項目の例

事業・コト

業務遂行力
1. 技術や設備は十分である
2. 組織編成は効率的である
3. 必要な意思決定が迅速になされている
4. 管理職の成果責任が明確である
5. 状況変化に機敏に対応している

ビジョンと戦略
6. 組織が将来目指す姿は明確である
7. 顧客視点の思考が根付いている
8. 経営陣が示す戦略は明確である
9. 戦略には現場視点が反映されている
10. 外部と共創する機会が生かされている

リーダー
11. 行動につながる方向性が示されている
12. 現場に根差した影響力が発揮されている
13. 困難な状況下でも冷静な指示がなされている
14. リーダーは倫理観が高く誠実である
15. リーダーのエネルギーと情熱が伝わっている

現在・短期 ——————————————————————— **将来・長期**

エンゲージメント
16. 朝、目が覚めると「さあ仕事に行こう！」と思う
17. 職場では元気が出て精力的になる
18. 仕事に没頭しているとき、幸せだと感じる
19. 自分の仕事に誇りを感じる
20. 仕事は私に活力を与えてくれる

人材の成長
21. 次世代の組織を支える人材が育っている
22. 出る杭は打たれずに登用されている
23. 自分のキャリアは自分で計画することができる
24. どこにどんな人がいるかわかりやすい
25. 組織のメンバーであることを誇りに思っている

人材・ヒト

5. そう思う
4. どちらかといえばそう思う
3. どちらでもない
2. どちらかといえばそう思わない
1. そう思わない

（南雲道朋『データ主導の人材開発・組織開発マニュアル』、ウィルマー・B・シャウフェリ『ワーク・エンゲイジメント入門』を元に作成）

▶ 手段に溺れがちなサーベイだからこそ「目的に照らす」を口癖として進みましょう

HINT

どのサーベイ・サービスを使えば良いか？

■ 商品名に惑わされず「項目内容」を見る

いきなり自組織（自社）でサーベイを設計・運用するのは大変です。市販のサーベイ・サービスも検討する価値があります。どうやって選べば良いでしょうか？

サービスを見渡すと、ES（従業員満足度）サーベイ、モチベーション・サーベイ、エンゲージメント・サーベイ、従業員コンディション・サーベイなど様々な名前がついています。満足やモチベーションやエンゲージメントなどは、厳密には異なる概念ですので、そこに違いがあるように思います。しかし実は質問項目自体にそこまで大きな違いがありません。実際の企業や組織が聞いておきたい質問を網羅的に把握するように設計されているため、その内容も似通っています。その中で他サービスとの違いを感じさせるため流行している概念をタイトルにつけているのです。

サーベイの名前に惑わされず、その質問項目をじっくりと確認して自組織で聞きたい内容に合うかどうかを検討しましょう。質問自体が組織からのメッセージとなるため（「コレクション効果」ツボ024参照）、意図していないことを聞くのは逆効果ですし、網羅的であろうと大量の質問をすると、効果が薄れてしまいます（そして回答者の負荷もあがります）。

なぜその質問をするのか分からない項目については、設計意図や理論的背景を確認しましょう。

明確に答えられないサービスは購入してはいけません（例えば仕事満足の状態を確認する項目は「職務設計の中核五次元」（ツボ083参照）など）。

■ 他組織での「実施実績」を確認する

そのサービスの過去実績を調べることをおすすめします。実施した社数、組織数が多いということは、提供会社に知見が溜まっている可能性が高く、そして重要なことは他社の結果を比較データとして参照（リファレンス）できることです。

他組織との比較は本質ではありません。しかし初回実施においてはデータ解釈の参考になるのです。2回目以降は前回との比較ができ、継続実施をする中で自組織のデータが蓄積されていくに従って他企業との比較の意義は薄れていきます。

■ 必要な「集計」を低コストで使えること

サーベイの運用は想像以上に手間がかかります。特に実際に現場とともにデータと向き合っていると、様々な角度から分析したくなるものです。「単純集計が低コストで行えるか」「ローデータを簡単に出力できるか」を確認しておきましょう。サーベイの帳票に複雑な加工がされている場合は要注意です（偏差値化、100点表記など）。

次のツボ027では、サーベイ分析について学んでいきましょう。

100 の ツボ
026

項目内容、実施実績、集計コストから選定する

図表025
サーベイ・サービスの選定基準

項目内容

実施実績

集計コスト

自組織で聞きたい
質問となっているか

※カスタマイズできるか

他社のデータを
参照できるか

必要なデータを
低コストで集計できるか

▶「見える化」したあと「対話」につなげていくイメージをもって選定しましょう　HINT

どうやってサーベイを分析するのか？

100のツボ

027

■ 精緻な分析は時に逆効果となる

サーベイ・フィードバックを導入する際には、多くの企業がデータ処理に関する専門知識、統計学などが必要だと考え、専門家を雇ったり学ぼうとしたりしています。しかしここには大きな落とし穴があります。

データを精密に分析することは、効果に直結しないのです。サーベイ・フィードバックの目的である「組織・チームをよくする」ために大切なのは、データの分析や統計学ではなく「現場にとって意味のあるデータを返し、チームでの対話を生み出し、自分たちの未来を決める技術」です（ツボ021参照）。

そして、現場で主体的な対話を起こすためには「難しそう」だと思わせてしまうような精緻な分析は時に逆効果（！）となってしまいます。

私は多くの企業でサーベイ結果を報告してきましたが、統計技法を駆使した精緻な報告書を欲しがっているのは、たいてい人事部門だけでした（その報告書は多くの場合、彼らの自己満足に終わり活用はされないのです）。経営者や現場はごくシンプルでわかりやすい集計結果と、その読み解き方のコツ、つまり優先順位を付けるヒントを求めていました。

現場で使えないものはいらない。当たり前のことですが、忘れないようにしたいものです。

■ シンプルな集計結果を正しく出す

必要なのはシンプルでわかりやすい集計結果です。

A. 実施期間

B. 回答率＝回答数／配布数

C. 項目ごとの結果一覧（平均値と分布）

D. 属性ごとの結果一覧
（新卒／中途、入社年次、職種、役職など）

E. 比較データ（リファレンス）
（全社、上位組織、同業他社、前回結果など）

結果表記は平均値と分布をおすすめします。偏差値化する、100点満点に置き換えるなどの操作をしてしまうと、正しく結果を読み取る妨げ（ノイズ）となります。

■ 優先度のヒントを提示する

現場がデータに向き合うとき、最も迷うのは優先順位の付け方です。組織には問題がたくさんあり、そのうちどの問題にフォーカスして課題をセットするかは難しい判断です。そのヒントを切り口として提示することは効果的です（図表027はその一例）。

次のツボ028はフィードバック・ミーティングの進め方について学びましょう。

精緻な分析は逆効果。シンプルな集計結果と、優先順位をつけるヒントを提示する

図表027

優先順位をつけるヒント

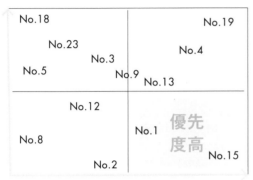

① eNPSへの影響度（相関）

② 今回結果ー前回結果

③ 管理職結果ー一般社員結果

④ 自チーム結果ー全社結果

（南雲道朋『データ主導の人材開発・組織開発マニュアル』をもとに作成）

▶現場からフィードバックを受け、改善し続けることが重要です　HINT

フィードバック・ミーティングの進め方は？

見える化されたデータに、現場と関係者が全員で向き合って「対話」し、これからの「未来づくり」をしてアクションプランを得る、その中心となるのがフィードバック・ミーティングです。進め方を確認していきましょう。

100のツボ
028

1. 目的説明

全員が同じテーブルに着いたところで「なぜこの会を行うに至ったか」をアジェンダと共に参加者に伝えます。主催者（オーナー）自ら伝えることが大切です。参加者のメリットと協力をねぎらう言葉を忘れないようにしましょう。

2. グランドルールの提示

本音で建設的な対話ができるようグランドルールを提示します。例えば「積極的に聞く」「一旦受容する」「批判禁止」「わからないことは質問する」「肩書厳禁」「悪者探しをしない」などです。安心して話すことができる場を創りましょう。

3. データの提示

参加者が短時間で理解して使うことができるように、なるべくシンプルにデータと優先順位のヒントを提示します。対話が起きやすいよう工夫しましょう（ツボ027参照）。

4. データに対する解釈

データをもとに参加者の認識を場に出していきます。「議論」ではなくデータがそれぞれにどのように見えるのか、職場にどのような課題がある

ように感じているのか、各人に「思ったこと」をそのまま語ってもらいます。べき論に収束しないように注意し、参加者同士がお互いの意見や考えに向き合える時間にします。

5. 未来に向けた話し合い

組織課題を参加者全員が受け入れ、課題解決を目指していけるように、お互いの未来について対話します。この場で大切なのは「性急に事を進めない」こと。じっくりと分かち合いながら決める方向にもっていきましょう。参加者がポジティブに対話できるようファシリテーションします（ツボ029参照）。

6. アクションプラン

課題解決に向けた、具体的な改善行動を作ります。抽象的なものでは行動できないので、メンバー一人ひとりが何をするか個人の行動目標にまで落とし込みます。

最後はオーナーからねぎらいの言葉を伝えて終わりましょう。そしてアクションプランが形骸化しないように、経過を追いかけてアフターフォローを行います。

次のツボ029ではミーティングが成功するポイントを学びます。

図表028

フィードバック・ミーティング

1 目的説明	2 グランドルールの提示	3 データの提示	4 データに対する解釈	5 未来に向けた話し合い	6 アクションプラン
・チームの関係者を一堂に集める ・オーナー自身から目的、アジェンダ、参加者のメリット、ねぎらいを伝える	・本音の対話ができるようにグランドルールを設定する ・安心して話すことができる場を創る	・シンプルでわかりやすい集計結果を返す ・優先順位をつけるヒントの切り口を提示する	・データの見え方、職場での課題、各々の「思ったこと」を場に出す ・べき論に収束しないように注意する	・関係者全員が課題を受け入れて向き合う ・課題解決を目指してお互いの未来を探るため対話する	・明日からできる具体的なアクションプランへ ・個人の行動目標にまで落とし込む ・形骸化しないようにフォローする

（中原淳『サーベイ・フィードバック入門』を元に作成）

▶ **本気でチームを良くしたい人が、オーナーとして場を創ることが成功の鍵です** HINT

フィードバック・ミーティングは
どうすればうまくいくのか？

100のツボ
029

■参加者の設計、オーナーの人選が最重要

フィードバック・ミーティングを行う際には、そこに「だれ」が集って組織・チームのことを考えるのか、参加者の設計が重要です。そしてそのときに、オーナーが「だれ」であるかが成否を決めるといっても過言ではありません。オーナーとはその結果に責任を負っていて本気でその組織・チームをよくしたいと考えている主体者のことです。

例えば全社のサーベイ結果であれば、参加者は役員、各部門の責任者、人事部門でしょう。オーナーは全社の状態に責任を持つ社長であるべきです。社長がサーベイ結果に真剣に向き合うスタンスでこのミーティングを開催していたら、この時点でほぼ成功したようなものです。逆に人事部門のみが張り切っていて、社長は話を聞いていない、議論に参加していない、といったオーナー不在の状態では、成功の可能性はほとんどありません。

組織単位で行う場合は、オーナーは組織長（本部長や部長）、参加者は組織内の各チームリーダー（現場マネジャー）となります。チーム単位で行う場合は、オーナーは現場マネジャー（チームリーダー）、参加者はチームメンバーとなります。

オーナーが本気で改善する意志をもって場を創っているのであれば、ファシリテーターは人事部門や外部コンサルタントなど他の方が行っても問題ありません（ただし丸投げでは失敗します）。

■ファシリテーターに必要なのは影響力

オーナーを支えるファシリテーターはどんな人が担うべきでしょうか。多くの企業においてサーベイを行う人材に求める専門性は、統計学などデータ分析スキルに偏ってしまうようですが（ツボ027参照）、本来必要なのは以下の3点です。

①参加者の対話をポジティブに促す

②データを適切に扱う

③過去の経緯・他組織の状況を掴み活用する

つまり実際に現場を前に動かすことが求められているのです。特に①がなければミーティング自体が成り立ちません。参加者は誰しも自分のチームのサーベイ結果に強い責任感を持っており、データを見るときは緊張感が高まっているため、ファシリテーションが悪いと心のシャッターがおりてしまうのです。ポジティブな感情に訴えるフィードバックを目指しましょう。

図表029はアカツキ社で使用している「分かち合いシート」です。まずGood（良い点）とその背景を考えるところからスタートして前向きな感情を持った上で、More（より改善する点）に向き合う仕立てです。たくさん褒めてからちょっと指摘することが行動を促すという行動経済学の「ナッジ理論」を応用しています。

次のツボ030ではサーベイ・フィードバックのこれからを考えます。

A オーナーと参加者の人選が最重要。ファシリテーターはポジティブに対話を促すこと

図表029

アカツキ社の分かち合いシート

1-1.Good項目3点 良い意味で気になるもの。前回より上がった / 他項目より相対的に高い / 狙っていたとおり…など ・No. ・No. ・No.	**1-2.Good項目の背景** Good項目の理由 / 背景の仮説。3つそれぞれでも共通してでもOK
2-1.More項目3点 さらに良くしたい / 足りない意味で気になるもの。前回より下がった / 他項目より相対的に低い、狙いや想像と違う…など ・No. ・No. ・No.	**2-2.More項目の背景** More項目の理由 / 背景の仮説。3つそれぞれでも共通してでもOK
3-1.もやもや項目 よくわからないが気になるもの。なぜかわからない…など ・No.	**3-2.もやもや項目の背景** もやもや項目の理由 / 背景の仮説

（アカツキ社 CHRO 法田貴之とともに作成）

▶ 組織・チームを「良くしたい人」たちの対話を促進するのがファシリテーターです　HINT

100のツボ
030

■HRテックで火がついたサーベイの流行

HRテックの進歩をきっかけに、エンゲージメント・サーベイが流行しました（図表030）。かつては集計に1ヶ月近くかかっていたものが、今では回答した瞬間に結果が見られるほど高性能に、そして低コストになりました。

離職防止、働きがいの向上など潜在的にあった「見える化」ニーズに火がついたのです。これは組織開発の潮流において大きな兆しです。

■体系的に学ぶことのできない組織開発

組織開発は、これまで体系的に学ぶことができない領域でした。欧米では大学院などで教えていますが日本には実務・現場で学ぶしかない「学際的な研究分野」として位置づけられてきました。

さらに悪いことに、これまで日本の多くの企業ではジョブローテーションでジェネラルな人材を育成してきたため、管理部門は3年程度で人が入れ替わってしまいます。そのため組織開発のナレッジを有する専門家は企業内にほとんど存在せず、どの人も見様見真似で経験から学び取るしかない状況でした（ツボ018）。

それは組織開発の一手法であるサーベイ・フィードバックにおいても同様でしたが、そこにサーベイの流行が起こったのです。結果として多くの企業では「使いこなせない」失敗が続きました。基礎知識のない中ですので当然と言えます。

■満を持して登場した入門書

私はリクルート社のコンサルとしてサーベイ設計や分析、フィードバック・ミーティングのファシリテーションを何十社も行ってきました。サーベイ・フィードバックの実務経験を積み重ねてきた日本では数少ない一人だと思います。

流行の中でサーベイを導入した企業から多くの相談をもらいました。各社の失敗の後始末に関わり、地道にその本質を説明して、現場と人事の信頼関係を丁寧につなぎ直すことに少し疲れてきた頃、中原淳『サーベイ・フィードバック入門』という書籍が出版されました。この書籍にはこれまで体系化されず「秘伝のタレ」となっていたノウハウが詰まっていました。この本を読むだけで各社には一定以上の成功が担保されます。まさに待ち望んだ教科書です。

■組織開発の入り口として発展していく

これで、高性能かつ低コストとなったサーベイ、組織の見える化ニーズ、基礎的な教科書という要素がすべて揃いました。ここからサーベイ・フィードバックはさらに普及し技術も進歩を遂げ、多くの日本企業を正しく組織開発へと導いていくことでしょう。私はそう予想しています。

次のChapter4.では、対話型組織開発について学んでいきましょう。

図表030

「エンゲージメント」サービスの流行

サービス名	運営会社
オーピタスサーベイ	株式会社オーピタス
カオナビ	株式会社カオナビ
tenpoket チームアンケート	株式会社 MS&Consulting
従業員満足度調査サービス	みずほリサーチ＆テクノロジーズ研株式会社
スマレビ	株式会社シーベース
タレントパレット	株式会社プラスアルファ・コンサルティング
テガラみる	株式会社テガラミル
モチベーションクラウド	株式会社リンクアンドモチベーション
モチベーションサーベイ	株式会社トランストラクチャ
ラフールサーベイ	株式会社ラフール
CUBIC TRIUMPH Ver.	株式会社トライアンフ
ES 向上コンサルティング	株式会社リクルートマネジメントソリューションズ
ES-Quick	NTT コム オンライン・マーケティング・ソリューション株式会社
Freeasy	アイブリッジ株式会社
Geppo	株式会社ヒューマンキャピタルテクノロジー
HR OnBoard	エン・ジャパン株式会社
HR-PROG	株式会社さかえ経営
H&G ES	株式会社ホスピタリティ＆グローイング・ジャパン
MotifyHR	株式会社アックスコンサルティング
NiserES	公益財団法人日本生産性本部
SMILE SCORE	SMILE SCORE 株式会社
Well	株式会社 Boulder
wevox	株式会社アトラエ

（「【2021 年最新版】従業員サーベイツール 23 選 (2022 年 1 月 5 日現在)」https://hrog.net/knowledge/map/91447/ より）

▶ 見える化を進めることで「対話」を起こしていきましょう　*HINT*

まとめ

　Chapter3. のまとめとしてツボ021〜030のQ&Aを一覧としています（右表）。

　また、人事担当者、管理職（マネジャー）、経営者、組織で働く人それぞれに向けてこの「サーベイ・フィードバック」でお伝えしたいメッセージを記載しています。

人事担当者の方へ

　最新のHRテックを使うこと、精緻な統計分析を行うこと、美しい報告書を作ること、これらは人事の自己満足にすぎません。実際に現場が動き組織・チームが良くなるためには何が必要なのか「目的」に照らして考えていきましょう。例えば、各フィードバック・ミーティングに参加して議事録を蓄積することは企業の大切なノウハウとなります。

管理職（マネジャー）の方へ

　組織・チームの責任者である管理職（マネジャー）の方にとって、サーベイは「通信簿」のような嫌なものだと感じてしまうかもしれません。しかし、メンバーたちの「心理的事実」であるデータには、改善のヒントがつまっています。仮に低い結果だとしても「つけてくれた」ということは、そこに期待があるということです。

経営者の方へ

　全社の組織状態を良くしていくことは経営者にしかできない仕事です。「裸の王様」にならないためにも、全社のサーベイ結果を受け止め、未来を創るオーナーとなってください。フィードバック・ミーティングは役員や部門長とサーベイという同じ視野視界で経営組織を語り、ご自身の考えを伝える機会でもあります。

組織で働く方へ

　組織サーベイを実施している企業で働いているあなたはラッキーです。他の企業に比べて働く人のことを考えてくれている可能性が高いからです。サーベイの実施は想像以上に大変です。運用している担当者も、オーナーたちも強い責任感と緊張感をもって取り組んでいます。ぜひ自分の組織・チームを良くするために、サーベイで「率直で愛あるフィードバック」を行ってください。そしてできれば、組織・チームを良くしようと頑張っている人たちに対して、ねぎらいの言葉を添えてあげて欲しいのです。

　次のChapter4. では、2000年代から起きた潮流である「対話型組織開発」について学んでいきましょう。

100の ツボ	Q	A
021	サーベイ・フィードバックとは 何か？	組織調査で得られたデータを現場に返し、 チームでの対話を生み出し、自分たちの未来を決める技術
022	なぜサーベイ・フィードバックが必要 なのか？	カンと経験に基づくマネジメントから脱却するため
023	サーベイ・フィードバック失敗の パターンは？	サーベイに期待しすぎる、結果が放置される、自分に甘くなる、 数字におどらされる
024	サーベイ・フィードバックの理論的な 背景は？	コレクション効果、フィードバック効果、外在化効果
025	サーベイ設計のやり方は？	目的に照らして手法とスケジュールを設定し、 目指す組織状態に照らして質問項目をつくる
026	どのサーベイ・サービスを使えば 良いか？	項目内容、実施実績、集計コストから選定する
027	どうやってサーベイを分析するのか？	精緻な分析は逆効果。シンプルな集計結果と、 優先順位をつけるヒントを提示する
028	フィードバック・ミーティングの進め 方は？	オーナーが中心となって6つのステップで行う
029	フィードバック・ミーティングはどう すればうまくいくのか？	オーナーと参加者の人選が最重要。 ファシリテーターはポジティブに対話を促すこと
030	サーベイ・フィードバックはこれから どうなる？	さらに普及し、多くの日本企業を組織開発に導く入り口として 発展していく

次の1歩

サーベイ・フィードバックについて
さらに1歩踏み出したい方へおすすめの書籍をご紹介します。

サーベイ・フィードバック入門

中原淳 著
PHP研究所／2020年

難易度

おそらく日本で初めて書かれたサーベイ・フィードバックの入門書です。初めて読んだ時とても驚きました。私はリクルート社のコンサルとして何十社の組織でサーベイ分析とフィードバックを行ってきましたが、そのノウハウは先輩たちの教えや自分の経験から培った知識でした。しかしこの書籍にはその秘伝のタレがずばり書かれていました。この先、サーベイを実施する時はこの本が前提となるのではないでしょうか。

ワーク・エンゲイジメント入門

ウィルマー・B・シャウフェリ 著
星和書店／2012年

難易度

「エンゲージメント・サーベイ」のエンゲージメントとはなんでしょうか？「ワーク・エンゲイジメント（情熱を持って働く）」は燃え尽き症候群（バーンアウト）の研究者であるオランダのシャウフェリ教授による、メンタルヘルスの新しいコンセプトです。「熱意」「没頭」「活力」の心理状態を生み出します。

データ主導の人材開発・組織開発マニュアル

南雲道朋 著
経営書院／2021年

難易度

マーサー・ジャパン社出身である著者が人材開発・組織開発におけるデータ活用について解説した一冊。とくにサーベイ（社員意識調査）と360度フィードバック（多面評価）を組み合わせた手法は示唆に富んでいます。実際の項目設定からフィードバックのコツまで紹介しているため活用しやすい一冊です。

ピープルアナリティクス
の教科書

一般社団法人ピープルアナリティクス&HRテクノロジー協会 著
日本能率協会マネジメントセンター／2020年

難易度

社員の行動データを収集・分析して
「生産性の高い人材と組織」に成長
させる「ピープルアナリティクス」
の教科書です。サイバーエージェン
ト社とDeNA社のサーベイ実施の事
例が載っていて参考になります。

職場の科学

沢渡あまね 著
文藝春秋／2020年

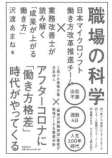

難易度

組織・チームを改善するためのデー
タは、サーベイだけではありません。
日本マイクロソフト社では様々な
データを活用して「高い成果を上げ
る人の働き方」を促進しようとして
います。成果を上げる営業ほど「限
られた相手」と「密なコミュニケー
ション」をしている、部下からの信
頼が厚い上司は「メールの返信」が
「3時間」早い、会議は「30分以内」
「5人以下」が効率が良い、など興
味深い実例が紹介されています。

人事のためのデータサイ
エンス

入江崇介 著
中央経済社／2018年

難易度

人事データを扱っていると必ずどこ
かで「統計解析」の知識が必要だと
感じる日がきます。人事や組織開発
に必要となる最低限の基礎を、でき
る限りわかりやすく説明した、この
本をおすすめします。著者はリク
ルートマネジメントソリューション
ズ社の組織行動研究に所属し、学問
のための学問ではなく、企業人事で
使えるデータサイエンスの研究を重
ねてきた方です。

　定期的にサーベイを実施している企業は、そもそも組織状態を常に把握しようとしている時点で、すでに体質が健全であると言えます。私もコンサルタントとして多くの企業を支援してきましたが、継続実施しているクライアントのフィードバック・ミーティングは、建設的な話し合いの場となるという実感があります。

　あるクライアント企業では、半年ごとのサーベイ実施を10年近く続けていました。フィードバック・ミーティングに参加させていただくと、いつも白熱した話し合いが行われ、私までエネルギーが増幅するようでした。
　印象的だったのは社長です。社長は各部門ごとのフィードバック・ミーティングにも必ず参加されていて、部門のリーダーたちとじっくりと対話をしています。問題には一緒になって頭を抱え、成功したときは喜びあって、社長がその時間を心から大切に思っていることが態度に滲み出ているように、私には感じられました。

　なぜ、ずっとサーベイを実施できているのか、その社長に聞いてみたことがあります。きっと何か秘訣があるのでは、と。しかしその答えは意外な言葉でした。
　「歯磨きですよ」
　「えっ?…歯磨き、ですか?」
　「坪谷さんも、食後に歯磨きしないと気持ち悪いでしょう?　おんなじです。半年ごとにサーベイをやらないと、気持ち悪いんですよ」
　なるほど。その社長にとって、サーベイ・フィードバックを通じた対話は、歯磨きのようにごく当たり前の習慣となっているのです。
　「秘訣はない。必要なことを、ただやるだけだ」と教えてもらったように思いました。

対話型組織開発

Chapter 4.

Q 対話とは何か？

このChapter4.のテーマは対話型組織開発です。まず「対話」について確認しておきましょう。そもそも対話とは何でしょうか？

■ HOWの議論、WHYの対話

対話を理解するために、よく似た言葉である「議論」との違いを考えてみます（図表031）。

議論：議論とは、すでに決まっているテーマ（議）を解決するために、どうするべきか意見を戦わせるもの（論）です。つまり議題（WHY）はすでに決まっている前提で、その具体的なやり方（HOW）を決めるための話しあいが議論なのです。「結論が出ない」議論は失敗と言えます。論という字は物事の道理をあらわし「あげつらう」と読みます。意見を戦わせて、必ず何かを決めなければならないのです。分析的な思考が強く求められます。

対話：対話とは、そもそも私たちが何に対して取り組みたいか（対）、それぞれの前提や文脈をわかちあうもの（話）です。つまり共通の目的や意義（WHY）を生み出すための話しあいが対話なのです。

「共創のない」対話は失敗です。そこで行うべきは相手の意見をあげつらって結論を出すことではありません。自分の意見が場に出て、他の人の意見も場に出て、お互いに受け止めた上で、「私たち」にとっての意味を新しく創造することです。研究家アイザックスが「Thinking together」とシンプルに示したとおり、共創的な思考が求められるのです。

■ 崩れた前提、なくなった雑談

議論ばかりで対話のない組織では、仕事に血が通いません。自分が大切だと思えないテーマに向けて合理的に取り組むことは、機械やAIの仕事であって、人間の仕事ではありません。しかし残念ながら現代では、多くの組織がこの状態に陥っています。それはなぜでしょうか？

時代背景として、昔は仕事の目的がシンプルだったこと（大量に良いものを生産するなど）、働く人の特徴や環境が共通であったこと（大卒ホワイトカラーなど）から、わざわざ「共通の目的や意義（WHY）」をわかちあわなくても「前提」が揃っていたのです。しかしその前提は崩れました。

そして、対話はかつて、日々のふとした雑談の中で、仕事帰りの居酒屋の中で、営業途中の喫茶店の中で行われていました。上司や先輩との雑談から、自組織の仕事の意義を学んだのです。しかし働き方の多様化が進み、働く場所も時間も異なる人々とリモートワークで仕事を進めることが時代の必然となり、その機会は減少していきました。

これまで自動的に揃っていた働く人の前提が崩れ、自然発生していた雑談の機会がなくなりました。この時代の変化を嘆く必要はありません。意図的に対話の場をつくっていけばよいのです。

次のツボ032では、対話型組織開発の根底にある考え方「社会構成主義」について確認します。

A まじめな雑談。前提と文脈をわかちあうことで、一緒に新しい意味、共通の目的をつくる

図表031

議論と対話

HOW

具体的なやり方を決める

議論

議：すでに決まっているテーマを解決
論：どうするべきか意見を戦わせる

- 意見を戦わせて必ず結論を出す
- 分析的な思考が強く求められる

→「結論が出ない」議論は失敗

WHY

共通の目的や意義を生み出す

対話

対：私たちが何に対して取り組みたいか
話：それぞれの前提や文脈をわかちあう

- 意見を受け止め新しい意味を創造する
- 共創的な思考が求められる

→「共創のない」対話は失敗

▶対話なき議論も、議論なき対話も、組織を衰退させます　HINT

対話型組織開発の根底にある考え方「社会構成主義」について見ていきましょう。

■現実は「人々の合意」によってつくられる

私たちは目の前に見えているものを「客観的に測定できる揺るぎない現実である」と捉えることがありますが、それは物事の1つの見方でしかありません。その見方は実存主義（客観主義）の立場をとっていると言えます。一方、社会構成主義では「現実は人々の頭の中でつくられる」という立場をとっています。

私たちが「現実だ」と思っていることはすべて「社会的に構成されたもの」です。もっとドラマチックに表現するとしたら、そこにいる人たちが、「そうだ」と「合意」して初めて、それは「リアルになる」のです。（ケネス・J・ガーゲン, メアリー・ガーゲン『現実はいつも対話から生まれる-社会構成主義入門』）

合意してリアルになるとはどういうことでしょうか。

■人は「自分のメガネ」でものを見ている

社会構成主義者は、現実が存在しないと言っているのではありません。人は、それぞれの価値観というメガネを通して「現実」を認識しているため、必然的に現実の見え方や認識がそれぞれ異なると考えるのです。インドにこんな寓話があります。

大勢の人が暗闇で一匹のゾウをなでました。大きな耳をさわった人は「うちわのような動物だった」、尾をさわった人は「ロープのような動物だ」、長い鼻をさわった人は「いやホースのような動物だった」と言いました（図表032）。どの人も部分的には正しい意見を伝えています。しかし話が噛み合いません。同じゾウについて話しているのに…。私たちの日常もこのような会話に溢れています。誰か1人が組織の問題だと感じることは、他の人から見れば問題ではなく、またその逆もあり得ます。

「問題」はすべての人の目に見えるわけではありません。私たちが「良し」とする世界を構成していて、私たちが価値を置いていることを実現するのを妨げるものを「問題」とみなしているわけです。

私たちが「問題」として「構成」しているすべてのものを、「チャンス（機会）」として「再・構成」することはできないでしょうか？（同書）

自分以外の人がどのように物事（ゾウ）を見て、世界を捉えているのか。変化の激しい時代にはゾウの特徴を共有しあい、未来を創っていくことがますます大切になるでしょう。自分の価値観をいったん脇に置き、目の前の現実をチャンスとして再構成していく組織が、これからの強い組織です。

次のツボ033では、いよいよ対話型組織開発について考えます。

100のツボ
032

言葉が世界をつくる（Words create world）という考え方

図表032

どんな動物?

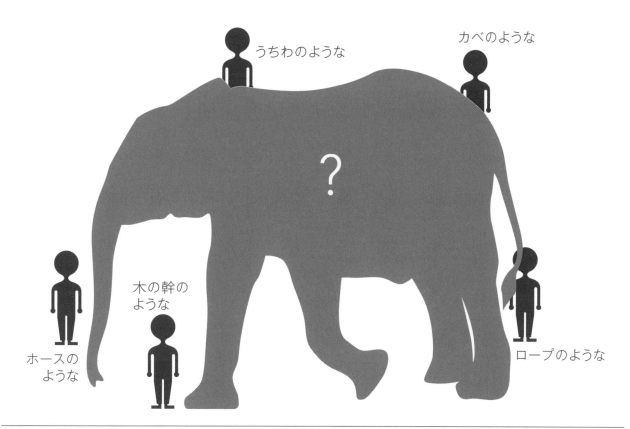

うちわのような

カベのような

？

ホースの
ような

木の幹の
ような

ロープのような

▶自分が見ているものは、ごく一部分かもしれません　*HINT*

Q 対話型組織開発とは何か？

■新しい組織開発の誕生

1980年代以降、組織開発は新しいフェーズを迎えます。世の中の複雑性が増して予測不能な現実が生じる時代に合わせて、組織開発の考え方や手法も実践の中で見直され、進化していったのです。2009年、多くの論文や実践現場でその変化を感じていたジャルヴァース・R・ブッシュとロバート・J・マーシャクは、その新たなアプローチのことを「対話型組織開発」、そしてこれまでのアプローチを「診断型組織開発」と名付けて区別しました。

■対話型の特徴はマインドセットにある

対話型と診断型の違いは、どこにあるのでしょうか（図表033）。手法の違いに着目すると、サーベイなどによる診断フェーズのあるものが診断型、診断がなく対話が行われるものが対話型とされます。しかし、実際には対話型でも診断する場合もありますし、診断型であっても対話は重視されます。手法にはあまり大きな違いはないようです。

では、本質的な違いはどこにあるのでしょうか。それは、手法ではなく「マインドセット」にあるとブッシュとマーシャクは言います。

診断型は、サーベイのデータから客観的な現実（正解）が存在するという実証主義の世界観に基づいています。一方、対話型は、現実は1つではなく対話によって変わるという社会構成主義（ツボ032）の世界観に基づいています。つまり、どち

らの世界観に基づいているかにより、診断ツールを使っても使わなくても、診断型にも対話型にもなりうるということです。

■「他者との関係性」への原点回帰

対話型のマインドセットによって、組織開発の実践は次のように変化していきました。

- ・個人ではなく「集団の考え方」を変える
- ・変革は一時的ではなく「持続的」と捉える
- ・実践者は「解釈し通訳する」役割
- ・「他者との関係性」をより重視する

4つ目の「他者との関係性」については、もともとの組織開発の目的そのものと言えます。時代の要請の中で「戦略的働きかけ」「技術・構造的働きかけ」「人材マネジメントによる働きかけ」などを吸収してきた組織開発が、ここであらためて「原点回帰」して「関係性への働きかけ」に向き合っていると言えそうです（ツボ009参照）。

対話型組織開発は、新しい組織開発のアプローチを理解し質を高めるために生まれた考え方です。これまでの診断型組織開発を否定するものではありません。実践の中では対話型と診断型がハイブリッドに行われることをブッシュとマーシャクも明言しています。

次のツボ034では、関係性の質の重要性を説いた「成功循環モデル」を紹介します。

A 対話によって「関係性の変化」をねらった組織開発のアプローチ

図表033

対話型組織開発と診断型組織開発

	Dialogic OD 対話型組織開発	Diagnostic OD 診断型組織開発
マインドセット	Social constructionism **社会構成主義** 言葉が世界をつくる 現実は対話によって変わる	Positivism **実証主義** 客観的な現実（正解）が 存在し発見できる
主な手法	1.（データ収集・診断なしのことが多い） 2.参加者が対話を通して、お互いの現状を共有し、アイデアを出し合い、合意し、関係性が変化していく	1.チェンジエージェント（実践者）が、組織の現状について妥当なデータを収集、診断し、クライアントにフィードバックする 2.クライアントが当事者として組織の問題や課題を受け止め、アクション計画を立て、実施していく
目的・焦点	**関係性を変える ことから始まる** 自己組織化される	**行動が変わる ことを目指す** 計画が実行される

（ジャルヴァース・R・ブッシュ，ロバート・J・マーシャク他『対話型組織開発』・中原淳，中村和彦『組織開発の探究』を元に作成）

▶実践者のあり方も「解釈し通訳する」ことへと比重が変わってきました　HINT

■組織のグッドサイクルを生み出す

組織開発を行っていると「これで本当に成果が出せる組織になるのか？」と疑問の声があがることがあります。組織という目に見えないものの変化を、どのように捉えるべきなのでしょうか。

MIT（マサチューセッツ工科大学）組織学習センターのダニエル・キムは「組織の結果の質を高めるには、関係の質を高める必要がある」という成功循環モデルを提唱しました（**図表034**）。

私たちは組織の結果を高めようとする際に、結果に直結するKPIの見直しや、アクションプランによる行動改善などを思い浮かべてしまいます。しかし成功循環モデルは、はじめに結果の質ではなく、関係の質を育むことにより、結果的に思考・行動・結果の質が高まっていくと伝えています。

仕事のやり方が固定的で、行動量を増やせば結果に直結するかつての時代には、結果の質に直接アプローチすることで目に見える変化が得られたことも多くありました。しかし、複雑性、変動性が高い時代には、1人ひとりがお客様やステークホルダーから変化とニーズを掴み、次の一手を生み出し、マーケットに結果を問うサイクルを日々回していく必要があります。関係性が豊かであれば、情報の共有度合いや本質的な対話、共創が促され、新たな価値創造に繋がるのです。現代においては「関係性の質」が高い組織が、変化へのレジリエンス（回復力・弾性）の高い組織だと言えます。

■仲の良さや優しい雰囲気のことではない

関係の質が高いというと、メンバー同士の仲が良く、感じ良く振舞っている組織を指していると認識されることがありますが、それは違います。関係の質を築く上で大切な考え方として『心理的安全性』という言葉がありますが、この言葉を生み出したエドモンドソンはこう言っています。

心理的安全性は、率直であるということであり、建設的に反対したり、気兼ねなく考えを交換しあったりできるということなのだ。これなくして学習もイノベーションもあり得ないのは、言うまでもない。（中略）心理的安全性があれば、対人関係のリスクを克服してラーン・ハウ（対人関係のリスクを伴う行動）の行動をとりやすくなり、そのため学習が促進されることがはっきり証明された。（エイミー・C・エドモンドソン『恐れのない組織』）

つまり、関係の質を高めるとは、単に雰囲気の良い組織ということではなく、集団としての「思考の質」を高めることであり、組織の「学習の質」を高めることなのです。関係の質を高めることは、即効性のある取り組みではありませんが、価値を生み出す持続的な組織を築く上で、これからますます大切な考え方となっていくことでしょう。

次のツボ035では関係性の質を高める方法論「ホールシステム・アプローチ」を紹介します。

図表034
成功循環モデル

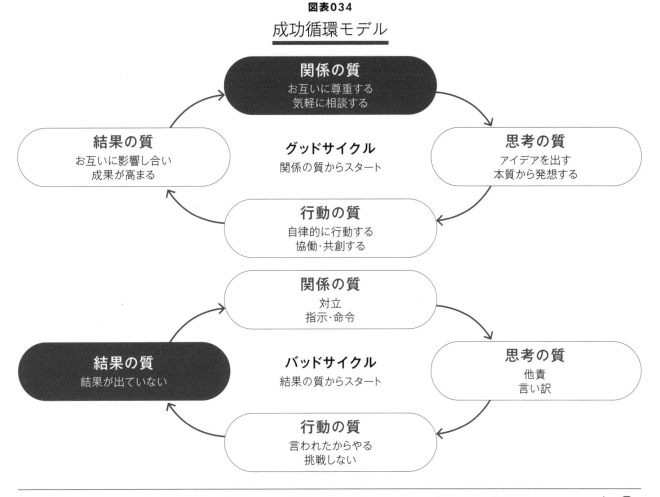

関係の質
お互いに尊重する
気軽に相談する

結果の質
お互いに影響し合い
成果が高まる

グッドサイクル
関係の質からスタート

思考の質
アイデアを出す
本質から発想する

行動の質
自律的に行動する
協働・共創する

関係の質
対立
指示・命令

結果の質
結果が出ていない

バッドサイクル
結果の質からスタート

思考の質
他責
言い訳

行動の質
言われたからやる
挑戦しない

▶心理的安全性とは、優しく受け入れる状態ではなく、率直に意見できる状態です　HINT

93

Q ホールシステム・アプローチとは何か？

100のツボ
035

■全員で話し合う方法論

　ホールシステム・アプローチとは、「全員で話し合う」ことで創造的な意思決定やアクションプランを見出す対話の方法論です。1980年代から1990年半ばにかけてアメリカで開発され、2000年代に広まりました。

　特定の課題やテーマについて、すべての（またはできるだけ多くの）関係者を集め、それぞれが関係している事柄を「ひとつの（ホール）システム（相互作用する諸要素の複合体）」として扱って話し合います（システムについてはツボ006参照）。

　例えば企業であれば、経営者、マネジャー、メンバー、取引先、顧客などのステークホルダー（利害関係者）が一堂に会して話し合いを持つのです。企業に限らず、市民活動、教育、国際紛争の解決など、様々な分野でも実施されています。

■期待できるメリット

　話し合いのプロセスが全員に共有されることで、期待できるメリットは以下の3点です。

　①**共通言語化と一体感**：「あの時にでた、あの言葉」は共通言語となり、一体感が醸成されます。

　②**全体像の把握**：課題・テーマの全体像（システムの姿）を全員が把握することができます。

　③**自律的な活動**：アクション時の意思疎通のスピードが上がります。一人ひとりに細かい指示がなくても、自律的な活動につながっていきます。

■代表的な4つの手法

　4つの手法が2000年代に同時多発的に広がり、日本でも導入されつつあります。AI、フューチャーサーチ、オープンスペース・テクノロジー、ワールド・カフェです。

　AI（Appreciative Inquiry）：価値を認める（Appreciative）探求（Inquiry）というその名のとおり、組織の「問題」ではなく「強み」に注目した組織開発の方法論です。具体的なツールは用意されておらず実践者に委ねられます。

　フューチャーサーチ（Future Search）：利害の異なる関係者が一堂に集い、過去や現在状況を共有することで協力関係を築き、ともに目指す未来を描くという組織開発の具体的な手法です。

　オープンスペース・テクノロジー（OST）：参加者が話したいことを自ら提案して、主体的に進める対話の手法です。テーマの提示や話し合いの仕方など全てを、参加者が自主的に行うことで当事者意識が醸成され、納得感のある合意形成を目指します。IBMやP&Gなどで導入されています。

　ワールド・カフェ：小グループでメンバーを入れ替えながら行う、対話の手法です。カフェのようなリラックスした環境でのゆるやかな会話から知識や知恵は生まれると考えて提唱されました。

　ツボ036〜039にて4つの手法をそれぞれ見て行きましょう。まず次のツボ036はAIです。

図表035

代表的なホールシステム・アプローチの手法

組織開発の手法

組織開発のステップが
内包されている

─ AI ─

組織の「問題」ではなく「強み」に注目した組織開発の方法論

人数:多人数でも可能
時間:1〜2日
提唱:1987年 デービッド・クーパーライダーとダイアナ・ホイットニー

─ フューチャーサーチ ─

利害の異なる関係者が一堂に集い、協力関係を築き、ともに目指す未来を描く、組織開発の具体的な手法

人数:基本形は64人
時間:2.5日
提唱:1995年 マーヴィン・ワイスボードとサンドラ・ジャノフ

対話の手法

組織開発として用いるには設計が必要

オープンスペース・テクノロジー

参加者が話したいことを自ら提案して、主体的に進める、対話の手法

人数:5〜2000人
時間:0.5〜3日
提唱:1985年 ハリソン・オーウェン

─ ワールド・カフェ ─

リラックスしたゆるやかな会話を、小グループでメンバーを入れ替えながら行う、対話の手法

人数:12人以上、多人数でも可能
時間:2〜3時間
提唱:1995年 アニータ・ブラウンとデイビッド・アイザックス

非定型　　　　　　　　　　　　　　　　**定型**

（香取一昭, 大川恒『ホールシステム・アプローチ』、中村和彦『対話型組織開発の特徴およびフューチャーサーチとAIの異同』および中原淳, 中村和彦『組織開発の探究』を元に作成）

▶全員で話し合うための効果的な手法は、実践の中で磨かれてきました　HINT

ホールシステム・アプローチの代表的な方法であるAIを紹介します。AIは対話型組織開発の道を開き、衰退していた組織開発を復活させました（ツボ009参照）。

■「強み」に着目したクーパーライダー

AIは「価値を認める（Appreciative）」ための「探求（Inquiry）」というその名のとおり、組織の「問題」ではなく「強み」に注目した方法論です。1980年、アメリカのケース・ウェスタン・リザーブ大学の大学院博士課程の学生だったデビッド・クーパーライダーが、ある病院の調査プロジェクトによって得た知見を学位論文として発表したところからAIは始まりました。

組織の「問題」に着目して「解決」するのではなく、組織の「強み」に焦点をあてて「ポジティブ・コア（人や組織に活力を与えているもの）」を見出し、それが発揮できる未来を探究していくことが特徴です。以下の8つの原理が示されています。

①**構成主義の原理**：社会構成主義の考え方に基づく（ツボ032参照）。

②**同時性の原理**：探求することと変革の実現が同時に起こる。何を問いかけるかによって結果も異なる。

③**詩的（開かれた本）の原理**：組織の過去、現在、未来は解釈が開かれている詩のようなものであり、どのように解釈し学ぶかを選択できる。

④**予期成就の原理**：未来への期待が現在の前向きな行動を生み出し、その実現が可能となる。

⑤**ポジティブの原理**：ポジティブな感情や関係性が変革と潜在力の発揮を可能とする。

⑥**全体性の原理**：全体性は最善のものを引き出す。

⑦**体現の原理**：望ましい未来が現在体現されることによって実現する。

⑧**選択自由の原理**：自由な選択がパワーを解き放つ。

■基本的な進め方「4Dサイクル」

AIは「4Dサイクル」というステップで実施します。具体的な進め方は実践者に委ねられていますが、ここでは「AIサミット」と呼ばれる大人数で数日間集まって行う例をお伝えします。

ディスカバリー（強みの発見）：「ポジティブ・コア」を見出すため、1対1でハイポイント・インタビューを行う。その内容を小グループで共有し、最も誇らしいストーリーを全体で共有する。

ドリーム（理想の状態）：実現したい理想の未来を小グループで考えて、寸劇などで表現する。

デザイン（実現方法の具体化）：理想の実現に必要な具体的な行動を小グループで洗い出して「声明文」を作成し全体に共有する。

デスティニー（定着化）：生み出された変革のエネルギーを持続し、日常の活動として定着させる。

次のツボ037はフューチャーサーチを紹介します。

組織や人の「問題」ではなく「強み」に注目した組織開発の方法論

図表036

AIの進め方

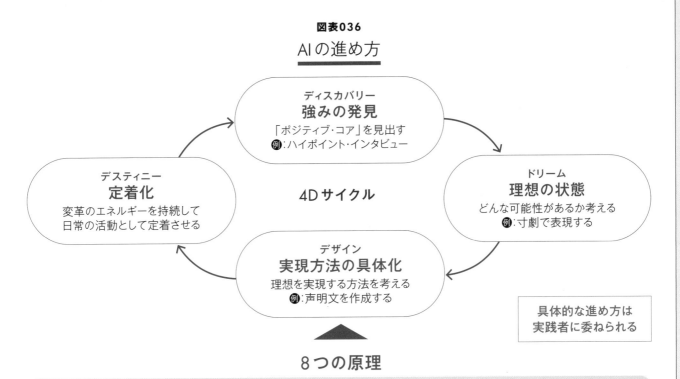

4Dサイクル

ディスカバリー
強みの発見
「ポジティブ・コア」を見出す
例：ハイポイント・インタビュー

ドリーム
理想の状態
どんな可能性があるか考える
例：寸劇で表現する

デザイン
実現方法の具体化
理想を実現する方法を考える
例：声明文を作成する

デスティニー
定着化
変革のエネルギーを持続して
日常の活動として定着させる

具体的な進め方は
実践者に委ねられる

8つの原理

1. 構成主義の原理
2. 同時性の原理
3. 詩的（開かれた本）の原理
4. 予期成就の原理

5. ポジティブの原理
6. 全体性の原理
7. 体現の原理
8. 選択自由の原理

（香取一昭，大川恒『ホールシステム・アプローチ』、中村和彦『対話型組織開発の特徴およびフューチャーサーチとAIの異同』、中原淳，中村和彦『組織開発の探究』を元に作成）

▶ AIが具体的な進め方を用意していないのは、手法より原理を重視しているためです　HINT

ホールシステム・アプローチの代表的な方法であるフューチャーサーチを紹介します。

■ ホールシステムが「一堂」に集まる

フューチャーサーチは、特定の課題において利害の異なる関係者を一堂に招いて、協力関係を築き、ともに目指す未来を描くための組織開発の具体的な手法です。基本的な考え方が4つの原理として示されています。

①ホールシステムを一堂に集める：多様な視点を持った利害関係者を一堂に集める（ツボ035）。

②グローバルに考え、ローカルに動く：オープンシステム（ツボ006）を前提として、外部から様々な影響を受け、外に影響を与えていると考える。

③未来とコモン・グラウンドへの焦点づけ：過去の問題や対立ではなくコモン・グラウンド（共通の価値）に焦点を当てる。合意できないものは横において、合意できるものについて具体的な行動を考える。

④自律的な運営と行動の責任：参加者が自主性を発揮して自己組織化が起こることを大切にする。

■ 構成度の高いプログラム「睡眠」は2回！

基本形としては、8種類の関係者×各8名の64名を集めて2泊3日のミーティングを行います。プログラムは構成度が高く内容と時間が具体的に決められています。

安易なカスタマイズは歓迎されません。睡眠を2回とるタイミングまでが実践知によって考え抜いて設計されているからです。やり方が実践者に任されているAI（ツボ036）とは対照的だと言えます。

過去：課題に関する過去の出来事を思い出し、全員で年表を作成する。個人（自分自身）・ローカル（自組織など）・グローバル（環境全般）。

現在（外的）：課題に影響を与えている現在の外部要因を洗い出してマインドマップを作成する（あまりの複雑さに参加者は圧倒され戸惑う）。

現在（内的）：現在自分たちが行なっている「誇りに思うこと」「残念なこと」のリストを作る（現状を受け止め前に進もうとする心の準備を行う）。

未来：理想的な未来のシナリオを話し合い、10～20年後の未来にタイムスリップした想定での寸劇などで表現する（理想の姿を体で感じる）。

コモン・グラウンド：共通の価値を抽出する。合意できるものに絞って話し合い、未来を描く。

行動計画：必要なプロジェクト、実行チームを考える。

参加者が体験する感情の変化は「ジェットコースターに乗る」と表現されます。現状に対する苛立ちや不安、そして未来への希望に満ちたエネルギーがアクションを前進させるのです。

次のツボ038はオープンスペース・テクノロジーを紹介します。

利害の異なる関係者が一堂に集い、協力関係を築き、ともに目指す未来を描く組織開発の手法

図表037

フューチャーサーチの進め方

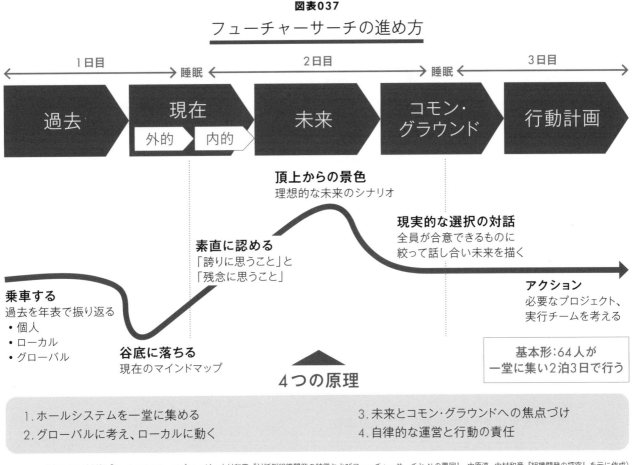

1日目 → 睡眠 → 2日目 → 睡眠 → 3日目

過去 ／ 現在（外的・内的）／ 未来 ／ コモン・グラウンド ／ 行動計画

頂上からの景色
理想的な未来のシナリオ

素直に認める
「誇りに思うこと」と
「残念に思うこと」

現実的な選択の対話
全員が合意できるものに
絞って話し合い未来を描く

乗車する
過去を年表で振り返る
• 個人
• ローカル
• グローバル

谷底に落ちる
現在のマインドマップ

アクション
必要なプロジェクト、
実行チームを考える

4つの原理

基本形：64人が
一堂に集い2泊3日で行う

1. ホールシステムを一堂に集める
2. グローバルに考え、ローカルに動く
3. 未来とコモン・グラウンドへの焦点づけ
4. 自律的な運営と行動の責任

（香取一昭，大川恒『ホールシステム・アプローチ』・中村和彦『対話型組織開発の特徴およびフューチャーサーチとAIの異同」、中原淳，中村和彦『組織開発の探究』を元に作成）

▶ ファシリテーターには参加者の自主性を尊重する関わりが求められます HINT

Q オープンスペース・テクノロジーとは何か？

ホールシステム・アプローチの代表的な方法である、オープンスペース・テクノロジーを紹介します。

■「自己組織化」能力を絶対的に信頼する

オープンスペース・テクノロジー（以下OST）は、参加者の「自己組織化」能力を絶対的に信頼し育むことで、納得できる合意に到達する手法です。自己組織化とは、個々の自律的な振る舞いが大きな秩序を作り出す現象のことです（ツボ085参照）。

組織開発コンサルタントであるハリソン・オーエンは2つの体験からOSTを考案しました。1つ目はある国際会議を運営したとき。入念な企画によって会議は成功しました。しかし参加者から「本当に有意義だったのはコーヒーブレイクの時間だった」と聞きハリソンはショックを受けました。2つ目はアフリカのリベリアにある集落で500人あまりのイベントが行われたとき。そこには実行委員会も進行リーダーも存在しませんでしたが、全体が見事な調和を持って進行していたのです。ここからハリソンは個人と組織の自己組織化能力を信じたOSTを開発したのです。

■「今を広げる」4つの原理と1つの法則

OSTの背景にある「今を広げる」という哲学に基づいた4つの原理と1つの法則を紹介します。

原理1.ここにやってきた人は誰でも適任者である：地位や立場でなく情熱を持った人こそ適任者だ。

原理2.何が起ころうとそれが起こるべき唯一のことである：予期せぬことが起きたら、そこから学習する。

原理3.いつ始まろうと始まった時が適切な時である：時間に関係なく起こる創造性や参加者のエネルギーの高まりを生かす。機運が熟した時が適切な時。

原理4.いつ終わろうと終わった時が終わりである：2時間でも10分でも結論が出たらそこで終わる。

法則1.主体的移動の法則：学習も貢献もしていないなら、自分の足で生産的になれる場所へ移動する。

■進め方は「円」から始まり「円」で終わる

OSTの進め方は以下のとおりです。

1.オープニング：円になって座る。目的、スケジュール、4つの原理が説明される。

2.検討テーマの提案：参加者が円の中央に進み出て検討したいテーマを書き、読み上げて提案する。

3.マーケットプレイス：テーマが出揃ったら、参加者は好きなテーマの分科会に参加する。時間の重なりやテーマの重複などは参加者同士が自主的に解決する。

4.提案とクロージング：分科会の終了後、円に戻る。取り組みたいプロジェクトを提案し実行チームを自己組織的に編纂する。全員が感想を述べて終了する。

次のツボ039はワールド・カフェを紹介します。

図表038

オープンスペース・テクノロジーの進め方

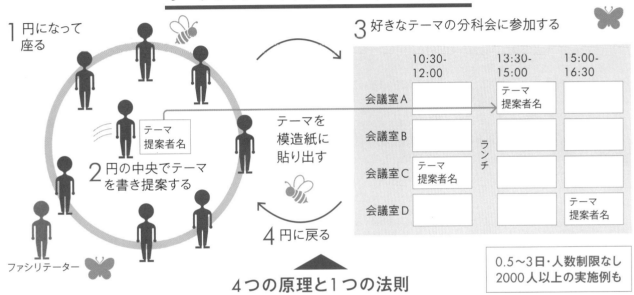

1 円になって座る

2 円の中央でテーマを書き提案する

ファシリテーター

テーマを模造紙に貼り出す

3 好きなテーマの分科会に参加する

4 円に戻る

	10:30-12:00	13:30-15:00	15:00-16:30
会議室A		テーマ提案者名	
会議室B			
会議室C	テーマ提案者名	ランチ	
会議室D			テーマ提案者名

0.5～3日・人数制限なし
2000人以上の実施例も

4つの原理と1つの法則

原理1. ここにやってきた人は誰でも適任者である　　原理2. 何が起ころうとそれが起こるべき唯一のことである

原理3. いつ始まろうと始まった時が適切な時である　　原理4. いつ終わろうと終わった時が終わりである

法則1. 主体的移動の法則：学習も貢献もしていないなら、自分の足で生産的になれる場所へ移動する

基本哲学：「今」を広げる

（香取一昭, 大川恒『ホールシステム・アプローチ』、中原淳, 中村和彦『組織開発の探究』を元に作成）

▶分科会を移動して情報を運んでも（蜂）、ただフラフラ飛び回っても（蝶）、OKです　HINT

Q ワールド・カフェとは何か？

ホールシステム・アプローチの代表的な方法である、ワールド・カフェを紹介します。

■手軽でシンプルな対話の手法

ワールド・カフェは、リラックスしたゆるやかな環境で、4～6人の小グループでメンバーを入れ替えながら行う、対話の手法です。その手軽さから世界中で普及しています。

1995年にアニータ・ブラウンとデイビッド・アイザックスによって開発されました。2人の自宅のリビングルームで行われた会話のプロセスが、そのまま手法となったため「偶然発見された」と本人たちは表現しています。

■効果を上げるための基本的な考え方

シンプルであるにもかかわらず、実際にやってみると知らない人たちが打ち解けて盛り上がる手法です。その背景にある基本的な考え方を紹介します。

①**会話のネットワークが未来を作る**：いくつもの会話が繋がって共通の認識が作られ新しい現実が生まれる（社会構成主義についてはツボ032参照）。

②**多様性と相互作用が革新を生み出す**：通常の交流範囲を超えた自由な会話が革新的なアイデアを生み出す。

③**ポジティブな問いがポジティブな未来を創る**：発想を促しエネルギーが湧いてくる「力強い問い」が必要。

④**コーヒーブレイクのようなもてなしの空間が生産性を高める**：リラックスできる雰囲気の中で、形式に囚われない心を開いた会話からアイデアが生まれる。

⑤**自己組織化能力を最大限に生かす**：人や組織を生命体だと考える。カフェ・ホスト（ファシリテーター）の介入をできるだけ排除する。

■進め方

ワールド・カフェの進め方は以下のとおりです。

ラウンド1：各テーブルに4～6人が座り、提示された「問い」について対話する（机の上の模造紙にいたずら書きをしながら）。20～30分間。

ラウンド2：次に1人をホストとして残して他のメンバーは他のテーブルへ移動する。先ほどの対話の内容を紹介しあった後、テーマについての対話を続ける。各テーブルで生まれたアイデアが混ざっていく（他花受粉）。20～30分間。

ラウンド3：はじめのテーブルに戻ってどんな意味が流れているかを感じながら対話する。20～30分間。

ラウンド1～3を必要なだけ繰り返す。

振り返り：カフェ・ホストの問いかけに応じて、参加者全員で得られた気づきを共有して終了。

次のツボ040では、対話型組織開発のこれからを考えます。

図表039

ワールド・カフェの進め方

ラウンド**1**

テーブルに4〜6人で座り
提示された「問い」について対話する

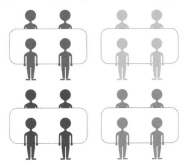

カフェ・ホスト

ラウンド**2**

1人をホストとして残して、他のメンバーは他の
テーブルへ移動する。先ほどの対話の内容を紹
介しあった後、テーマについての対話を続ける

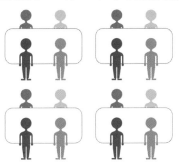

ラウンド**3**

はじめのテーブルに戻ってどんな意味が
流れているかを感じながら対話する

2〜3時間・12人以上
2000人以上の実施例も

背景にある基本的な考え方

1. 会話のネットワークが未来を作る
2. 多様性と相互作用が革新を生み出す
3. ポジティブな問いがポジティブな未来を作る
4. コーヒーブレイクのようなもてなしの空間が生産性
　を高める
5. 自己組織化能力を最大限に生かす

（香取一昭, 大川恒『ホールシステム・アプローチ』・中原淳, 中村和彦『組織開発の探究』を元に作成）

▶ リラックスしたカフェ・ホストの立ち振る舞いが「場の安全性」を担保します　HINT

対話型組織開発はどうなっていくのでしょうか？

■日本の対話型組織開発のこれから

アメリカでは対話型組織開発の様々な手法が開発されて磨かれていますが、日本に紹介されているのはまだごく一部です。これから多くの手法が流入してくることが予測されます。それらが根付いてきた背景は参考になるはずです。そのとき、最も着目してほしいのは実践者のあり方です。やり方ではなく、あり方にこそ組織開発の根幹があるためです（Chapter2.）。

ホンダのワイガヤ（ツボ096）、スコラ式オフサイトミーティングのように日本で独自の発達を遂げてきた素晴らしい手法も存在しています。

■「対話疲れ」はなぜ起きている？

近年は「対話疲れ」を訴える組織も多く見られるようになりました。せっかく対話へと踏み出したのに、うまくいかないのはなぜでしょうか？対話は元来、エネルギーを増幅させるものです。エネルギーが減ってしまうような対話は何かが間違っています。2つのパターンが想定できます。

①**対話もどき**：「1人ひとりの声を聞かせてほしい」と言いながら、本当は聞くつもりのない虚しい「対話もどき」が起きているようです。裏で正解が用意されていて、反対意見を潰すため、あるいは話を聞いたという既成事実を作り言質をとる

ため、などの目的で行われます。短期的に何かをごまかすことができたとしても、メンバーの心は離れていくでしょう。1人ひとりの主観（美）を真剣に受け取らなければ、全員にとって共通の善いこと（善）は生まれません。

②**堂々巡り**：一人ひとりの前提や文脈に向き合うことはできているが、同じ話をグルグルと繰り返しているばかりで結論が出ず、物事が前に進まない堂々巡りになってしまうことも多くみられます。この場合は対話して共通の目的（善）を育むだけではなく、議論してやり方（真）を決めて前進する、2つの話しあいを「意識的に使い分ける」ことが解決につながります。ピーター・センゲは『学習する組織』においてその使い分ける能力を「チーム学習のディシプリン」だと説明しています（ツボ047参照）。

主観と主観を持ち寄って、皆にとって善いことを考える。そしてその対話によって、自分の主観が磨かれていく。全員で合意した目的に向けて議論を行い、決定して実行と検証を繰り返す。またその検証によって目的と主観もダイナミックに変わっていく。この真善美を統合した循環（**図表040**）に向けて、これからの対話型組織開発は発展していくのではないでしょうか。

図表040

対話型組織開発のこれから

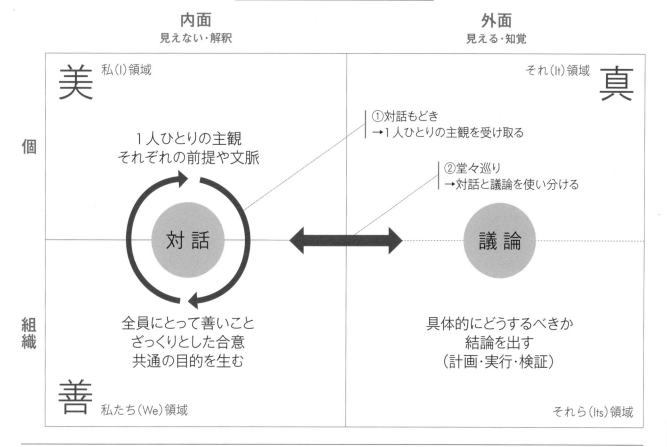

内面
見えない・解釈

外面
見える・知覚

美　私(I)領域

真

個

それ(It)領域

①対話もどき
→1人ひとりの主観を受け取る

②堂々巡り
→対話と議論を使い分ける

1人ひとりの主観
それぞれの前提や文脈

対話

議論

全員にとって善いこと
ざっくりとした合意
共通の目的を生む

具体的にどうするべきか
結論を出す
(計画・実行・検証)

組織

善　私たち(We)領域

それら(Its)領域

▶対話はエネルギーが増幅するもの。減っているときは何かが間違っています　HINT

ま と め

　Chapter4.のまとめとしてツボ031〜040のQ&Aを一覧としています（右表）。

　また、人事担当者、管理職（マネジャー）、経営者、組織で働く人それぞれに向けてこの「対話型組織開発」でお伝えしたいメッセージを記載しています。

人事担当者の方へ

　人事担当者には、対話型組織開発を一度体験していただきたいのです。おそらく知識・概念だけでは理解できない領域です。ワールド・カフェ、OSTなどを実施している場があれば勇気を持って飛び込んでみてください。きっと濃く楽しい時間を過ごせるのではないでしょうか。実感した上で、ぜひ自組織に持って帰ってください。

管理職（マネジャー）の方へ

　組織・チームの責任者である管理職（マネジャー）の方は、まず成功循環モデル（ツボ034）を理解していただきたいと思います。チームとして成果を上げなければならない、その時になぜ遠回りと思える「関係性」に着目しなければならないのか、そこを掴むことが現代のマネジャーとしての分かれ目かも知れません。「心理的安全性」という言葉に、生温いと違和感を持った方には、エイミー・C・エドモンドソン『恐れのない組織』をおすすめします。

経営者の方へ

　経営者にとって、「対話」的パラダイムを受け入れるか否かは大きな分岐点です。ひょっとすると今は対話すべきフェーズではなく、単一の価値観において、ただ一つの目的に向けて走り切るべき時期かも知れません。そうであればこのChapterは不要です。しかし、管理職やメンバーとの会話に違和感が募り「みんな何を考えているんだ？」「うちは本当に一枚岩になれているか？」と不安がよぎった時には、ぜひ読んでください。

組織で働く方へ

　組織で働く人には、議論と対話の違いを認識して欲しいと思います。今自分が参加しているのは「議論」なのか、それとも「対話」なのか、それによって目指すべきゴールは異なりますし、あなたが発すべき言葉も変わります。議論であれば、客観的に必要な情報を提供したり、論理的に文脈を整理したりして、時間内に結論を出すために協力しましょう。もし対話なのであれば、あなたの主観をしっかりと場に出して、他の参加者の主観も否定せずに受け止め、「私たち」にとっての新しい意味を探しにいきましょう。

　次のChapter5.からは、組織モデルについて学んでいきます。まずは「学習する組織」からです。

031	対話とは何か？	まじめな雑談。前提と文脈をわかちあうことで、一緒に新しい意味、共通の目的をつくる
032	社会構成主義とは何か？	言葉が世界をつくる（Words create world）という考え方
033	対話型組織開発とは何か？	対話によって「関係性の変化」をねらった組織開発のアプローチ
034	成功循環モデルとは何か？	はじめに関係の質を高めることで、思考・行動・結果の質が高まる良い循環のこと
035	ホールシステム・アプローチとは何か？	「全員で話し合う」ことで、創造的な意思決定やアクションプランを見出す方法論
036	AI（アプリシエイティブ・インクワイアリー）とは何か？	組織や人の「問題」ではなく「強み」に注目した組織開発の方法論
037	フューチャーサーチとは何か？	利害の異なる関係者が一堂に集い、協力関係を築き、ともに目指す未来を描く組織開発の手法
038	オープンスペース・テクノロジーとは何か？	参加者が話したいことを自ら提案して、主体的に進める、対話の手法
039	ワールド・カフェとは何か？	リラックスしたゆるやかな会話を、小グループでメンバーを入れ替えながら行う、対話の手法
040	これから対話型組織開発はどうなる？	組織のエネルギーを増幅させる手法として発展する

次の1歩

対話型組織開発について
さらに1歩踏み出して学びたい方へおすすめの書籍をご紹介します。

現実はいつも対話から生まれる

ケネス・ガーゲン，メアリー・ガーゲン 著
ディスカヴァー・トゥエンティワン／2018年

難易度 🌶🌶

心理学者であるガーゲン夫妻による社会構成主義の入門書です。人は対話を通して意味を作っていく、「言葉が世界を創造する」というケネス・ガーゲンの考え方は、組織開発だけでなく教育、紛争解決などの分野でも注目され実践されています。この書籍は専門書ではなく入門書として一般の人にわかりやすく書かれています。

対話型組織開発

ジャルヴァース・R・ブッシュ，
ロバート・J・マーシャク 著
英治出版／2018年

難易度 🌶🌶🌶🌶🌶

対話型組織開発、初の専門書が邦訳されたものです。社会背景、最新の理論、実践法が網羅的に解説されています。分厚い5,500円の専門書、読み通すのはなかなか困難かもしれませんがこの分野を志す方は手元においてみてはいかがでしょうか。積読もまた読書です。

ホールシステム・アプローチ

香取一昭，大川恒 著
日本経済新聞出版／2011年

難易度 🌶🌶

ホールシステム・アプローチ全体の、そしてAI、フューチャーサーチ、OST、ワールド・カフェの代表的な4手法を詳しく説明してくれている良書です。各技法の違いや組み合わせを知りたいのであれば、この書籍を読むことをおすすめします。

ポジティブ・チェンジ

ダイアナ・ホイットニー，アマンダ・ト
ロステンブルーム 著
ヒューマンバリュー／2006年

難易度
🌶🌶🌶

ヒューマンバリュー社によるホール
システム・アプローチの実践ガイド
シリーズです。タイトルはポジティ
ブ・チェンジですが、これはAI（ツ
ボ036）の理論と進め方の指南書で
す。AIを実践に移したいと考えた方
にとっては必読の書でしょう。
また、ありがたいことにヒューマン
バリュー社はAIを体験し、プロセ
スデザインとファシリテーションを
実践できるようになるための「プラ
クティショナー養成コース」を年に
1回程度実施しています。

フューチャーサーチ

マーヴィン・ワイスボード，サンドラ・
ジャノフ 著
ヒューマンバリュー／2009年

難易度
🌶🌶🌶

こちらもヒューマンバリュー社の実
践ガイドです。フューチャーサーチ
（ツボ037）提唱者マーヴィン・ワ
イスボードとサンドラ・ジャノフが、
基本原理を詳しく解説し、実施方
法、ワークシートを紹介しています。

オープン・スペース・
テクノロジー

ハリソン・オーエン 著
ヒューマンバリュー／2007年

難易度
🌶🌶🌶

ヒューマンバリュー社の実践ガイド、
最後はOST（ツボ038）の提唱者ハ
リソン・オーエンが会場準備、場づ
くり、ファシリテーションについて
解説してくれます。紹介しきれな
かったのですが、同じシリーズにア
ニータ・ブラウン、デイビッド・ア
イザックス『ワールド・カフェ』も
あり、こちらもおすすめです。そし
て嬉しいことにOSTとワールド・
カフェも「プラクティショナー養成
コース」が存在します。

台湾のデジタル担当政務委員であるオードリー・タンは、とても「対話的」なスタンスであり、その活動が大きな成果につながっているという意味で、着目すべき人物ではないでしょうか。

　台湾は本書を執筆している2021年末時点で、新型コロナウイルスの感染予防対策が成功していると見られていますが、強い影響力を発揮したオードリー・タンはその成功要因を「速やかに、オープンに、公平に、楽しくやること」だと言います。

　CECC（中央流行疫情センター）は感染症対策について、3ヶ月間ほぼ毎日記者会見を開き、ライブストリーミングしていました（速やかに）。フリーダイヤル1922に電話すれば誰でもCECCへ疑問、意見、アイデアを言えるようにし、各薬局のマスク在庫量をみんなが確認できるアプリを導入し、在庫量は3分毎に更新されていました（オープンに）。国民健康保険証を持っていれば、外国人を含む台湾に住む人みんながマスクを購入できるようになりました。目が不自由な人も音声で同じ情報にアクセスできるアプリも作られました（公平に）。感染予防の注意事項をスポークスドッグ（犬！）が説明していきました（楽しく）。

　オードリー・タンは誰かを犠牲にすることなく、強制を伴わずに協働するために「ざっくりとした合意」を重視しています。そして変革を起こすためには「安全な居場所」が必要だと言います。そこが担保されなければ、人は他者を受け入れようとしなくなるからです。様々な価値観が渾然として存在し「何が正しいか」を強制されない安全な居場所、これは道教（老子）の思想から来ているのだそうです。

　（参考文献：オードリー・タン『自由への手紙』，アイリス・チュウ，鄭仲嵐『Au オードリー・タン 天才IT相 7つの顔』，オードリ・タン『オードリー・タン デジタルとAIの未来を語る』）

Chapter 5.

学習する組織

Q 学習する組織とは何か?

100のツボ
041

Chapter5.からは組織が「どこに向かって」いるのかを示した組織モデルについて学びます。

■1990年代の組織開発のバイブル

『学習する組織(原題 The Fifth Discipline : The Art and Practice of the Learning Organization)』は1990年に出版された総発行部数300万部のベストセラー書籍です(日本では1995年に『最強組織の法則』として、2011年には完訳版『学習する組織』として翻訳出版)。

この時代にはドイツの再統合、ソ連の解体と社会の前提が大きく変わりました。そんな中で当書は組織が変化に対応するためのメソッドとして一大ムーブメントとなりました。インテル、ナイキ、フォード自動車、日本では日産自動車、トレンドマイクロ、リクルートなど名だたる企業が導入しています。ハーバード・ビジネス・レビューにおいても「過去75年間における最も優れた経営書の1つ」と評価されました。

■著者は社会問題を解決したいP.センゲ

著者はマサチューセッツ工科大学(MIT)のピーター・センゲ(Peter M. Senge 1947)。ビジネス界に大きな影響を与えた経営学者ですが、ビジネスに限らず教育、医療、政治などの幅広い分野で世界中のリーダーたちと協働し、組織と地球規模での社会問題の解決に取り組んでいます。1997年には学習コミュニティ、組織学習協会(SoL)を創設しています。

■もとになった理論は『組織学習』

センゲが根底においたのは、ハーバード大学の組織行動学者クリス・アージリスらの『組織学習(Organizational Learning)』です。

アージリスは、組織における学習には「シングル・ループ」と「ダブル・ループ」の2つがあると考えました。これまでの方針や、ものの見方によって目的達成に向かっていくやり方(シングル・ループ)だけではなく、方針や、ものの見方それ自体を見直し修正して目的達成に向かうやり方(ダブル・ループ)が必要だと示したのです。

■組織の「学習能力」を開発するメソッド

多くの組織は、シングル・ループによる改善を繰り返す(PDCAサイクルを回す)ことはできても、ダブル・ループを起こすことができません。変化や失敗へ恐れなどが学習を邪魔しているのです。この「学習障害」を乗り越えて、根本的な変化を起こすために、組織は何をどうやって学習すれば良いのでしょうか。

まず次のツボ042では、「学習障害」にどんなものがあるのかを確認します。

図表041

学習する組織

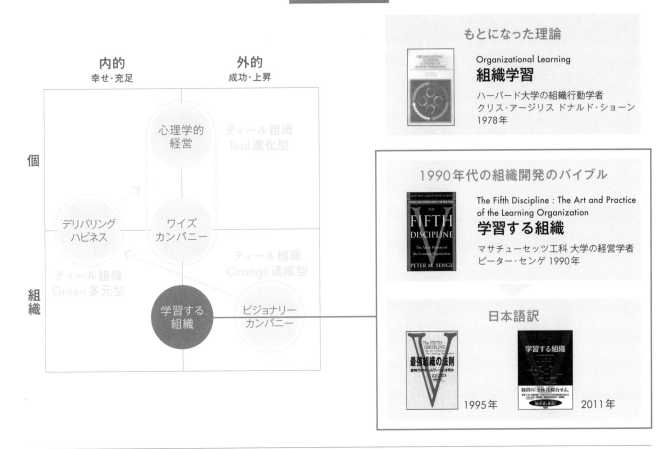

もとになった理論

Organizational Learning
組織学習

ハーバード大学の組織行動学者
クリス・アージリス ドナルド・ショーン
1978年

内的
幸せ・充足

外的
成功・上昇

個

組織

心理学的経営

ティール組織 Teal 進化型

デリバリングハピネス

ワイズカンパニー

ティール組織 Green 多元型

ティール組織 Orange 達成型

学習する組織

ビジョナリーカンパニー

1990年代の組織開発のバイブル

The Fifth Discipline : The Art and Practice
of the Learning Organization
学習する組織

マサチューセッツ工科 大学の経営学者
ピーター・センゲ 1990年

日本語訳

最強組織の法則
新時代のチームワークとは何か

学習する組織
経営の「全体」を統合せよ

1995年

2011年

▶1990年代、社会環境の大きな変化に適応するため組織自体の学習が求められました HINT

Q なぜ組織は学習できないのか？

■ほとんどの企業はうまく学習できない

「ほとんどの企業はうまく学習できない」とセンゲは言います。1970年にフォーチュン500に入っていた企業も1983年には1/3が姿を消しています。大企業であっても平均寿命は40年です（ロイヤル・ダッチ・シェルの調査）。なぜ組織は学習できないのでしょう。

> 私たち全員がこれまで教えてこられた考え方や、（組織内に限らず、もっと広い意味での）相互作用のあり様が、根本的な学習障害を生み出している。優秀で熱心な人々が最善の努力をしても、こうした障害が起こる。往々にして、問題を解決しようと賢明に努力すればするほど、結果はますます悪くなる。（ピーター・センゲ『学習する組織』より）

100のツボ
042

■まずは7つの学習障害に気づくこと

図表042に学習が止まってしまっているモデルを示しました。ビールの卸業者が急激な受注増加によって在庫数をコントロールできず苦しんでいる状態です。ここに7つの学習障害が見出せます。

①私の仕事は〇〇だから：自分の職務に忠実であるよう教育されてきたことによって、事業全体の目的について考えられない。その目的に自分が影響を及ぼしていることを理解できない。

②悪いのはあちら：うまくいかないとき、誰かや何かのせいにする。本当は自分も影響しているのだが、①の前提があるため認識できない。

③先制攻撃の幻想：難しい問題に直面したとき、積極的に「敵」へ攻撃をしかける。しかし実は「敵」はどこにも存在せず問題を引き起こしているのは自分自身（自分を含めたシステム）である。

④出来事への執着：先月の売上、予算削減額、誰が昇進したのか、競合他社の新製品など、短期的な出来事を重視して、その背後にある長期的な変化のパターンに目を向けられない。

⑤ゆでガエルの寓話：突然の変化には反応できるが、徐々に進行するゆるやかな脅威に適応できない。カエルは熱湯の入った鍋にいれると飛び出すが、水の入った鍋に入れて少しずつ熱するとタイミングを逸して飛び出せず、ゆで上がってしまう。

⑥経験から学ぶことができない：最善の学び方は「経験から学ぶ」ことだが、組織における重要な意思決定は数年や数十年かけて影響が現れるため、結果を直接経験できる機会が少ない。

⑦経営陣の神話：経営陣は、①の職務の垣根を越えて複雑な問題を解決したり、数年先を見越した意思決定を行ったり、組織学習を促進すべき存在だが、逆に組織を学習から遠ざけていることも多い。縄張り争いに時間を費やし、自分が格好悪く見えることを避け、全員がまとまっているフリをするため、意見の不一致をもみ消そうとする。

次の043では、これらの学習障害を解消する「学習する組織」の構成要素を見ていきましょう。

A 7つの学習障害があるため

図表042

図表042

7つの学習障害

⑥経験から学ぶことができない
⑦経営陣の神話

①私の仕事は○○だから
自分の職務しか見ようとしない

③先制攻撃の幻想
積極的な打ち手が悪循環を加速

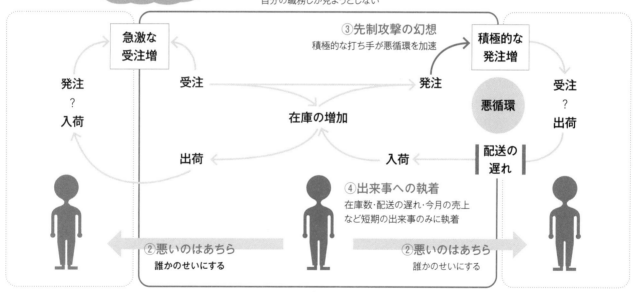

| 急激な受注増 | | 積極的な発注増 |

発注
？
入荷

受注

発注

悪循環

受注
？
出荷

在庫の増加

出荷

入荷

配送の遅れ

④出来事への執着
在庫数・配送の遅れ・今月の売上
など短期の出来事のみに執着

②悪いのはあちら
誰かのせいにする

②悪いのはあちら
誰かのせいにする

⑤ゆでガエルの寓話
徐々に進行するゆるやかな脅威に適応できない

（ピーター・M・センゲ『学習する組織』を元に作成）

▶同じ構造の中に置かれると、異なる人でも同じ行動をとり、同じ結果を生み出します　HINT

Q 学習する組織を構成する要素は?

■ 5 つの鍛錬の道

『学習する組織』の原題は『The Fifth Discipline』です。そこからもわかるとおり、学習する組織は5つのディシプリンからできています（図表043）。

ディシプリンとは日本語で規律や鍛錬。小田理一郎『「学習する組織」入門』では「合気道や茶道の「道」に近い」と説明されています。5つのディシプリン（鍛錬の道）を順に紹介します。

①自己マスタリー　Personal mastery：1つ目のディシプリンである自己マスタリーとは、個人の能力を高め、本当に求めている人生を創造することです（ツボ044参照）。自分自身を熟達（マスタリー）させていく、人間としての成長のことです。

②メンタル・モデル　Mental models：2つ目のディシプリンであるメンタル・モデルとは、無意識に持っている固定概念、思い込み、世界の捉え方のことです（ツボ045参照）。自分でも気がつかないうちに、行動に影響をおよぼしています。

③共有ビジョン　Building shared vision：3つ目のディシプリンである共有ビジョンとは、達成すべき将来のイメージを組織で共有することです（ツボ046参照）。共有ビジョンは、一人ひとりが個人ビジョンを持つことから始まります。自分自身のビジョンを持っていなければ、誰かのビジョンに服従することになってしまうからです。

④チーム学習　Team learning：4つ目のディシプリンであるチーム学習とは、対話によって意識と能力をチームで高めることです（ツボ047参照）。個人として学習するだけでは学習する組織にはなりません。

⑤システム思考　Systems thinking：5つ目のディシプリンであるシステム思考とは、複雑なシステムの根底にある「構造」を見抜くことで、問題解決をシンプルにするという考え方です（ツボ048参照）。

このシステム思考こそが学習する組織の土台です。①〜④のディシプリンはアージリスなどの研究者がすでに発見していたものですが、これらを⑤システム思考によって統合することではじめて「学習する組織」となります。原題である『The Fifth Discipline』は、5つ目（Fifth）のディシプリンつまりシステム思考のことを指しているのです。

■ リーダーは指導者ではなく設計者

センゲは「リーダーとは設計者であり、執事であり、かつ教師」だと言い、カリスマ的な指導者としてのリーダーを否定しています。とくに組織の「設計者」であることが求められています（ツボ049参照）。

次のツボ044から049でそれぞれ詳細を確認しましょう。まず044は自己マスタリーについてです。

図表043

5つのディシプリン

個人

Personal mastery

自己マスタリー

本当に望んでいる結果を出せる
「人生の達人」になること

Mental models

メンタル・モデル

心に染み付いた前提
「世の中はこういうものだ！」

組織

Building shared vision

共有ビジョン

1人ひとりが心から成し遂げたい
と思う共通の目標

Team learning

チーム学習

対話をチームで
使いこなすこと

統合

Systems thinking

システム思考

ものごとの全体を捉えた
「構造」を考えること

リーダーは
指導者ではなく設計者

（ピーター・M・センゲ『学習する組織』、小田理一郎、松尾陽子『マンガでやさしくわかる学習する組織』を元に作成）

▶ 学習する組織は、すぐに使えるノウハウ集ではなく歩き続ける鍛錬の「道」なのです　　HINT

学習する組織、1つ目のディシプリン（鍛錬の道）は、「自己マスタリー」です。組織の学習は「個人の学習」がなければ成り立ちません。個人が学習すれば必ず学習する組織になれるとは限りませんが、個人が学習しなければ、スタートラインにも立てないのです。

100のツボ
044

■自己マスタリーとは人生に熟達すること

「自己マスタリー」とは知識やスキルの向上だけでなく、「人生で本当に望んでいる結果を出す」能力を身につけることを指します。マスタリーとは日本語で「熟達」。芸術的な壺を生み出す名工のように高度なレベルにまで達した熟練の技能のことです。よって「自己マスタリー」とは「自分の人生の達人」になることを意味しています。

■目指したいから、目指すのだ

所属するメンバー全員が自らの幸せを全力で求めるようになれば、組織は劇的に進化するでしょう。しかし「たいていの大人は本当の意味でのビジョンを理解していない」とセンゲは言います。多くの人はビジョンを聞かれると、不満足な仕事や環境、病気や痛みなどの「逃れたいもの」を答えます。これは長年の問題解決を主流とした教育の副作用です。この状態から「なぜ自分は生きているのか」という個人の意義に照らした本質的な欲求に焦点を絞る能力を身につけるためには、ま

さに「鍛錬」が必要です。「最も良かった経験」や「心から大切にしたいこと」を探ることが、そのきっかけとなります。AI（ツボ036）やデリバリング・ハピネスの手法（ツボ074・075）が参考になるでしょう。

■クリエイティブ・テンション

ビジョンと現実は乖離しています。その乖離こそが「クリエイティブ・テンション」と呼ばれるエネルギーです。ビジョンと今の現実の間に輪ゴムがかけられていると想像してください（図表044）。両者が離れていれば緊張は強くなります。そしてビジョンを強く保持できていれば、現実をビジョンに引き寄せることができます。このとき、厳しい現実を正確に把握しなければなりません（歪んだ現状認識では輪ゴムが外れる）。「正しい制約がなければ創造もない」のです。

■強要は逆効果、リーダーが模範となる

自己マスタリーを強要することは逆効果です。本気で取り組みたい人を支援する環境を作ること、そして何よりもリーダー自身が本気で取り組んでいることが重要です。リーダーのあり方（メンタル・モデル）が問われるのです。

次のツボ045では2つ目のディシプリン「メンタル・モデル」について考えましょう。

図表044

クリエイティブ・テンション

ビジョン

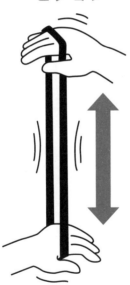

ビジョンを強く保持する

クリエイティブ・テンション
ビジョンと現実の乖離こそがエネルギーを生む

現実を正確に捉える

今の現実

（ピーター・M・センゲ『学習する組織』を元に作成）

▶「自分にとって最も重要なことは何か?」を問い続ける、生涯を通じた学習です　HINT

Q メンタル・モデルとは何か？

学習する組織の2つ目のディシプリン（鍛錬の道）「メンタル・モデル」について考えます。メンタル・モデルとは「世の中とはこういうものだ」という心に染み付いた前提のことです。

■言っていることと、やっていること

多くの場合、私たちは自分の持つメンタル・モデルを自覚できていません。良いことを言っているのに行動が伴わない「言動不一致」が起きるのはそのためです。組織学習の研究者クリス・アージリスは「人は（つねに）自分の信奉する理論（口で言うこと）どおりに行動するわけではなく、自分が使用する理論（メンタル・モデル）どおりに行動する」と言いました。

同じように企業の動きは、どんなビジョンやミッションを掲げているかではなく、経営陣がどんなメンタル・モデルを持っているかによって変わります。1970年代のロイヤル・ダッチ・シェル社では、来るべき石油業界の激変を目前にして、経営計画を示すのではなく経営陣のメンタル・モデルを自覚させて見直すことに取り組むことで、長期的な成功を収めました。当時プランニング・コーディネーターだったアリー・デ・グースは「組織としての学習とは、経営陣が会社や市場、競合企業について自分たちが共有するメンタル・モデルを変えるプロセスである」と言っています。

■推論のはしごを、ゆっくり登る

メンタル・モデルを理解するツールに「推論のはしご」があります（図表045）。人は、同じような状況を経験するうちに、メンタル・モデル（信念や価値観）を形成し、それに基づいて行動するようになります。またその信念や価値観は物の見方自体にも影響を与えます（反射のループ）。

自分自身の発言や行動を内省すると、たいてい勝手な解釈や結論の決めつけがあります（抽象化の飛躍）。また判断をするための情報が不足している可能性も大いにあります。推論のはしごを「ゆっくり登る」ことを意識してみましょう。メンタル・モデルが自覚されると「物事はこういうものだ」から「私は物事をこう見ている」へと発言が変化していきます。

■探究と主張のバランスのとれた対話

メンタル・モデルを鍛錬することは、他者との対話の質を高めることでもあります。自分の無知を謙虚に認め、知らないことを探究する、そして自分の主張を仮説として提示し論拠や価値観をセットで伝える。こうした「探究と主張のバランス」がとれた対話こそがお互いのメンタル・モデルを磨き合う学習の場となります。

次のツボ046では、3つ目のディシプリン「共有ビジョン」について考えます。

A 心に染み付いた前提「世の中はこういうものだ!」

図表045

推論のはしご

私は確信に基づいて
行動する

私は確信を持つ
(信念・価値観)

私は結論を出す

私は自分が付け加えた
意味に基づいて推測する

私は(文化的・個人的な)
意味を付け加えて解釈する

私は自分が観察している
事実の一部を選び認識する

(ビデオに記録できるような)
観察可能な事実や経験

反射のループ

形成された信念・価値
観が、物の見意味に基
づいて推測する方(ど
の事実を選ぶか)に影
響を与える

抽象化の飛躍

はしごの段を飛び
越えて確信を持つ
・勝手な解釈
・決めつけ
・ステレオタイプ

(ピーター・M・センゲ『学習する組織』、ピーター・センゲ他『フィールドブック学習する組織「5つの能力」』を元に作成)

▶組織が学習する、とは、経営陣がメンタル・モデルを自覚する、とほぼ同義です　HINT

Q 共有ビジョンとは何か？

学習する組織の3つ目のディシプリン（鍛錬の道）は、「共有ビジョン」です。

■私たちは何を創造したいのか？

共有ビジョンとは「私たちは何を創造したいのか?」という問いに対する答えです。ビジョンが真に共有されているとき、人々は共通の意志によって団結します。組織内のすべてのエネルギーを一点に集中させ、多種多様な人々を同じ方向へ引っ張る驚異的な力となります。AT&T、フォード、アップル、コマツ、キヤノン、ホンダ…どの企業もビジョンに導かれて偉大になりました（Chapter7. ビジョナリーカンパニー参照）。

■私のビジョンから、私たちのビジョンへ

「目標のなし崩し」はマネジメント上の難問です（ツボ048システム原型④参照）。ビジョンが「お題目」「建前」になってしまうのはなぜでしょうか？　それは人々が心から成し遂げたいと思っていないからです。

共有ビジョンは個人ビジョンから生まれます。自分自身を最もやる気にさせるビジョンは、自分のビジョンです。そして目的が共通であるからこそコミットメントが育まれます。自分自身にビジョンがなければ誰かのビジョンに参加するしかなくなり、それはコミットメントではなく服従です。だからこそ自己マスタリー（ツボ044）は共有ビジョンを描く基礎となります。

■1人ひとりの想いに向き合う

ビジョンがトップから発せられる「一方通行」のものである場合、それを聞かされた社員は、完成済みのビジョンを自分のものと感じることはできません。このようなトップダウン型のプロセスでは真の共有ビジョンを育むことはできないのです。

共有ビジョンは、個人のビジョンから生まれ、そしてチーム、組織、企業のビジョンへとつなげて構築していきます（図表046）。それを積み重ねることで、共感を通じてより深いチームへのコミットメントが生まれ、コミットしている人たちのもたらす情熱、興奮が増幅され、より大きなエネルギーとなっていきます。

組織すべてのメンバーの共感を得て、エネルギーを一点に集中するためには「1人ひとりの想い」に向き合っていくことが重要です。企業ビジョンにトップダウンで従わせるのではなく、その逆のプロセスを辿るべきなのです。

リーダーがチームの目標を決めるときは、リーダー自身の想いもメンバーに共有し、メンバーの想いと統合しながらビジョンに落とし込んでいきましょう。

次のツボ047では、4つ目のディシプリン「チーム学習」について考えます。

A　1人ひとりが心から成し遂げたいと思う共通の目標

図表046
共有ビジョンの構築プロセス

社会ビジョン

企業ビジョン
ビジョンを一連の経営理念に結びつけ定着させる

組織のビジョン
組織のビジョンと共存させながら、個人ビジョン間の重なり
や接点を持った全体像を構築させる

チームのビジョン
個人ビジョンをつないで共有ビジョンを作る
「私のビジョン」から「私たちのビジョン」にする

個人のビジョン
個人ビジョンを推奨し、個人ビジョンを作る
個人をやる気にさせる自分のビジョンを掲げる

個人ごとにビジョンがあり、それが個人のやる気の原動力となる。
その個人ビジョンがチームや組織の理念につながっていくことで
「私のビジョン」が「私たちのビジョン」となり、強いコミットメントが生まれる。

（ピーター・M・センゲ『学習する組織』をもとに、安納達弥の持論を含めた解釈によって作成）

▶個人のビジョンからスタートすることが組織にみなぎる力をもたらす方法です　HINT

Q チーム学習とは何か？

学習する組織の4つ目のディスプリン（鍛錬の道）である「チーム学習」について考えましょう。

■ チームが学習してチームが成長する

例えばスポーツの分野において、天才的なプレイヤーが集まっても必ずしも強いチームになるわけではなく、逆に1人ひとりは普通の選手であっても、個人の力の合計を大きく超えた偉大なチームとなることがあります。その不思議な現象を、私たちは体験的に知っています。そして、彼らが集まった瞬間から偉大であったのではなく、チームとして成長していく過程で偉大になっていたことも知っています。チームは、チーム自体として学習することができるのです。そしてその学習は1人ひとりの学習とは別のものです。

■ じっくり探究する「ダイアログ」

チーム学習は2種類の話し合いによって起こります。1つ目はダイアログです。語源はギリシャ語のディアロゴス（dialogos）、diaは「～を通して」、logosは「意味」です。お互いの間に意味を通して、じっくりと共に考え「探究する」ことがダイアログなのです。

二つの岸の間を流れる川のように、意味が間を通り、移動していくこと——人と人の間の自由な意味の流れ（デヴィッド・ボーム『ダイアローグ』より）

「共通の意味の流れ」をチームの中に通して、個人では得られない「洞察」を発見していきます。その状態に到るためには3つの基本条件があります。

①前提を保留する：自分の前提を自覚し、検証するため、みんなの前にかかげます。

②お互いを仲間と考える：思考とは参加するもの。反対者を「異なる意見を持つ仲間」と捉えます。

③ファシリテーターが文脈を維持する：ダイアログの条件が満たされているかどうかをチームに確かめます（ファシリテーターについてはツボ017参照）。

■ 分析し決定する「ディスカッション」

2つ目の話し合いはディスカッションです。ディスカッションは語源がパーカッション（叩打）、コンカッション（衝撃）であることからもわかるとおり、「ぶつけ合う」ものです。ディスカッションは、さまざまな意見が提示され弁護されるため、全体の分析をするために役立ちます。そしてチームの合意、決定を行い、一つの方針にまとめることができます。

ダイアログとディスカッション、この2つの話し合いを意識して補完的に使い分けることが、チーム学習のポイントです（対話と議論の違いはツボ031参照）。

次のツボ048では5つ目のディスプリン「システム思考」について考えましょう。

A 2つの話し合いをチームで使いこなすこと

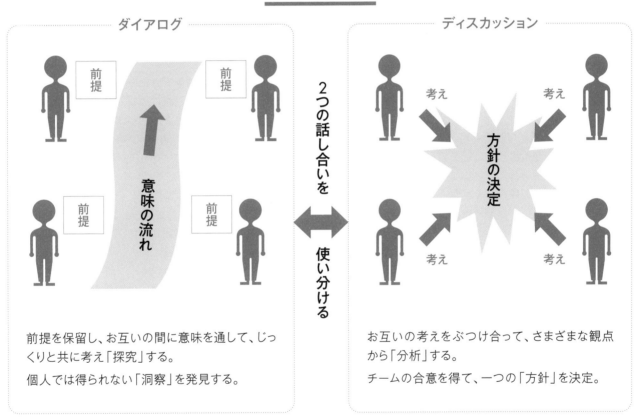

図表047

2つの話し合い

ダイアログ

ディスカッション

前提

前提

前提

前提

意味の流れ

2つの話し合いを　使い分ける

考え

考え

方針の決定

考え

考え

前提を保留し、お互いの間に意味を通して、じっくりと共に考え「探究」する。

個人では得られない「洞察」を発見する。

お互いの考えをぶつけ合って、さまざまな観点から「分析」する。

チームの合意を得て、一つの「方針」を決定。

（ピーター・M・センゲ『学習する組織』を元に作成）

▶ **個人だけが学習しても、チーム学習には繋がりません。チームでの練習が必要です** HINT

Q システム思考とは何か？

学習する組織の土台となる5つ目のディシプリン（鍛錬の道）、「システム思考」について考えます。

■「相互関係」と「変化の過程」への着目

システム思考とは、切り離された「部分」ではなく、全体の「構造」を見る鍛錬です。そのために「相互関係」と「変化の過程」の2つに着目します。

相互関係：ものごとを原因と結果からできている直線的な「因果関係」で捉えるのではなく、複数が相互に影響を与えるループ状の「相互関係」として捉えます。部分がどのように連携しているかを見るのです。

変化の過程：その瞬間の出来事を「スナップショット」として捉えるのではなく、どのように変わっていくのかという「変化の過程」として捉えます。出来事に執着すると、組織の学習は止まります（ツボ042学習障害の④参照）。全体の構造の中で何が起こっているのか、これから何が起こるのかを考えるのです。

■ システムは、ループと遅れでできている

システム思考を表現するシステム図は、要素と要素をループ状につなげる曲線の「矢印」からできています。これは要素が次の要素に影響すること、そしてどの要素から始めてもよいことを示しています。この「ループ」には自己強化型とバランス型の2種類があります。

自己強化型ループは「成長」「好循環」「悪循環」「普及」「低減」を表します。雪玉が坂道を転げ落ちるようにどんどん状況が強化されていきます（ますます悪くなるパターンも含まれます）。

バランス型ループは「安定」「維持」「バランス」「ブレーキ」を表します。このループはある目標まで進み、目標まできたらその状態を維持して均衡を保ちます（目標は明示されているときも、暗黙の前提であるときもあります）。

システム図にはループの中に「遅れ」の箇所があります。システム図の矢印に二本線が入っている箇所です。遅れがどこでどれくらい生じるかを認識しておくことは重要なポイントです。例えばシャワーの水温調節には遅れが生じますが、これを把握せずに温度を上げ続けると火傷してしまいます。

■ 9つのシステム原型

システムの構造には、仕事や生活の上で繰り返し何度も起こる「原型」が存在します。発見されているシステム原型を図表048に9つ示しました。経験豊かなマネジャーなら直感的に知っているものが多いはずです。システム原型を特定できれば起きている問題の構造をシンプルに捉え、根本的な対応をすることができます。

次のツボ049では学習する組織を設計するリーダーについて考えましょう。

図表048

9つのシステム原型

自己強化型ループ　　□—□ バランス型ループ　　—//— 遅れ

① 遅れを伴うバランス型

フィードバックが遅いため、必要以上の是正措置をとったり、諦めたりしてしまう。

実際の状況／遅れ／是正措置

→辛抱強く待つか、遅れを改善する。

② 成長の限界

加速的な成長が減速する、止まる。

成長させる行動／状態／減速させる行動／制約条件

→自己強化を推し進めるのではなく、制約条件を取り除く。

③ 問題のすり替わり

対症療法的な「解決策」／問題の症状／副作用／遅れ／根本的な解決策

短期の対症療法的な解決策を用いることで、根本的な解決が手付かずになる。

→根本的な解決に徹する。

④ 目標のなし崩し

③の一種。短期的な解決策として、長期的な根本目標を下げてしまう。

ビジョン／目標を調整する圧力／解離／状況／状況を改善する行動／遅れ

→強くビジョンを掲げて守る。

⑤ エスカレート

軍事競争のように相手への相対的な優位を求めて必要以上の活動を行う。

Aの結果／AのBに対する相対的な優位性／Bの結果／Aの活動量／Bの活動量

→双方が勝つ方法を見つける。

⑥ 強者はますます強く

限られた資源をめぐって2者が競い合う。片方が成功すればするほど資源が増えもう片方は欠乏する。

Aの成功／Aの資源／Aへの相対的な資源部分／Bの成功／Bへの資源

→両者が達成できる目標を見つける。または結合を切り離す。

⑦ 共有地の悲劇

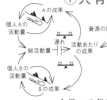

個人が、共有の資源を個人のニーズで利用する。資源の減少によって減少した利益を増やすためさらに努力し、資源が枯渇するまで続く。

Aの成果／個人Aの活動量／資源の限界／遅れ／活動あたりの成果／総活動量／個人Bの活動量／Bの成果

→全員への教育、自主規制、公的規制。

⑧ うまくいかない解決策

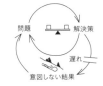

短期的には効果をあげる解決策が、長期的に予期しない結果をもたらし、その結果また同じ解決策を用いる必要がでてくる。

問題／解決策／遅れ／意図しない結果

→長期を見る。短期的解決策をやめる。

⑨ 成長と投資不足

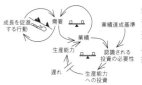

能力増強への投資が積極的かつ迅速に行われず、成長が止まり業績が低迷する。

成長を促進する行動／需要／業績達成基準／業績／生産能力／認識される投資の必要性／遅れ／生産能力への投資

→需要に先駆けて能力を構築する。

（ピーター・M・センゲ『学習する組織』を元に作成）

▶ システム思考は難しくありません。6歳の子供でも教えれば使うことができます　HINT

学習する組織において、リーダーには3つの役割が求められます（図表049）。

■1. 組織の設計者

センゲはこれまで出会ったリーダーたちに、あなたの組織を船に例えると、あなたの役割は何か? と問いました。すると多くのリーダーは「船長」だと答えました。そして「針路を決める航海長」「針路を操る操舵手」など様々な答えも出ました。しかし、最も重要な役割を思い浮かべる人はほとんどいませんでした。

それは船を作った「設計者」。船長や操舵手がどんなに良い働きをしても、船の設計自体が狂っていれば船は思い通りに動かず、やがて沈みます。リーダーは組織の設計者であるべきです。2500年前に老子はこう言いました。

邪悪な指導者は、人々に罵られる。
善い指導者は、人々に尊敬される。
偉大な指導者は、人々に「これを成し遂げたのはわれわれだ」と言わせしめる。
（ピーター・センゲ『学習する組織』より）

人々に尊敬されているカリスマ的なリーダーをセンゲは認めていません。これはビジョナリーカンパニーの組織作りを重視する「時を告げるのではなく、時計を作る」という考え方とも重なります（ツボ063）。

■2. 自らも学ぶ教師

偉大なリーダーは「人を育てること」を原動力の中心に持ち、社員の「人としての成長」に熱心に力を注ぐ教師であるべきだとセンゲは言います。そして真の教師になるためには、学習者にならなければなりません。まずはリーダーが自らの「人としての成長」を追い求め、学習する姿勢を持ち続けることが必要なのです。

■3. 仲間に奉仕する執事

導くべき仲間に「奉仕する」執事のようなリーダー（サーバント・リーダー）という考え方は、理想主義的に聞こえるかもしれません。しかしこれは実用的な話です。サーバント・リーダーが広く行き渡っている海兵隊の大佐はこう言っています。

「生命の危険にさらされた場合、人は間違いなく、自分たちが信頼し、心底自分たちを満ち足りた気持ちにさせてくれると感じる指揮官にしか従いません。これは戦闘で繰り返し示されていることです」
（ピーター・センゲ『学習する組織』より）

カリスマ的なリーダーが先陣を切って1人で組織変革を起こす集団は「学習する組織」とは呼べません。目指すべきは、多くの社員たちがリーダーシップ（影響力）を発揮して、不確実な環境に立ち向かっていく組織です。

ツボ050は学習する組織のこれからを考えます。

100 の ツ ボ
049

組織の設計者、自らも学ぶ教師、
仲間に奉仕する執事

図表049
リーダーの3つの役割

1 組織の設計者

組織を船に例えるなら、リーダーは船長でも操舵手でもなく、船を作る設計者

2 自らも学ぶ教師

人を育てることに力を注ぎ、自らが最も率先して学習する教師

3 仲間に奉仕する執事

自らが導くべき人々に献身的に奉仕する執事

（ピーター・M・センゲ『学習する組織』を元に作成）

▶カリスマ的な指導者は求められていません　HINT

Q 学習する組織はこれからどうなる？

■求められ続けている『学習する組織』

　学習する組織は「組織開発のバイブル」として、現在でも変わらず求められ続けています。

　ピーター・センゲは自身の設立した組織学習協会（SoL）の活動を中心に、ビジネス、教育、医療、政治など幅広い分野で世界中のリーダーたちと協働して、地球規模での社会問題の解決に取り組んでいます。近年の活動は、SoLジャパンの福谷彰鴻さんが翻訳した講演記録からも窺うことができます（『Learning Sandbox』mylearningsandbox.wordpress.com）。

■学習する組織から『学習する学校』へ

　センゲの興味は子供たちの教育へと向かっているようです。2012年には『学習する学校』を執筆し（日本語版は2014年）「学校での学習」を根本から変えようとしています。前出のLearning Sandboxには、小学1年生の6歳の子供たちが「システム思考」を当然のように使っている衝撃的な動画が紹介されていました。これはセンゲが師と仰ぐ故W・エドワーズ・デミング博士の影響なのではないでしょうか。デミング博士は品質管理のパイオニアで、PDCAサイクルの産みの親であり、戦後の日本製造業にも大きな影響を与えた人物です（ツボ008参照）。「教育の一般的体系を変えなければ、マネジメントの一般的体系は決して変えられない。両者は同じシステムなのだ」「上司と部下の関係は教師と生徒の関係と同じだ」とデミング博士は言っていたのです。

■大人の学習にも新しいアプローチが

　学習する組織が「道」として普及したことによって、次の進化の道が見えてきました。例えば発達心理学者ロバート・キーガンはこう言います。

　「学習する組織」に関する理論的基準と実践方法論はきわめて充実しており、二十世期末以来、進化し続けてきた。しかしそこにはつねに、抜け落ちている側面が一つあった。（中略）既存の理論と方法論に欠けているもの、それは、大人の学習に関する深い理解だ。（ロバート・キーガン他『なぜ人と組織は変われないのか』より）

　キーガンは、大人であっても「知性のレベル」が発達すると主張します（**図表050**）。ここでいう知性とは「世界の理解の仕方」と「世界で行動する際の基本姿勢」のことで、学習する組織のメンタル・モデル（ツボ045）に近い考え方です。

　経営陣のメンタル・モデルが変わることこそが組織が学習するポイントでしたが、キーガンはそこに「段階的な発達」という進化の視点と方法論を、新しく持ち込んできたのです。

　次のChapter6.では、経営陣が「段階的に発達」しそれによって組織も「段階的に発達」するモデルを示した『ティール組織』を紹介します。

A 子供の学習へと展開していき、大人の学習には新しいアプローチが生まれていく

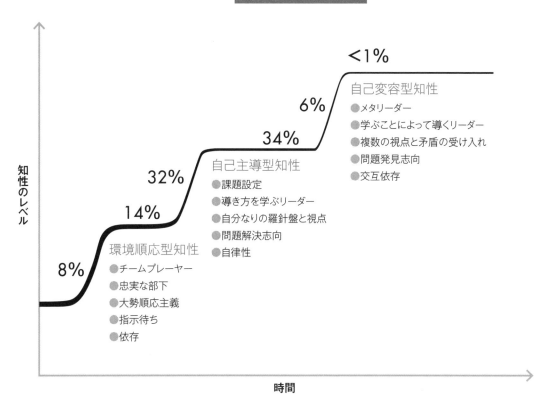

図表050

大人の知性の発達

知性のレベル

8%

14%

32%

34%

6%

<1%

環境順応型知性
- チームプレーヤー
- 忠実な部下
- 大勢順応主義
- 指示待ち
- 依存

自己主導型知性
- 課題設定
- 導き方を学ぶリーダー
- 自分なりの羅針盤と視点
- 問題解決志向
- 自律性

自己変容型知性
- メタリーダー
- 学ぶことによって導くリーダー
- 複数の視点と矛盾の受け入れ
- 問題発見志向
- 交互依存

時間

（ロバート・キーガン, リサ・ラスコウ・レイヒー『なぜ人と組織は変われないのか』から引用）

▶素晴らしい型が普及したからこそ、新しい概念や方法が模索されていきます　HINT

まとめ

　Chapter5. のまとめとしてツボ041〜050のQ&Aを一覧としています（右表）。

　また、人事担当者、管理職（マネジャー）、経営者、組織で働く人それぞれに向けてこの『学習する組織』でお伝えしたいメッセージを記載しています。

人事担当者の方へ

　人事担当者の方に、この『学習する組織』で最も学んでほしいのは「システム思考」です。あなたの会社でいま、何が起きているのでしょうか。人事とは、人を生かして事をなす。そのために、中長期で人と組織のことを客観的に捉える役割を担っています。現場の方々が「自分の仕事は○○だから」という学習障害におちいったとき、そこをまたいで繋ぎ直すことは、人事だからこそできる仕事です。

管理職（マネジャー）の方へ

　管理職（マネジャー）の方に学んでほしいのは「共有ビジョン」です。1人ひとりと向き合い、彼ら彼女らの個人ビジョンを引き出し、マネジャー自身の想いと共に統合して、チームのビジョンを作り上げてほしいのです。全員が心から成し遂げたいと思っているビジョンを紡ぐことが「設計者」としてのリーダーの役割です。

経営者の方へ

　経営者が「メンタル・モデル」を自覚して更新すること、それこそが組織の学習そのものです。あなたの「言っていること」と「やっていること」が異なると組織はどんどん信頼を失ってしまいます。無意識に起きる反射のループによってあなたに見えている事実はごく一部だけ。推論のはしごをゆっくり登り、主張だけでなく探究的な「ダイアローグ」を行っていきましょう。

組織で働く方へ

　組織で働くということは、同じビジョンに向けて協働するということです。あなたは組織のビジョンに共感していますか？「自己マスタリー」を鍛錬して「個人ビジョン」を明確にすること、そして「ダイアローグ（対話）」によって仲間と同じ組織で働く意味を見いだしていきましょう。そうでなければコミットではなくただの服従になってしまいます。

　次のChapter6. では、「ティール組織」について学びます。

100の ツボ	Q	A
041	学習する組織とは何か？	方針やものの見方自体を、自ら見直し修正して目的達成に向かう組織
042	なぜ組織は学習できないのか？	7つの学習障害があるため
043	学習する組織を構成する要素は？	5つのディシプリン「鍛錬の道」
044	自己マスタリーとは何か？	本当に望んでいる結果を出せる 「人生の達人」になること
045	メンタル・モデルとは何か？	心に染み付いた前提「世の中はこういうものだ！」
046	共有ビジョンとは何か？	1人ひとりが心から成し遂げたいと思う共通の目標
047	チーム学習とは何か？	2つの話し合いをチームで使いこなすこと
048	システム思考とは何か？	ものごとの全体を捉えた「構造」を考えること
049	学習する組織におけるリーダーの 役割は？	組織の設計者、自らも学ぶ教師、仲間に奉仕する執事
050	学習する組織はこれからどうなる？	子供の学習へと展開していき、 大人の学習には新しいアプローチが生まれていく

次の1歩

学習する組織について、
さらに1歩踏み出して学びたい方へおすすめの書籍をご紹介します。

マンガでやさしくわかる 学習する組織

小田理一郎, 松尾陽子 著
日本能率協会マネジメントセンター／2017年

難易度 🌶🌶

ピーター・センゲ『学習する組織』は分厚く、手にとることにためらう初心者も多いのではないでしょうか。そんな方には、このマンガ版をおすすめします。主人公が組織変革を行うストーリーに感情移入して読み進めるうちに、学習する組織のエッセンスを知ることができます。著者がSoLジャパン理事長であり学習する組織普及の第一人者である小田理一郎ですので、解説部分は読み応えがあり、日本で働く人が理解しやすい内容となっています。

フィールドブック 学習する組織「5つの能力」

ピーター・センゲ他 著
日本経済新聞出版／2003年

難易度 🌶🌶🌶

学習する組織の実践編。実際に学習する組織を自社に導入したいと考えたときに読むべき本です。「推論のはしご」を使ったメンタル・モデル（ツボ045）への取り組み方、個人ビジョン（ツボ044）に気づくためのワークのやり方などの詳細が紹介されています。

ダイアローグ

デヴィッド・ボーム 著
英治出版／2007年

難易度 🌶🌶

チーム学習において最も重要となる、対話・ダイアローグ（ツボ047）について、センゲがもとにした物理学者ボームの書籍です。チーム・組織・家族・国家が、不毛な争いを避け、皆が望む未来を作るためのコミュニケーション技法です。原点をより深く知りたい方におすすめします。

なぜ人と組織は変われないのか

ロバート・キーガン他 著
英治出版／2013年

難易度
🌶🌶🌶🌶

人は大人になってからも心理面で成長し続けることができる、という発達心理学の理論書です。 個人と組織が「変わりたくても、変われない」ジレンマを乗り越えていく方法を、実例とともに紹介しています。「人間は何歳になっても世界を認識する方法を変えられる」というその主張はメンタル・モデル（ツボ045）のディシプリン（鍛錬の道）そのものとも言えます。

出現する未来

ピーター・センゲ, オットー・シャーマー他 著
講談社／2006年

難易度
🌶🌶🌶🌶

センゲが友人のオットー・シャーマーたちとともに、新しい道を探るため思索の旅をする本です。観念的、宗教的な表現も多く読む人を選ぶかもしれません。
「われわれのアプローチはある意味では西洋的な考え方より仏教に近いんじゃないかと思う」と禅僧に教えを乞い、鯨が飛び跳ねる自然の偉大な姿に感動しながら「U理論」が誕生していく対話のプロセスを、野中郁次郎の監訳で届けた、味わい深い思想書です。

U理論

オットー・シャーマー他 著
英治出版／2017年

難易度
🌶🌶🌶🌶🌶

オットー・シャーマーがセンゲたちとたどり着いた「U理論」。過去に囚われず、本当に必要な変化を生み出し「未来を創造する」ための技術です。センゲはこのU理論の枠組みによって、学習する組織の5つのディシプリンをいつどのように用いるべきかが整理される、と評価しています。

　学習する組織の「システム思考」は1990年代の企業組織に大きなインパクトをもたらしました。しかしピーター・センゲはシステム思考の効用だけでなく、その限界も予期していたのではないでしょうか。著作『出現する未来』でその葛藤を、監訳者 野中郁次郎はこう解説しています。

　　センゲは、やがて工学系の分析的なシステム思考では物事の本質を捉えるのに限界があることを認識したのではないだろうか。（ピーター・センゲ他『出現する未来』より）

　そしてセンゲは友人オットー・シャーマーたちと思索の旅に出て「われわれのアプローチはある意味では西洋的な考え方より仏教に近いんじゃないか」と思い至りました。オットーは香港の禅僧、南懐瑾老師を訪ねて持論（後のU理論）をぶつけ教えを乞います。老師は答えました。

　　すでに1940年代には、大乗仏教、小乗仏教、タントラ仏教、瞑想による精神性の開放を求める西洋人が少なくなかった。だが、革新には至らなかった。人間性とは何か、生命の源はどこにあるのか、何のために生きるのかを問うことがなかったのだ。（中略）今こそ、古い理論を再検証し、科学と結びつける好機だ。闇雲に信じるべきではない。（ピーター・センゲ他『出現する未来』より）

　物事を「構造」で捉え「分析」して切り分ける手法は人の本質を枯れさせてしまう性質がある。このアプローチだけではダメだ。そして東洋思想との統合に、そこを乗り越えるヒントがある。

　同列で語るのはおこがましいのですが、私も同じ感触を持っています。リクルート社で人事コンサルタントをしていたとき「心が乾いていく」苦しみを味わいました。クライアントのお役に立つためコンサルティングの腕を磨き、実績もあがっている、なのになぜかとても苦しいのです。そのとき私を救ってくれたのは心理学者 河合隼雄の『ユング心理学と仏教』という本でした。

Chapter 6.

テ
ィ
ー
ル
組
織

100のツボ
051

Q ティール組織とは何か？

Chapter6. ではティール組織について考えます。

ティール組織が流行する日本

日本で2018年1月に出版された『ティール組織』という書籍は、出版前から人事業界で話題になっていました。原著『Reinventing Organizations』の読書会が行われており、私も参加しましたが大変な熱気でした。そして日本語版が出版されるとみるみるうちに10万部を超えるベストセラーとなりました（2021年現在）。副読本の出版も続き、各所で輪読会が行われています。

なぜ、この流行が起きたのでしょうか？

それは多くの人が現代の組織マネジメントに「行き詰まり」「このままではまずい」という感覚を持っていたからではないでしょうか。組織の新しい形に「希望」を求めているのだと想像します。

著者は研究者ではなく実践者のラルー

『ティール組織』の著者は、元マッキンゼーのコンサルタントであるフレデリック・ラルーです。研究者ではなく、多くの組織の改革支援をしてきた実践者です。

ラルーは理想的だと思える12の組織（ツボ054参照）を調査し、創立者やリーダーたちにインタビューをしてその実態から、当書を執筆しました。

組織は段階的そして飛躍的に進化する

『ティール組織』は、発達心理学とインテグラル理論を理論上のベースとして執筆されています。

ロバート・キーガン（ツボ050)、クレア・グレイブスのスパイラル・ダイナミクス（ツボ055）などの発達心理学は、人間の知性・心・内面の成長や発達を研究する分野です。それらの知見は「人間の心は段階的に発達する」ことを示しています。

ケン・ウィルバーのインテグラル理論（ツボ055）は、人の心だけではなく、さまざまな側面（テクノロジー、生産手段、社会構造、宗教的価値観など）の発達と健全な統合を研究しています。

フレデリック・ラルーはそれらの考え方を「組織」に当てはめて「ティール組織」の構想を得ています。「組織は段階的そして飛躍的に進化できる」と考えたのです。現在の組織に行き詰まりを感じている多くの人にとって、この発想と実際の調査に基づくリアリティが、希望となったのではないでしょうか。

次のツボ052では、さっそく組織の発達段階を見ていきましょう。

図表051

ティール組織

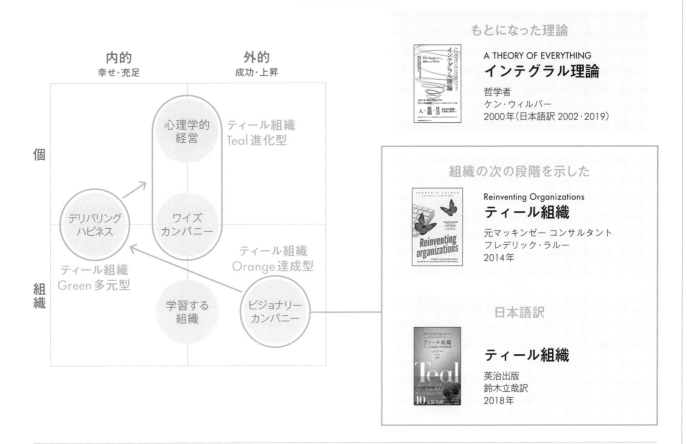

内的
幸せ・充足

外的
成功・上昇

個

組織

心理学的
経営

ティール組織
Teal 進化型

デリバリング
ハピネス

ワイズ
カンパニー

ティール組織
Green 多元型

ティール組織
Orange 達成型

学習する
組織

ビジョナリー
カンパニー

もとになった理論

A THEORY OF EVERYTHING
インテグラル理論

哲学者
ケン・ウィルバー
2000年（日本語訳 2002・2019）

組織の次の段階を示した

Reinventing Organizations
ティール組織

元マッキンゼー コンサルタント
フレデリック・ラルー
2014年

日本語訳

ティール組織

英治出版
鈴木立哉訳
2018年

▶ 多くの人が現代の組織に問題を感じ、新しい段階への進化を求めています　HINT

Q 組織はどのように発達するのか？

100 の ツ ボ

052

■ 人類の意識レベルの「段階的」発達

アインシュタインは「問題は、それが起こったときと同じ意識レベルでは解けない」と言いました。人類は歴史の中で「限界」に直面するたび、新たな意識レベルを獲得してきたのです。意識は「段階的に進化する」これが多くの発達心理学の研究者に共通した見解です。植物が伸び続けるように連続して成長するのではなく、イモムシが蝶になりオタマジャクシがカエルになるように突然の変容を遂げる性質を人類の意識は持っているのです（意識発達の詳細はツボ056参照）。

■ 5つの組織モデル

そして人類が新しい意識レベル（世界観）に移行するたびに、「組織」もまた新しい段階を獲得してきたというのがフレデリック・ラルーの主張です（図表052）。

レッド 衝動型：1万年前、力こそすべてという世界観の中で生まれた原始的な組織モデル。恐怖による支配が行われ混沌への対応が得意です。現代では、ギャングやマフィア、創業期の中小企業などで見られます。

アンバー 順応型：6千年前、農耕社会に誕生した統制的な組織モデル。長期計画、階層組織、明確なルールによって安定しています。現代の行政機関、軍隊など。

オレンジ 達成型：300年前、科学の発展と産業革命から生まれた、現代のほとんどの企業があてはまる組織モデルです。目標達成が幸福につながると考えます。

グリーン 多元型：100年前、奴隷制廃止や女性解放、信仰の自由が唱えられ、公平や調和を重視する世界観の中で生まれた家族的な組織モデルです。現代では非営利団体や文化重視の企業に見られます。

ティール 進化型：現代に出現しつつある、自己実現を重視した新しい組織モデルです。ラルーはこの段階にある12の組織を研究してティール組織を執筆しました（ツボ054）。

■ 単純な優劣ではない「超えて含む」構造

組織の発達段階は上になるほどより複雑な方法で世界に対応できます。しかし、それは単純な優劣ではありません。例えば内乱から身を守るにはレッドが、定型業務を行うにはアンバーが適しています。そしてどのモデルも下の段階を「超えて含む」ホロン構造になっています（ツボ057）。オレンジの中にはアンバーも、レッドも内包しているのです。

次のツボ053ではティール組織の特徴を確認します。

A レッド・アンバー・オレンジ・グリーン・ティール と段階的に発達する

図表052
組織の発達段階モデル

人類の意識レベル		組織の発達段階モデル		
歴史的な世界観	時代の限界	発達段階	特徴	例
〈現代～〉 自己実現的 意識は進化する 外的から内的へ	?	ティール 進化型	【生命体】 セルフマネジメント ホールネス 存在目的	12組織 ツボ054参照
〈100年前〉 世界中心的 成果より人間関係 コミュニティ	権利の濫用 合意の袋小路 行き詰まり 権力闘争	グリーン 多元型	【家族】 権限委譲 価値観の文化 社会的責任	非営利団体 文化重視の企業 サウスウエスト航空など
〈300年前～〉 目標達成こそ幸福 啓蒙主義／合理主義 産業革命／モダン	過剰消費 物質主義 地球環境の破壊 人生の空虚感	オレンジ 達成型	【機械】 イノベーション 説明責任／目標管理 実力主義／成果主義	現代の ほとんどの企業
〈6千年前～〉 自民族中心的 農業の発展 将来を計画する	役割の仮面 身分・性差別 縄張り意識 所属への拘束	アンバー 順応型	【お役所】 長期的計画 階層的な組織構造 明確なルール	行政機関 公立学校 宗教団体 軍隊
〈1万年前～〉 自己中心的 危険な世界 力こそすべて	常に不安定 現在しか見ない 大規模な奴隷制 他者の感情は無視	レッド 衝動型	【狼の群れ】 恐怖による支配 英雄的開拓者精神 混沌への対応	ギャング マフィア 創業期の中小企業

発達

（フレデリック・ラルー『ティール組織』を元に作成）

▶ 現状の組織の段階が「限界」に達するたびに、より複雑な段階へと発達してきました

HINT

Q ティール組織の特徴は？

■ 見えてきた3つの突破口

　12のティール組織の調査から（ツボ054）、3つの特徴（ブレイクスルー）が見えてきました。

　自主経営 Self-management：支配型の階層構造（ツボ057参照）から脱して、信頼を根底においた自律的なチームと個人が仕事を進めていきます。目標達成よりチームへの貢献が、定例会議より助言のプロセスが重視されます。

　全体性 Wholeness：個人が被っている役割の仮面を外すこと。自己の解放を促進して、自分たちの中にある偉大と使命を発見していきます。まずはリーダー自身が体現して仮面を外す必要があります。

　進化する目的 Evolutionary purpose：競合の中での生き残りを考えて戦略を練るのではなく、人生の意味や社会的な意義を考えるようになります。組織が自然に進んでいる方向性を感じ取ります。

　この3つはティール組織になるために、すべて満たすべきだという「条件」ではありません。12組織の中ではオランダの非営利団体ビュートゾルフは3つすべてが進んでいますが、カリフォルニアのモーニング・スター社は自主経営のみが驚異的に突出しています。

　はじめは組織の仲間たちが最も重要だと感じるもの1つから取り組めば良いとフレデリック・ラルーは言っています。絶対に満たすべき条件は別にあります。

■ 必須条件はリーダーとオーナー

　ティール組織が満たすべき条件は2つです。

　条件1. トップのリーダーシップ：ティール組織となるために最も重要なのは、創業者やCEOなどのトップリーダーがティールの意識レベル（ツボ056）にあることです。従来のような目標数値設定も予算承認も重要ではないティール組織においては、トップリーダーの役割も変わります。「ティール組織の世界観を維持すること」が最も大切な役割となり、そのために「3つの突破口の模範となること」が必要なのです。

　条件2. 組織のオーナーの理解：リーダーだけではなく、株主や取締役会などの組織オーナーもティールの世界観を理解し、受け入れ、支援する必要があります。景気が悪くなったり重要な選択に迫られたときに、取締役会は状況を統制したがる傾向があるからです（AESとBSO/オリジンの衰退はツボ054参照）。

　この2つの条件が整っていないにもかかわらず、ミドル・マネジャーや従業員がティール組織を率先して導入することは、非常に難易度が高く、オレンジやグリーンとして健全な仕組みをつくる努力の方が実を結ぶ、とラルーは断言しています。

　次のツボ054ではティール組織の実例を確認します。

100 の ツ ボ
053

A 「自主経営」「全体性」「進化する目的」

図表053

特徴（ブレイクスルー）と必須条件

3つの特徴（ブレイクスルー）

Self-management	Wholeness	Evolutionary purpose
自主経営	全体性	進化する目的
支配型の階層構造から 集合知・権力分散・流動的システムへ	自分らしさを隠す「仮面」を外し 心の奥底にある全体性を取り戻す	未来を予測しコントロールするのでは なく、組織に耳を傾ける

必須条件

1. トップリーダーがティールの意識レベルであること
2. オーナーがティールであることを理解し極限状態にも支援できること

（フレデリック・ラルー『ティール組織』を元に作成）

▶ トップリーダーとオーナーの器以上には、組織は発達しないのです　HINT

■発見された12のティール組織

　書籍『ティール組織』は、フレデリック・ラルーが3年間、約50の組織を研究してきた中で構想されました。そしてさらに洞察を得るために、それらの組織を調査し「5年以上経営を続けており、100人以上の従業員」がいること、そして「ティール組織」の意識段階と整合する「実践」を行っている組織を抽出しました。

　構造調査には「構造、プロセス、慣行」を探る45の設問と、「組織の立ち上げと回復力（レジリエンス）」を探る25の設問が使用されました。これらは『ティール組織』に付録①として収録されています。データ収集には、一般公開されている資料、内部資料の調査、創立者やリーダーたちへの電話やSkype、または対面でのインタビューを行いました。また必要に応じて現場でのフィールドワークを行いました。

　この厳しい基準を満たす組織は存在しないのではないか、とラルーは心配していました。そしてもし存在するとしても、先鋭的な創業して間もない組織か、とても少人数の実験的な組織でしかないのではないか、と。

　しかし実際には、営利・非営利どちらも、組織規模は100人から数万人まで、業態は製造、発電、食品加工から教育まで、各国で多様な12の組織が発見されました （図表054）。そして30年以上ティール組織として経営している会社も多かったのです。

　ティール組織は、あらゆる分野・業態で実現が可能なのだということが、わかりました。

■AESとBSO/オリジンの衰退

　12組織のうち、AESとBSO/オリジンは、ある時期を境にティール組織としての実践が止まっています。

　電力会社AESは最初の20年間で5大陸30ヶ国以上の発電所を管理し、4万人の従業員を持つところまで拡大しました。しかし、2001年の9・11とエンロンショックによって株価が急落します（他の電力会社と同様に）。取締役会は、不安感から権力的階層構造を築き、全てに制御管理を行うことを求めました。創設者デニス・バーキはこれに反対しましたが、抗うことができませんでした。オランダのITコンサルティング会社BSO/オリジンは自己管理による成功実績を持っていましたが、1996年に創業者エッカルト・ウインツェンがフィリップス社に事業を売却しました。新しいオーナーが経営手法を切り替えたことから力が失われていきました。どちらの組織も、ティールの意識レベルではない経営リーダーやオーナーによって実践が止まってしまったのです（ツボ053）。

　次のツボ055では、ティール組織の元になったインテグラル理論を紹介します。

100のツボ
054

図表054

12のティール組織

ビュートゾルフ 2006年〜 在宅ケア 非営利組織 オランダ 従業員 9,000 名	**RHD** 1970年〜 人事 非営利組織 アメリカ 従業員 4,000 名	**サン・ハイドロリックス** 1970年〜 油圧バルブとマニフォールド製造 営利企業 グローバル 従業員 900 名
ハイリゲンフェルト 1990年〜 メンタルヘルス病院のネットワーク 営利企業 ドイツ 従業員 600 名	**モーニング・スター** 1970年〜 トマト栽培・加工・搬送 営利企業 アメリカ 従業員 400 〜 2,400 名	**ホラクラシー** 組織的オペレーションモデル 世界の多くの組織が運用
FAVI 1957年〜 自動車供給の金属加工 営利企業 フランス 従業員 500 名	**ESBZ** 2007年〜 ベルリンの公立学校 7 〜 13 学年生 非営利組織 ドイツ 1,500 名の先生、生徒、保護者	**パタゴニア** 1957年〜 アウトドア衣服製造販売 営利企業 アメリカ 従業員 1,350 名
AES 1982年〜 世界的電力供給会社 営利企業 世界中 従業員 40,000 名（2001 年まで）	**BSO／オリジン** 1973年〜 IT コンサルサービス 営利企業 世界中 従業員 10,000 名（1996 年まで）	**サウンズ・トゥルー** 1985年〜 メディア・出版社 営利企業 アメリカ 従業員 90 名と犬 20 匹

5 年以上経営してきた、従業員 100 名以上（犬を含む）で、意識が「ティール組織」のレベルと整合する組織
（書籍『ティール組織』の付録①にある調査票にて、意思決定の方法、情報の流れ、評価方法、予算、目標などから判断し選出）

（フレデリック・ラルー『ティール組織』およびフレデリック・ラルー『イラスト解説ティール組織』を元に作成）

▶ **サウンズ・トゥルーは20匹の犬も職場に参加しているため人数にカウントされました**　HINT

■すべては正しいが、部分的である

ティール組織の元になったインテグラル理論は、思想家ケン・ウィルバーが提唱したものです。書籍『A THEORY OF EVERYTHING』が2000年にアメリカで出版され、日本では『万物の理論』として2002年に翻訳されましたが絶版。ティール組織の流行とともに再び着目され『インテグラル理論』として2019年に再出版されています。

100のツボ
055

これは『A THEORY OF EVERYTHING』の名前のとおり、すべての物事を捉える理論（考え方）の1つです。人・組織・社会・世界の全体像を把握するための統合的なフレームワークを提供してくれます。

できるだけ多くの分野にある、できるだけ多くの研究を、首尾一貫した形で尊重し、包含しようと試みたもの（『インテグラル理論』より）

統合的（インテグラル）とは、違いの中にある共通性を大切にすること、多様性の中にある統一性を尊重することです。フューチャーサーチにおける「コモン・グラウンド」（ツボ037）、オードリー・タンの「ざっくりとした合意」（Column4）にも通じる考え方です。興味深いのは「THE THEORY」ではなく「A THEORY」であるところです。これは決定版ではなく、ありえる「1つ」の万物の理論でしかないのです。しかも「失敗することを宿命づけられている」とウィルバーは言います。なぜなら「知識は、それを分類する方法よりも速く拡大してしまうから」です。

常に遠ざかっていく夢、虹の先端にあると言われる黄金の壺のように、決して到達できないものなのだ。（中略）優れた理論とは、「もっと優れた理論へとたどり着くまでは持ちこたえられるもの」（同書より）

それならば、なぜ不可能なことをわざわざ試みるのでしょうか。それは「少しばかりの全体性であっても、全体性がまったくないよりはマシ」だから。この、世の中の全てを統合するという壮大で、かつ必ず失敗するというあけすけな理論を象徴する言葉があります。「すべては正しいが、部分的である」。

■四象限への統合的アプローチ

図表055は世界を「個人の内面」「個人の外面」「集団の内面」「集団の外面」という4つの領域から見たものでウィルバーは単に「四象限」と名付けました。歴史上、多くの理論家たちが1つの象限にのみ焦点をあててきましたが、インテグラル理論では全ての象限に含まれるリアリティを内包しようとします。1つの象限は他の3象限と相互作用し、相互進化する、相互パターンが無数に存在し、豊かに織り合わされていると考えるのです。これを「統合的アプローチ」と言います。

次のツボ056では「個人の内面」である意識の発達段階について学びます。

A 人・組織・社会・世界の全体像を把握するための統合的なフレームワーク

図表055

四象限への統合的アプローチ

	内面 見えない・解釈	**外面** 見える・知覚
個人	美 私(I)領域 個人の主観的な「意識」 例)精神分析、現象学、内観法、瞑想的な意識状態など	それ(It)領域 真 個人を客観的、実証的に見た「科学」 例)身体の状態、生化学、神経科学的な諸要素、神経伝達物質、脳の構造、経験論、行動主義、物理学、生物学、認知科学など
集団	文化に共有されている「意識」のパターン 例)共有されている価値観、意味、知覚様式、倫理、文化的背景、文脈、解釈学的文化研究など 善 私たち(We)領域	システムを対象とした「科学」 例)システム理論、カオス理論、複雑系の科学、環境のネットワーク、技術-経済的な構造など それら(Its)領域

(ケン・ウィルバー『インテグラル理論』を元に作成)

▶ **四象限を簡略化して「自己・文化・自然」や「真・善・美」と表現することもできます** HINT

Q 人間の意識はどのように発達するのか？

■発達心理学から見えてきた意識の段階

ティール組織の元になった「発達心理学」は、人間の心や意識の発達（Development）を研究する学問分野です。ケン・ウィルバー（ツボ055）は、100名を超える研究者の導き出した発達理論を集めて整理したところ、どのモデルにも共通する、驚くほど一貫性のある特徴に気がつきました。

心の成長や発達とは、一連の段階が次々と開き出されていくこと（『インテグラル理論』より）

その段階とははしごのように直線的ではなく、流動的で螺旋状に、無限と思えるほどの多種多様な様態をとりながら次第に展開（アンフォールド）していきます。

その発達理論の1つである「スパイラル・ダイナミクス」が図表056です。クレア・グレイブスの理論をもとにドン・ベックとクリストファー・コーワンが改良し、世界中で5万人以上を対象にした調査が行われました。

■肌の色ではなく、意識の色を問題にする

スパイラル・ダイナミクスでは、段階の名前が「色」で示されています。そこに違和感を持つ方も多いかもしれませんが、こうなった理由を聞くと納得されるのではないでしょうか。

ドン・ベックとクリストファー・コーワンは南アフリカ共和国でのアパルトヘイト問題に関わり、制度撤廃に向けた議論に何度も参加していま

す。極度の緊張状態にある地域で活動するなかで2人が見出したのは、意識の名前を色にすることで「肌の色」の問題から引き離しやすくなるということでした。黒人か白人かではなくレッドの意識かブルーの意識かが問題なのです。

そして重要なのは「どんな人であっても、潜在的には、これらすべての段階を利用できる」ということです。肌の色を変えることはできませんが、意識の色を変えることはできます。ベックは「焦点となるのは、その人がどのタイプに属するかではなく、その人がどのタイプを表現しているかである」と言います。

■意識のスペクトラム

このスパイラル・ダイナミクスを元に、フレデリック・ラルーはティール組織を考えました。意識の発達段階と、組織の段階（ツボ052）はほぼ対応しています。

日本ではブラック企業、ホワイト企業とモノクロ2色で企業を表現することが多かったのですが、ティール組織以降、その表現のメッシュがカラフルで豊かになりました。これは大きな功績ではないでしょうか。

次のツボ057では「階層」について考えます。

A 一連の「段階」が次々と開かれていく

図表056

スパイラル・ダイナミクス（意識の発達段階）

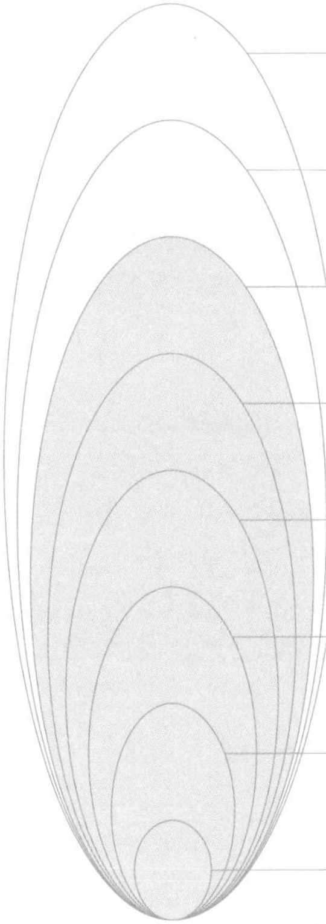

色	世界観	特徴	人口	勢力
ターコイズ 全体の眺め	全体的	シナジーを起こす、巨視的な視野からマネジメントする	0.1%	1%
イエロー（ティール） しなやかな流れ	統合的	複数のシステムを統合し、調整する	1%	5%
グリーン 人間らしい絆	多元的	内なる自己を探求する、他者を平等に扱う	10%	15%
オレンジ 努力への意欲	合理的	分析し、戦略を立て、反映する	30%	50%
ブルー（アンバー） 真理の力	神話的	目的を見つけ出す、秩序を生み出す、未来を確実なものにする	40%	30%
レッド 力のある神々	自己中心的	衝動を表現する、自由になる、強い存在になる	20%	5%
パープル 血族の精神	呪術的	神秘に包まれた世界の中で調和と安全を求める	10%	1%
ベージュ 生存の感覚	古代的	本能と生まれ持った感覚を研ぎ澄ます	0.1%	0%

（ケン・ウィルバー『インテグラル理論』を元に作成）

▶ すべての段階はそれより前の段階を「超えて含む」。発達とは包み込むことなのです　HINT

■支配型の階層への批判

意識の発達段階や、ティール組織の組織の発達段階の話を聞くと、そこにヒエラルキー（階層）を読み取って、強く反対される方がいます。これは何故でしょうか。ヒエラルキーとは「悪いもの」なのでしょうか。

図表057は意識段階（色）ごとのヒエラルキーに対する認識を整理したものです。

パープルは、そもそも形式や規則が認識されないため、階層は存在しないものとして扱われます（無階層）。そしてレッド・ブルー・オレンジは「支配型の階層」を持っています。レッドは「冷酷な力」、ブルーは「社会階級」、オレンジは「能力・成果」とそれぞれそのヒエラルキーを作る基準は異なりますが、上位階層が権力を持ち下位階層を支配する構造は同じです。

■全ての階層を否定するグリーン

この「支配型の階層」構造がもたらす害悪（奴隷制など）に気づき、反対することは、とても重要なことです。グリーンはこうした社会的抑圧を防ぐため、あらゆる「階層」を否定し、攻撃を仕掛けるという特徴を持っています（反階層）。

誰かが反-階層の立場を精力的に主張しているのを耳にしたら、大抵の場合、そこにはグリーンの段階が存在していると思って間違いない。（『インテグラル理論』より）

■成長型の階層は「ホロン」でできている

イエローとターコイズでは、再び階層が現れます。入れ子状になって上位階層が下位階層を次々と「越えて含む」この形態を「成長型の階層」と呼びます。ここで「ホロン（holon）」という哲学者アーサー・ケストラーの考えた概念を紹介します。ホロンとは、「それ自体として1つの全体だが、同時に、他の全体にとっての部分でもあるもの」です。例えば原子という全体は、分子という全体の部分であり、分子という全体は、細胞という全体の部分であり、細胞という全体は有機体（動物や植物）にとっての部分です（同じように文字・単語・文章・段落もホロン構造）。

成長型の階層はこのホロンの階層（ホラーキー）なのです。ホラーキーは近年流行した手法「ホラクラシー（ツボ79）」の語源でもあります。

「宇宙は、どこまでもホロン階層が続く」とウィルバーは言います。ホロン階層を通ることなしに、統合的・全体的な意識に至ることはできません。「発達とは、包み込むこと」です。支配型のように下位階層に冷酷になることはありません。なぜなら上位階層は下位階層を含んでおり、それ無くしては存在できないからです（原子がなくては分子は存在できない）。

次のツボ058では、どうすれば意識段階が上がるのかを考えます。

良い・悪いを超えて、階層は現実に存在する。支配型の階層と、成長型の階層は異なる

図表057

支配型の階層と実現型の階層

パープル 呪術的	レッド 自己中心的	ブルー 神話的	オレンジ 合理的	グリーン 多元的	イエロー 統合的	ターコイズ 全体的
形式や規則が認識されないため階層は存在しない	冷酷な「力の階層」が存在する（封建的帝国の基礎）	厳格な「社会的階層」が存在する（カースト制度、聖職者の位、明確な社会階級）	個人の自由と機会の平等を求める「能力の階層」が存在する（実力・成果主義）	感受性豊かな自己が、社会的抑圧を防ぐために、あらゆる階層に攻撃を仕掛ける	「入れ子状の階層」が存在する。原子と分子のように低次の階層を超えて含む	多様な段階が織り合わされて単一の意識システムを形成している

階層は認識されない

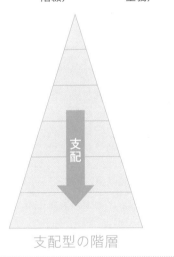

すべての階層を否定する

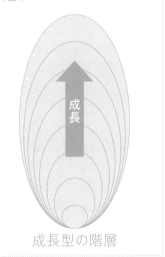

無階層	支配型の階層	反階層	成長型の階層

（ケン・ウィルバー『インテグラル理論』を元に作成）

▶ グリーンの意識レベルは、階層をすべて否定する性質を持っています　HINT

Q どうやって上の意識段階へ進むのか？

■意識が次の段階へと発達するには

ケン・ウィルバーによれば、意識は達成・不協和・洞察・自己解放によって変容し段階を上がっていきます。

①達成（fulfillment）：まず必要なのは、その段階における基本的な能力を確立して、その段階における基本的な課題を達成することです。完璧に使いこなせている必要はありません。さらに前進するため必要な程度まで、その段階の機能を果たせれば十分です。ここで課題を達成できなければ発達は、この段階に止まることになります。主観的には「その段階を十分に味わい、その段階に満足すること」です。その段階の「栄養」に飢えている人は、次の段階に目を向ける余裕はありません。

②不協和（dissonance）：現在の段階の課題を達成し、満足するようになると、次の段階が開かれるようになります。新たな段階と昔の段階の間で起こる不協和を感じ、さまざまな方向に引っ張られるのです。現在の段階に対して深い不満足を感じ、悩まされ、苛立つ、この葛藤に満ちた不協和を幾度となく感じることになります。

③洞察（insight）：現在の段階に「うんざり」してしまったときに、洞察が現れます。自分は本当は何を望んでいるのか、世界とは本当はどういうところか…。そして現在の段階を積極的に手放すことになります。

変化しようという強い意志を抱くこと、自分は変化すると強く宣言することも洞察の一種です。内省、友人との対話、心理療法、瞑想などが引き起こすことが多いのですが、ただ生きている中で「ご縁」として訪れることもあります。

④自己解放（opening）：①〜③がうまくいっていれば次の意識段階に対して自らを開くことができます。

■発達とは「自己中心性」の減少

発達とは「自己中心性が次第に減少していくこと」だとウィルバーは言います。生まれたばかりの子供は、自分自身の世界に没入しており、周囲にはほとんど気がついていません。しかし意識の成長とともに、子供は自分自身だけでなく、他者の存在に気がつきます。そしてやがて他者の立場に身を置いて考えられるようになり、包容力を身につけていくのです。

自己愛が減少し、広く深い視野を身につけて活用できるようになる、つまり発達とは「思いやり（慈悲・コンパッション）」の成長です。「私」への思いやり、そして「世の中全員」への思いやり、とその対象が広がっていくのです。

次のツボ059では「必ず上の段階に進まなければならないのか」を考えます。

図表058

意識が次の段階へ進むプロセス

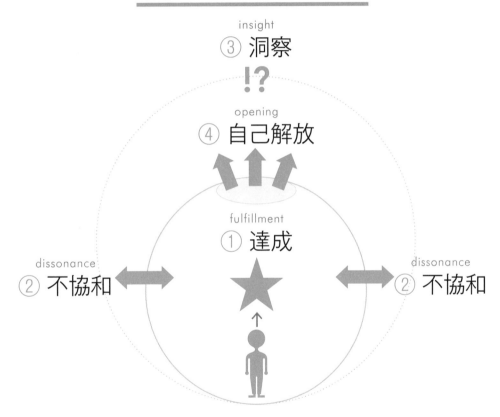

insight
③ 洞察
!?

opening
④ 自己解放

fulfillment
① 達成

dissonance
② 不協和

dissonance
② 不協和

（ケン・ウィルバー『インテグラル理論』を元に作成）

▶ 次の段階への発達とは、ひとまわり成長する、器が大きくなる、ということです

HINT

Q 必ず上の意識段階に進まなければならないのか？

■最優先指令はすべての階層の健全さ

意識の発達段階「スパイラル・ダイナミクス」（ツボ056）は、どのように活用すればよいのでしょうか。上に行くほど「思いやり」がある状態（ツボ058）なのだとすれば、人類は全員、上に向かって進み続けていくべきでしょうか。

「全ての段階には、重要な役割や機能が存在している」とケン・ウィルバーは言います。そして「超えて含む（transcend and include）」性質を持っている（ツボ057）ため、全ての段階は、次の段階の中に吸収され包含されていきます。どの段階も避けて通ることはできないのです。どの段階を貶めても、自分と社会に重大な悪影響がもたらされることになります。

「どれか特定の段階を優遇するのではなく、スパイラル全体の健全さを高めること」

これこそがインテグラル理論における統合的アプローチの最優先指令なのです。

もし仮に、地球上のすべての社会がイエロー（ティール）やターコイズのあり方を体現するようになったとしても、全ての人類は赤ちゃんからスタートします。つまり必ず1段階目から発達を始めなければならないのです。何十億という人間が、来る年も来る年も、この螺旋の中を進み続けていきます。つまり、それぞれの段階が健全であることは、全体にとって絶対的に不可欠であり、好ましい状態だということです。

■各階層の違いを受け入れる

現代の世界を変える本物の革命とは、全ての人々がイエロー（ティール）へと輝かしく移行することではなく、むしろもっと地味に、レッドやブルーやオレンジの段階が、より良い状態になること、お互いを受け入れ助け合うことなのではないでしょうか。たとえば現時点では、複数の段階をまたぐ論争はめったに解決しません。どの階層も、自分たちの主張を聞いてもらえない、理解してもらえないと感じています。

ブルー（アンバー）の秩序にとっては、レッドの衝動性もオレンジの個人主義も非常に不愉快です。オレンジの個人主義から見れば、ブルーの信心は騙されやすいカモであり、グリーンの平等主義は軟弱なエセ理論です。グリーンの平等主義にとっては、能力や価値への位置付け、階層的、権威主義的に見えるものはなんであれ受け入れるのが難しく、他の階層すべてに強く反発することになってしまいます。こういった「自己愛的態度（ナルシシズム）」に陥ってしまうと、自分以外の誰かが真実を持っていることを認められなくなり、それぞれの階層の健全さは失われていきます。「すべては正しいが、部分的である」統合的アプローチに立ち戻りましょう（ツボ055）。

次のツボ060ではティール組織のこれからを考えます。

進むことより大切なのは、各段階が健全であること

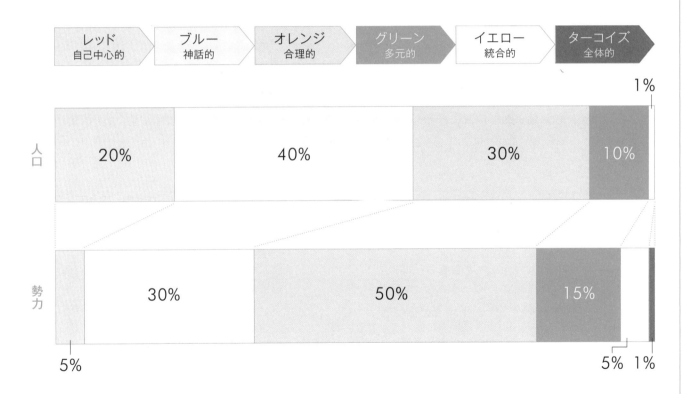

図表059

各階層の割合

レッド 自己中心的	ブルー 神話的	オレンジ 合理的	グリーン 多元的	イエロー 統合的	ターコイズ 全体的

人口
20% / 40% / 30% / 10% / 1%

勢力
5% / 30% / 50% / 15% / 5% / 1%

（ケン・ウィルバー『インテグラル理論』を元に作成。値の合計が100%になりませんが本書に従いました）

▶ 世の中の大多数の人は、ブルー（アンバー）かオレンジの意識段階なのです HINT

Q　ティール組織という考え方はこれからどうなる？

■仮面を外し人間を取り戻せ『ティール』

　日本で2018年1月に出版された『ティール組織』は10万部を超えたベストセラーとなりました（2021年時点）。この背景には現在の組織への不満・行き詰まり感から「希望」を感じたい人々の想いがあったものと思われます（ツボ051）。

　「役割の仮面を外し人間を取り戻せ」というティールは、はたして日本の組織を救ったのでしょうか？

100のツボ
060

■仮面を被り感情は横に置け『識学』

　その約3年後の2020年11月、株式会社識学の代表取締役 安藤広大が執筆した『リーダーの仮面』が出版されました。独自の組織論である『識学』の考え方を紹介したこの書籍は、そのタイトルのとおり「リーダーは役割の仮面を被り、感情は横に置け」という内容で、ティールとはまるで逆の主張のように読めます。

　興味深いことに、この書籍もベストセラーとなりました。部数はティールの倍の20万部（2021年8月時点）。識学を導入した企業は2,000社です。

　ティールにおける「組織のパラダイム」と、識学の「5つのポイント」を比較すると、主に「オレンジ達成型組織」における方法論を識学では扱っていることがわかります（図表060）。

　安藤広大はこう言います。

　昨今、ティール組織やホラクラシー組織など、新しい組織の概念が流行しました。しかし、それらを今の会社組織のまま当てはめると危険です。ある人の体に、別の血液型の人の血液を入れると、体は拒絶反応を示し、死んでしまいます。それと同様に、ピラミッド組織には「ピラミッド組織に合ったマネジメント法」を導入する必要があります。完璧なピラミッドの下では、滞りなくビジネスが回ります。（『リーダーの仮面』より）

■オレンジを超えるか、オレンジで勝つか

　多くの企業がオレンジ達成型であり、苦しんでいるという現状に対して、オレンジより上の段階（グリーンやティール）があるという希望を示したものがティール組織でしたが、オレンジとしての勝ち方を示したものが識学であると言えそうです。

　2020年コロナ禍の混乱の中で、多くの人がオレンジとしてまずは勝たねばならないと考え、識学が求められたのかもしれません。ティール組織を読んだ方からは「理想的だけど現実には難しい」という声もよく聞きます。さて、組織は本当にオレンジからグリーン、そしてティールに進むことはできるのでしょうか？

　次のChapter7.では、オレンジ組織として勝ち続け、偉大な企業になる方法を説いた「ビジョナリーカンパニー」を、そしてChapter8.ではグリーンとして活躍してティールを目指したザッポス社を見ていきます。

理想論として扱われることもあるが、段階を指し示して組織の可能性を拓いていく

図表060

ティール組織と識学の比較

『ティール組織』のパラダイム
協働に関するブレイクスルーによって組織は飛躍してきた

『識学』5つのポイント
リーダーは「仮面」を被り冷静に淡々と成果を出すこと

ティール 進化型 個人と集団の解放・自我の手放し・内なる心・全体性の希求	**ルール** 場の空気ではなく言語化されたルールを作る
グリーン 多元型 ポストモダン・非営利団体・コミュニティ・家族・全員の幸せ サーバントリーダー・権限委譲・価値観の文化・混乱・合意の失敗	**位置** 対等ではなく上下の立場からコミュニケーションする
オレンジ 達成型 近代・科学・産業革命・探究・時計仕掛け・MBA・組織設計 革新と最適化・知性と創造力・説明責任・実力主義	**利益** 人間的な魅力ではなく、利益の有無で人を動かす
アンバー 順応型 カースト・階層・不変のルールに従う・共通の信念・罰と恥・大人 安定性と確実性・役割・儀式・再現可能なプロセス・安定した組織図	**結果** プロセスを評価するのではなく、結果だけを見る
レッド 衝動型 忠誠心と恐怖心によるマネジメント・分業・トップダウンの権力構造 常に不安定・構造やプロセスには無頓着・英雄的な開拓者精神	**成長** 目の前の成果ではなく、未来の成長を選ぶ

（フレデリック・ラルー『ティール組織』と安藤広大『リーダーの仮面』を元に作成）

▶ ほとんどの組織はオレンジです。まずしっかりとそこで勝つことも当然大切です　　*HINT*

まとめ

　Chapter6.のまとめとしてツボ051〜060のQ&Aを一覧としています（右表）。

　また、人事担当者、管理職（マネジャー）、経営者、組織で働く人それぞれに向けてこの「ティール組織」でお伝えしたいメッセージを記載しています。

人事担当者の方へ

　人事担当者の方にこのChapterで最も学んで欲しいのは「インテグラル理論」です。ティール組織は実践家であるフレデリック・ラルーの唱えた1つの理想像です。人を生かして事をなす専門家である人事担当者には、その背景にある骨太な理論をしっかり捉えていただきたいと思います。特に意識の変容がどうやって起こるのか、それぞれの意識段階の人の特徴を知った上で、人と組織に関わることはとても有用だと感じます。

管理職（マネジャー）の方へ

　管理職（マネジャー）の方に一番学んで欲しいのは、自社の組織がどの段階であるのか、そしてその中で自分のチームはどの段階を目指すのか、という自覚です。組織はリーダーの器（意識レベル）以上にはなりません。あなたがグリーンであればチームはティールにはなれません。そして「超えて含む」構造である以上、会社がオレンジであれば、あなたのチームだけがグリーンを目指しても、受け入れてもらえないのです。

経営者の方へ

　経営者の方は、まずあなた自身の意識レベルを捉えてください。組織はあなたの意識レベルと同じ段階までしか上がりません。あなたがオレンジなのに、組織を仕組みによってティールにすることはできないのです。つまり、会社の発達段階を上げるためには、あなた自身の意識の段階を上げて器を広げる必要がある、ということです。

組織で働く方へ

　組織に不安や不満を持った人が『ティール組織』を読むことで何かの兆しを感じ、そこに希望を持つことはとても素晴らしいことです。しかしその時に、この必須条件を忘れないで欲しいのです「トップリーダーがティールの意識レベルでなければティール組織にはならない」。人類のほとんどはブルー（アンバー）かオレンジの意識レベルであり、企業の多くはオレンジ組織です。その現実も踏まえた上で、自分の理想とする組織を求めるのか、オレンジ組織として健全な状態を目指すのか、考えてみることもまた必要でしょう。

　次のChapter7.では、オレンジ達成型組織として勝ち続ける「ビジョナリーカンパニー」について学びます。

100の ツボ	Q	A
051	ティール組織とは何か？	組織は段階的そして飛躍的に進化するという考え方、およびその進化している組織のこと
052	組織はどのように発達するのか？	レッド・アンバー・オレンジ・グリーン・ティールと段階的に発達する
053	ティール組織の特徴は？	「自主経営」「全体性」「進化する目的」
054	ティール組織は実際に出現しているのか？	12組織が発見されている
055	インテグラル理論とは何か？	人・組織・社会・世界の全体像を把握するための統合的なフレームワーク
056	人間の意識はどのように発達するのか？	一連の「段階」が次々と開かれていく
057	ヒエラルキー（階層）とは悪いものか？	良い・悪いを超えて、階層は現実に存在する。支配型の階層と、成長型の階層は異なる
058	どうやって上の意識段階へ進むのか？	達成・不協和・洞察・自己解放のプロセスで進む
059	必ず上の意識段階に進まなければならないのか？	進むことより大切なのは、各段階が健全であること
060	ティール組織という考え方はこれからどうなる？	理想論として扱われることもあるが、段階を指し示して組織の可能性を拓いていく

次の1歩

ティール組織について、
さらに1歩踏み出して学びたい方へおすすめの書籍をご紹介します。

イラスト解説 ティール組織

フレデリック・ラルー 著
技術評論社／2018年

難易度 🌶

イラストを中心にした『ティール組織』の簡易版解説書です。分厚く文字ばかりの本体を手に取るのは、勇気といくらかの筋力が必要ですが、このイラスト版なら手軽にめくることができます。私も本体に取り掛かる下準備として、ざっくりと理解するために活用しました。また訳者あとがきに『インテグラル理論』（ツボ055）『知識創造企業』（ツボ091）との比較があり、ここだけでも読む価値のある一冊です。

インテグラル理論

ケン・ウィルバー 著
日本能率協会マネジメントセンター／2019年

難易度 🌶🌶🌶

『ティール組織』がラルーというコンサルタントの実践書だとすれば、『インテグラル理論』は思想家であるウィルバーの哲学書です。『ティール組織』を読んで面白かった方、もしくは少し物足りなかった方は、ぜひこちらに潜ってください。この書籍は、私にとって、この数年で一番大切な出会いとなりました。

万物の歴史

ケン・ウィルバー 著
春秋社／2020年

難易度 🌶🌶🌶

『インテグラル理論』の内容を対話（インタビュー）形式で記載した本です。こちらのほうが入門書としては読みやすいかもしれません。あわせて読むことで理解が数倍深くなります。

社員をサーフィンに行かせよう

イヴォン・シュイナード 著
ダイヤモンド社／2017年

難易度 🌶

アウトドアブランド「パタゴニア」の創業者イヴォン・シュイナードが書いた、自社の経営哲学の本です。パタゴニアのミッション・ステートメントは「環境に与える不必要な悪影響を最小限に抑える。ビジネスを手段として環境に警鐘を鳴らし、解決に向けて実行する」。現存するティール組織の事例です。

管理なしで組織を育てる

武井浩三 著
大和書房／2019年

難易度 🌶🌶

不動産テックカンパニー「ダイヤモンドメディア」の創業者 武井浩三による、組織づくりと働き方の本です。日本企業のティール組織事例は少ないため、とても貴重な一冊です。

リーダーの仮面

安藤広大 著
ダイヤモンド社／2020年

難易度 🌶

「識学」というティール組織とは真逆（に読める）な主張をしてベストセラーとなったビジネス書です（ツボ060）。オレンジまたはアンバー組織として、環境変化の少ない中で短期的に勝利をおさめる方法を学ぶことができます。ティール組織と比較することで、双方の価値を知ることができる、時代を象徴した本だと言えます。

ティール組織やインテグラル理論における意識発達の構造と、よく似たものが千年前の東洋にあります。それは禅の「十牛図」、とても面白いので紹介させてください。中国北宋時代の臨済宗の禅僧である廓庵（かくあん）によって描かれた10枚の絵は、迷いの世界の苦しみから逃れる方法、つまり悟りに至るプロセスを示したものだと言われています。私の解釈では、これは昔の「自己啓発本」です（しかも、わかりやすい漫画版）。

まず初めの6枚は、主人公が牛を追いかけて捕まえるという内容です。

1.尋牛：牛を探し始める。2.見跡：牛の足跡に気がつく。3.見牛：牛の後ろ姿を見つける。4.得牛：牛を捕まえておさえつける。5.牧牛：牛を飼いならす。6.騎牛帰家：牛の背中に乗って家に帰る。

そしてここで急展開です。なんと7枚目では、牛が消えてしまいます。

7.忘牛存人：家に帰ったら牛のことをすっかり忘れている。

これはどういうことでしょうか？ オレンジの意識段階として解釈してみましょう。牛を得るという目標を合理的に達成するプロセスを経て、その達成された目標自体はすでに味わい尽くされ、もう必要がなくなっているため牛は消えたのです。そして、8枚目はさらに驚愕です。

8.人牛倶忘：牛も人もいなくなる。

なんと牛だけでなく主人公もいなくなり、真っ白です。絵の縁にあった丸い枠線だけが残り「円」になっています。「円相」「空」と言われる絵です。これは意識発達として捉えると、枠組みに気がつく「洞察」と言えるでしょう。

9枚目はオレンジ合理的な意識からグリーン多元的な意識への自己解放、そして10枚目はティール（イエロー）における新旧意識の統合を表しているように、私は解釈しました。ぜひ皆さんも、あれこれと解釈を巡らせてみてください。

Chapter 7.

ビジョナリーカンパニー

Chapter7.ではオレンジ達成型として勝ち続ける組織モデル「ビジョナリーカンパニー」について学びましょう。

■累計1,000万部以上売れたベストセラー

『ビジョナリーカンパニー』は卓越した企業について調査研究し、その特徴・成立・衰退などについて示した書籍シリーズです。

1994年から2020年までに4冊が出版され、世界各国での累計部数は1,000万部を超えました。Amazon創業者のジェフ・ベゾス、鴻海精密工業創業者のテリー・ゴウ、日本では楽天創業者の三木谷浩史、サイバーエージェント創業者の藤田晋をはじめ多くの経営者が愛読書として挙げています。2021年には新刊『ビジョナリーカンパニーZERO』も出版されました。

■偉大な企業ビジョナリーカンパニー

研究対象となっている企業は、「業界で卓越した企業である」「見識ある経営者や企業幹部の間で広く尊敬されている」「社会に消えることのない足跡を残している」「最高経営責任者が世代交代している」などの条件に照らして抽出されています。

そして業績の良い企業と悪い企業という比較ではなく、偉大な企業と優良な企業の違いについて明確にしているところが本シリーズの特徴といえ

ます（ツボ062）。

■著者ジム・コリンズについて

世界最高の経営思想家とも言われるジム・コリンズ（James C. Collins）は、1958年米国コロラド州オーロラ市生まれ。スタンフォード大学でMBAを取得したあと、経営コンサルティングのマッキンゼーに入社します。1982年にはトム・ピーターズとロバート・ウォータマンたちマッキンゼーコンサルタントによる名著『エクセレント・カンパニー』の制作に研究員として参加しています。

自身の企業での経験、コンサルタントとしての経験、そしてスタンフォードでの6年間の研究成果をまとめたものが『ビジョナリーカンパニー』となりました。

コリンズはピーター・F・ドラッカーから強い影響をうけており「この世にあって何がしかの責任を担う者であるならば、ドラッカーとは、いま読むべきものである。明日読むべきものである。10年後、50年後、100年後にも読むべきものである」と述べています。

次のツボ062では、ビジョナリーカンパニーを構成する要素を見ていきましょう。

図表061

ビジョナリーカンパニー

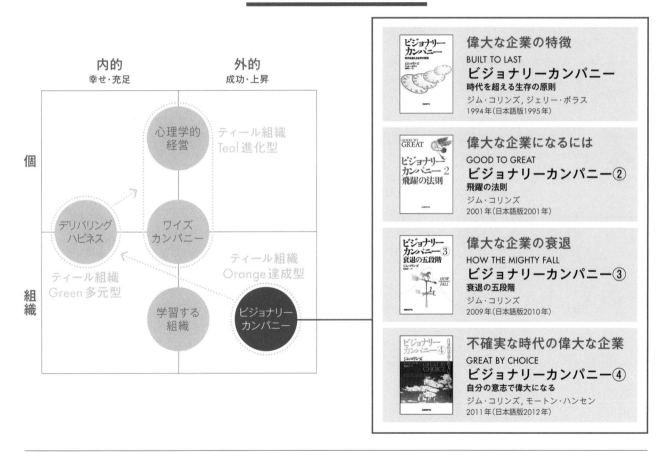

内的
幸せ・充足

外的
成功・上昇

個

組織

心理学的経営

ティール組織
Teal進化型

デリバリング
ハピネス

ワイズ
カンパニー

ティール組織
Green多元型

ティール組織
Orange達成型

学習する
組織

ビジョナリー
カンパニー

偉大な企業の特徴
BUILT TO LAST
ビジョナリーカンパニー
時代を超える生存の原則
ジム・コリンズ, ジェリー・ポラス
1994年(日本語版1995年)

偉大な企業になるには
GOOD TO GREAT
ビジョナリーカンパニー②
飛躍の法則
ジム・コリンズ
2001年(日本語版2001年)

偉大な企業の衰退
HOW THE MIGHTY FALL
ビジョナリーカンパニー③
衰退の五段階
ジム・コリンズ
2009年(日本語版2010年)

不確実な時代の偉大な企業
GREAT BY CHOICE
ビジョナリーカンパニー④
自分の意志で偉大になる
ジム・コリンズ, モートン・ハンセン
2011年(日本語版2012年)

▶日本では2000年代前半のベンチャーブームと相まってベストセラーになりました *HINT*

『ビジョナリーカンパニー』（以下VC）①〜④はそれぞれ異なるテーマが設定されており、調査の対象企業もその都度選定されています。

■ VC① 偉大な企業の特徴

VC①では「偉大な企業」と「優良企業」を比較して、ビジョナリーカンパニーの特徴を明らかにしています。

その特徴とは「製品や戦略をつくる（時を告げる）のではなく、卓越した組織（時計）をつくる」ことです。そして卓越した組織をつくるために「基本理念を維持する」と「進歩を促す」という両極の価値観を同時に追求していました。そのための具体的な方法論は5つ。「社運をかけた大胆な目標」「カルトのような文化」「大量に試してうまくいったものを残す」「生え抜きの経営陣」「決して満足しない」です（ツボ063・064）。

■ VC② 偉大な企業になるには

VC②では「優良企業から偉大になった企業」と「優良にとどまった企業」を比較することで、どうすれば偉大な企業へと飛躍できるのかを明らかにしています。

飛躍した企業は、静かに「弾み車」を回すように原則に従ってじっくり進んでいました。原則は6つ「野心は会社のために」「誰をバスに乗せるか」「ストックデールの逆説」「針鼠の概念」「規律の文化」「促進剤としての技術」です（ツボ065・066）。

■ VC③ 偉大な企業の衰退

VC③では「偉大から衰退した企業」と「偉大であり続けている企業」を比較することで、衰退のプロセスとその予防について明らかにしています。

衰退の五段階「成功から生まれる傲慢」「規律なき拡大路線」「リスクと問題の否認」「一発逆転策の追究」「屈服と凡庸な企業への転落か消滅」の特徴と、各段階における対策が示されています（ツボ067）。

■ VC④ 不確実な時代の偉大な企業

「不確実な時代における偉大な企業」と「不確実な時代における優良企業」の比較から、不確実な時代のビジョナリーカンパニーの条件と特徴を明らかにしています。具体的には「10X型リーダー」「20マイル行進」「銃撃に続いて大砲発射」「死線を避けるリーダーシップ」など、VC①〜③の概念に加えて不確実な時代により際立って求められる特徴が示されています（ツボ068）。

ツボ063〜068にて、それぞれ詳細に見ていきましょう。まず次のツボ063はVC①偉大な企業の特徴です。

100 の ツ ボ
062

図表062

『ビジョナリーカンパニー』シリーズの構成

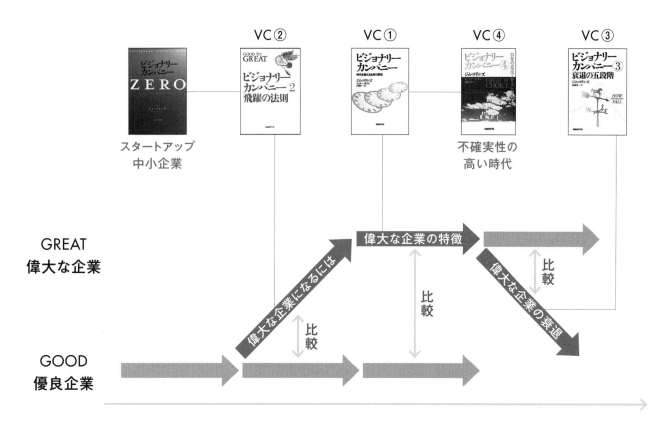

▶ 新刊『ビジョナリーカンパニーZERO』はスタートアップが偉大になるための本です

Q 偉大な企業の特徴は？

■偉大な企業とは？

書籍『ビジョナリーカンパニー』では、偉大な企業を以下のように定義しました。

業界で卓越した企業である、見識ある経営者や企業幹部の間で広く尊敬されている、社会に消えることのない足跡を残している、最高経営責任者が世代交代している、当初の主力商品のライフサイクルを超えて繁栄している、1950年以前に設立されている。

具体的には以下の18社が選出されました。

3M、アメリカン・エキスプレス、ボーイング、シティコープ、フォード、GE、ヒューレット・パッカード、IBM、ジョンソン＆ジョンソン、マリオット、メルク、モトローラ、ノードストローム、P&G、フィリップ・モリス、ソニー、ウォルマート、ウォルト・ディズニー。

■時を告げるのではなく、時計をつくる

偉大な企業たちは「時を告げるのではなく、時計をつくる」経営哲学のもと、素晴らしい商品や優れた戦略（時）をつくること以上に、卓越した組織（時計）をつくることを重視していました。

これはすなわち、戦略は組織に優先するという戦略志向ではなく、組織は戦略に優先するという組織志向を重視するという傾向を示しています。

偉大な企業を創るためには、草創期の経営者は「時を告げる人」として、素晴らしいアイデアや素晴らしいビジョンのもとに力強く人々を導いていくのではなく、「時計をつくる人」として、卓越した組織をつくることに最大限の情熱を注ぐことが求められていたのです。これは「学習する組織」の組織の設計者（ツボ049）とも通じています。

■基本理念を維持しながら、進歩を促す

ビジョナリーカンパニーでは「基本理念を維持しながら、進歩を促す」という特徴を備えた組織こそ、卓越した組織であると考えます。つまり偉大な企業を築くためには、「時代を超えて基本理念を維持すること」と「時代に応じて進歩すること」という両極の価値観を、同時追求する組織をつくることが重要となります。

この両極の価値観を同時追求する能力のことを、いずれか一方の価値観を選択する「ORの抑圧」という概念と対比して、「ANDの才能」と呼びます。

次のツボ064では、偉大な企業を築くための具体的な方法を確認します。

製品や戦略をつくる（時を告げる）のではなく、
卓越した組織（時計）をつくる

図表063

偉大な企業の特徴

時を告げるのではなく
時計をつくる

素晴らしい商品や優れた戦略（時）を
つくること以上に、卓越した組織（時
計）をつくることを重視する

基本理念を維持しながら
進歩を促す

「時代を超えて基本理念を維持するこ
と」と「時代に応じて進歩すること」と
いう両極の価値観を同時追求する

（ジム・コリンズ，ジェリー・ポラス『ビジョナリーカンパニー』を元に作成）

▶偉大さは、両極を同時実現する「ANDの才能」によって育まれます　HINT

Q 偉大な企業を築くためには？

■具体的な5つの方法論

　偉大な企業を築くためには「基本理念を維持」しながら同時に「進歩を促す組織づくり」を行うことが重要です（ツボ063）。

　そのための具体的な方法論は以下の5つです。

　①社運をかけた大胆な目標BHAG：偉大な企業は、絶え間ない進歩を促すために、社運をかけた大胆な目標「BHAG（Big Hairy Audacious Goals）」を掲げます。これがあることで、従業員は迷うことなく挑戦的な目標の達成に向けた意欲的な行動をとることができるようになります。

　②カルトのような文化：偉大な企業は、従業員に対して、自社独自の基本理念に基づいた一貫したシグナルを送り続けることで、ときにカルト的とも呼ばれるほどの求心力を備えた文化を醸成します。ここで「カルトのような文化」は、従業員の自社への高い帰属意識を育み、一体感のある組織活動を推進していくことに貢献します。

　③大量に試してうまくいったものを残す：偉大な企業は「大量のものを試して、うまくいったものを残す」という良質な試行錯誤のプロセスを意識的に育みます。一例としては、従業員の自主的な創意工夫を奨励する人事制度の構築などがあげられます。

　④生え抜きの経営陣：偉大な企業は、社外から招くのではなく社内登用を通じた「生え抜きの経

営陣」を重視します。そうすることで、時代を超えて自社独自の基本理念を継承し、経営の継続性が保たれることを大事にします。

　⑤決して満足しない：偉大な企業は、現状に安住することなく、不断の改善を追い求めていくための実効的な仕組みの構築を目指します。環境変化に適応し、持続的な成長を実現していくうえでは、自己満足が最大の敵となると考えているためです。

■最も重要なのは一貫性

　これらを進めていくにあたり、最も重要となるのは「一貫性」です。すべての部分が協力しあい、整合して経営哲学に向かっている状態のことです。

> ビジョナリー・カンパニーの真髄は、基本理念と進歩への意欲を、組織のすみずみにまで浸透させていることにある。（中略）一貫した職場環境をつくりあげ、相互に矛盾がなく、相互に補強し合う大量のシグナルを送って、会社の理念と理想を誤解することはまずできないようにしている。（『ビジョナリーカンパニー』より）

　次のツボ065では『ビジョナリーカンパニー②』の内容から、優良企業が偉大な企業になるための方法を学びます。

100のツボ
064

図表064

5つの方法論

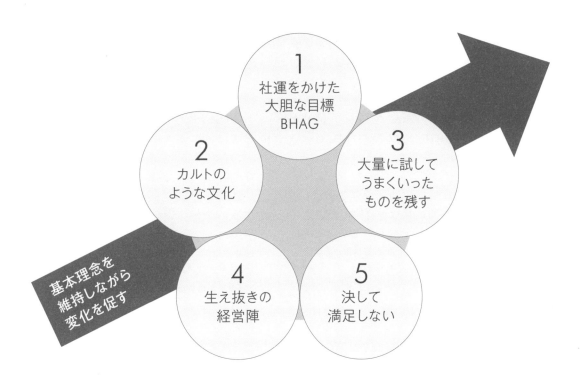

1 社運をかけた大胆な目標 BHAG

2 カルトのような文化

3 大量に試してうまくいったものを残す

4 生え抜きの経営陣

5 決して満足しない

基本理念を維持しながら変化を促す

（ジム・コリンズ , ジェリー・ポラス『ビジョナリーカンパニー』を元に作成）

▶ 偉大さは、経営哲学が企業の動きのすべてに浸透している「一貫性」から生まれます

HINT

Q 優良企業が偉大な企業になるためには？

■ GOODはGREATの敵である

「偉大な企業の特徴やそれを維持する方法論はわかった、しかしそれだけでは良好な企業がそこそこの状態を抜け出し『飛躍する』ための方法がわからない」

『ビジョナリーカンパニー』を書き終えたジム・コリンズは、こんな批判をうけて考えました。たしかに偉大な企業がめったに存在しないのは、ほとんどの企業がそこそこ良い状態から抜け出せないからなのです。優良（GOOD）は偉大（GREAT）の敵です。GOODから抜け出しGREATになるにはどうすれば良いのか？

そうして生まれた『ビジョナリーカンパニー②飛躍の法則』では優良な実績から偉大な実績に飛躍を遂げ、その実績を15年以上維持した企業を選出しました。次に飛躍を遂げられなかった優良企業を選び、それらを比較して、偉大な企業になる「飛躍の法則」を探し出しました。

■ 飛躍は「弾み車」のように進む

そしてわかったのは、偉大な企業への飛躍は、結果を見ればどれほど劇的なものであっても「一挙に達成される」ことはない、ということでした。特別で決定的なやり方もなければ、奇跡の瞬間もありません。

それは、巨大で重い「弾み車」に似ていました。はじめは重くてほとんど回らないのですが、ひた

すら押し続けていると、次第に勢いがついていき、いつしか考えられないほど回転が速くなっているのです。

飛躍した企業は、その転換となった取り組みに特別な名前をつけていませんでした。開始の式典や標語のようなものもなく、特別なことをやっているという認識すらありません。

革命や、劇的な改革や、痛みを伴う大リストラに取り組む指導者は、ほぼ例外なく偉大な企業への飛躍を達成できない。（ジム・コリンズ『ビジョナリーカンパニー②』より）

また、飛躍した企業は大きな目標を公表していない場合が多く、まずはそっと静かに弾み車を回しはじめています。派手な宣伝や、従業員を動機付けるような試みを行っていないのです。

偉大な企業クローガーの経営者ジム・ヘリングはインタビューでこう答えています。「みなが確認できるような形で、実績を示していった。1つの段階を成功させてからつぎの段階に移るように計画をたてた。こうして、従業員の大多数が言葉によってではなく、成功ぶりをみて計画の正しさを確認できるようにした」

掛け声ではなく、実績で弾み車を回していったのです。

それでは、次のツボ066で弾み車を回す「原則」を学んでいきましょう。

A 地道な成果によって、静かに「弾み車」を回し続ける

図表065

飛躍は「弾み車」のように

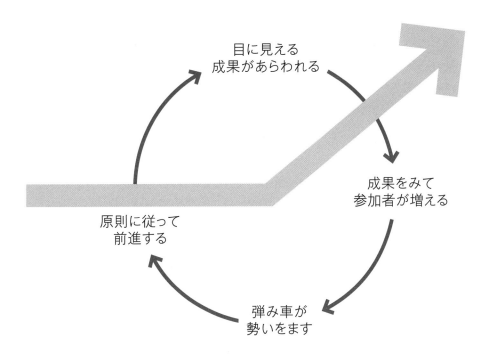

目に見える
成果があらわれる

成果をみて
参加者が増える

原則に従って
前進する

弾み車が
勢いをます

（ジム・コリンズ『ビジョナリーカンパニー②』を元に作成）

▶「掛け声」ではなく原則に従った地道な「成果」によって参加者を巻き込んでいきます　　HINT

Q 偉大な企業に飛躍するための原則は？

■「誰がやるか」が最重要

『ビジョナリーカンパニー②飛躍の法則』では、GOOD（優良企業）がGREAT（偉大な企業）に飛躍するための成功原則を明らかにしています。

比較対象となった優良企業は「一人の天才を千人で支える」方式をとっていました。天才的な指導者がビジョンを確立し、それを実現する有能な兵士を集めるのです。一方で、偉大な企業は異なりました。偉大な企業へ飛躍させるリーダーは天才的な指導者ではなく、何をやるか（事）の前に、誰とやるか（人）を最も重視していたのです。

■6つの成功原則

①野心は会社のために：飛躍した企業のリーダーは「個人としての謙虚さ」と「職業人としての不屈の精神」という相反する特性を持っています。野心は自分ではなく会社に向けられていて、さらに偉大になるように後継者を選んでいます。

②誰をバスに乗せるか：そのリーダーは、まず最初に適切な人をバスに乗せ（採用）、不適切な人をバスから降ろし（代謝）、適切な人がふさわしい席に座って（配属）からどこに向かうかを決めています。採用も配置も、冷酷なのではなく、超厳格です。ちょっとでも疑問があったら採用せずに人材を探し続けます。

③ストックデールの逆説：飛躍した企業は「どんな困難にも必ず勝てると確信する」と「極めて厳しい現実を直視する」という相反する性質をあわせて持っていました（ANDの才能、ツボ063）。ストックデール将軍が、この性質によってベトナム戦争での捕虜収容所の中で8年を生き抜いたことから、こう命名されました。

④針鼠の概念：飛躍した企業は、とてもシンプルな戦い方をしていました。「情熱をもって取り組める」「経済的原動力となる」「世界一になれる」という3つを満たす点を理解し、そこに経営資源を集中的に投入しているのです。針鼠は丸くなってやり過ごすというシンプルな戦い方をするためこう名付けられました。

⑤規律の文化：飛躍した企業は「規律の文化（A Culture of Discipline.）」をもっていました。ここで重要なのは規律自体ではなくその「文化」があることです。つまり自ら規律を守る人を集め、その人たちが徹底的に考えて針鼠の概念に沿った規律を作り、規律ある行動をとる、という順番です。無理やり管理して規律を守らせることは「無能の証明」だとコリンズは切り捨てています。

⑥促進剤としての技術：飛躍した企業は、針鼠の概念に直接適合する技術については先駆者となりますが、それ以外の技術は重視しません。

次のツボ067では『ビジョナリーカンパニー③』から、偉大な企業が衰退する要因を学びます。

A 何をやるか（事）よりも前に、誰がやるか（人）を重視する

図表066

6つの成功原則

適切な人を集める

①野心は会社のために
「個人としての謙虚さ」と「職業人としての不屈の精神」を両立したリーダー

②誰をバスに乗せるか
適切な人をバスを乗せ、不適切な人をバスから降ろし、適切な人がふさわしい席に座る

その人たちで徹底的に考える

③ストックデールの逆説
「どんな困難にも必ず勝てると確信する」そして「極めて厳しい現実を直視する」

④針鼠の概念
「情熱をもって取り組める」「経済的原動力となる」「世界一になれる」3つを満たすシンプルな戦略

針鼠の概念に従って実行する

⑤規律の文化
自ら規律を守る人を集め、その人たちが徹底的に考えて針鼠の概念に沿った規律を作り、規律ある行動をとる

⑥促進剤としての技術
針鼠の概念に直接適合する技術については先駆者となり、それ以外の技術については重視しない

（ジム・コリンズ『ビジョナリーカンパニー②』を元に作成）

▶偉大さへの歩みに近道はありません。適切な人を集めることからはじまります

HINT

Q 偉大な企業が衰退するのはなぜか？

■衰退の原因は「原則」から外れたこと

『ビジョナリーカンパニー③衰退の五段階』では、偉大な企業が、どうやって衰退していくのか、どうすれば予防できるのかを明らかにしています。

衰退は、ビジネスがうまくいかず受注が減少することから起きるのではありませんでした。むしろ仕事が増加した結果、その変化に過剰適応して成功原則（ツボ066）から逸脱してしまうことが原因でした。次の5段階で構成される衰退の兆候を早期に察知し、土台となる成功原則との一貫性を保ちながら、適切に対応することで衰退は避けることができます。

■衰退の5段階

①成功から生まれる傲慢：経営者が慢心して「成功は当然だ」と考え、本業が成功している背景を軽んじると、好奇心や学習意欲が低下して変化を拒否するようになります。それが第1段階の兆候です。ここでの対策は「窓と鏡」の思考様式です。成功しているときは窓の外を見て外部環境や運のおかげであることを思い出し、失敗したら鏡を見て内省しましょう。

②規律なき拡大路線：適切な人材を集める速さより速いペースで企業を成長させようとして、不適切な人材を主要ポストにつけてしまう、その欠陥を補うため官僚的な手続きが横行し、規律が破壊されていく、それが第2段階の兆候です。

著名な指導者が引退した後に加速する傾向があります。ここでの対策は、一人の英雄的な指導者に頼らない体制を築くこと、誰をバスに乗せるか（ツボ066）を徹底し主要なポストに適切な人材を配置することです。

③リスクと問題の否認：規律がなくなった企業は、リスクと問題を否認するようになります。経営に届くデータが悪化し、組織再編が主戦略として用いられるようになると第3段階です。ここでの対策は、直接観察し実験を重ね具体的な事実と向き合うことです（実証的創造力、ツボ068）。

④一発逆転策の追究：成長の後退に反応し始めます。一発逆転できる博打のような「特効薬」を追究し、カリスマ経営者への期待、新技術、大型買収などを行うようになると第4段階の兆候です。一時的に業績は回復しますが長くは続きません。ここでの対策は、内部CEOを登用し、不要なことをやめて針鼠の概念（ツボ066）に従った本業に回帰することです。

⑤屈服と凡庸な企業への転落か消滅：第5段階には2つの形態があります。「屈服した方が良いと考える」「選択肢が尽きて企業が完全に死に絶えるか縮小する」。もう後戻りはできません。

次のツボ068では『ビジョナリーカンパニー④』の内容から、カオスな時代の偉大な企業の特徴を学びます。

A 偉大さの基盤となる「原則」から逸脱したため

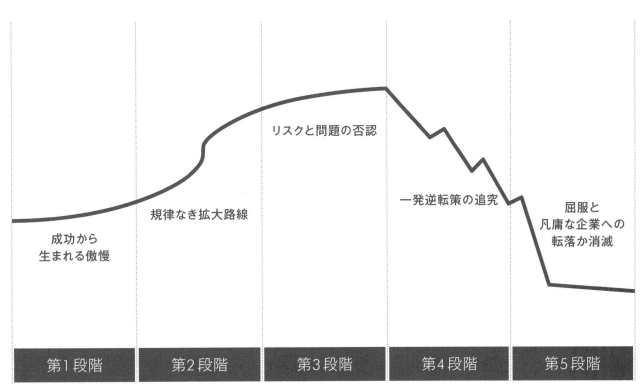

図表067
衰退の5段階

リスクと問題の否認

規律なき拡大路線

成功から
生まれる傲慢

一発逆転策の追究

屈服と
凡庸な企業への
転落か消滅

| 第1段階 | 第2段階 | 第3段階 | 第4段階 | 第5段階 |

（ジム・コリンズ『ビジョナリーカンパニー②』を元に作成）

▶衰退の原因は「人」に起因しているため、「人」によって回復することも可能です　　HINT

カオスな時代に飛躍する企業の特徴は？

不確実なカオスの時代においても躍進し成長し続ける企業の特徴はなんでしょうか？『ビジョナリーカンパニー④』では、厳しい経営環境の中で業界平均の10倍を上回る成長（株価上昇と配当金）を遂げた企業を10倍型企業と名付けて調査し、その特徴を『10X型リーダー（10倍型リーダーと読む）』にあるとしています。

■ 狂信的規律　ー20マイル行進

10X型リーダーは徹底した「行動の一貫性」を示します。長い時間を経ても行動がブレず、偏執狂のように目標に向かって突き進みます。その規律は、集団心理や社会的圧力に左右されず、自ら設定した目標に向けて一貫して進むことです。

長期にわたって並外れた一貫性で「工程表に準拠して」好調なときも不調なときも必ず一定のペースで進み続けることから、毎日20マイルを着実に歩いてアメリカ横断3000マイルを達成した逸話になぞらえて「20マイル行進」と呼ばれます。

■ 実証的創造力　ー銃撃に続いて大砲発射

不確実な状況に直面したとき、10X型リーダーは科学的に実証できる根拠を頼りにします。直接観察し実験を重ね具体的な事実と向き合います。その実証されたデータ分析をもとにして大胆な対策を打ち出すと同時にリスクも制御しています。

まずは低コスト・低リスクで影響の少ない実証的テストを「銃撃」として行います。そして実際に何が有効なのかを検証してから経営資源を集中させた「大砲」を発射します。

■ 建設的パラノイア　ー死戦を避ける

10X型リーダーは警戒心や不安をテコに行動しています。最悪のシナリオを想定して日頃から準備を怠りません。そうすることで完全に運に見放されてもリスクを最小にでき、創造的な仕事を継続できるのです。10X型リーダーは成功したときには「幸運に恵まれた」と言いますが、失敗しても「運が悪かった」とは言いません。不運に襲われることは前提なのです（窓と鏡の思考様式、ツボ066）。

■ レベルファイブ野心　ー自らの意志

10X型リーダーのエゴは自分の利益ではなく大義に振り向けられています。やる気を起こす原動力は、自己を超越した大義を達成したり、偉大な企業を育てる情熱です。偉大なリーダーは勝利と同じくらい価値観にこだわり、利益と同じくらい目的に執着し、成功するのと同じくらい役立つことに注力するのです（野心は会社のために、ツボ066）。

次のツボ069では、日本版ビジョナリーカンパニーと呼ばれる『日本の持続的成長企業』について学びます。

100 の ツ ボ
068

狂信的規律、実証的創造力、建設的パラノイア、大義に向かう野心、を持ったリーダーの存在

図表068

10X型リーダー

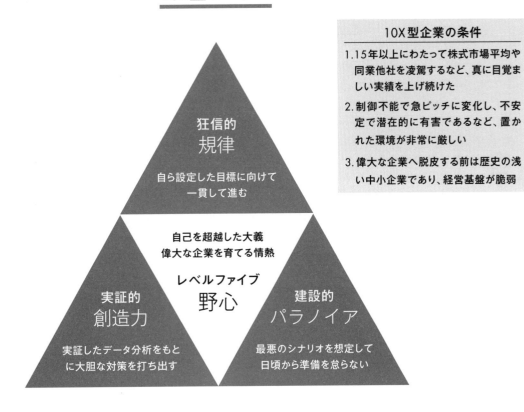

10X型企業の条件

1. 15年以上にわたって株式市場平均や同業他社を凌駕するなど、真に目覚ましい実績を上げ続けた

2. 制御不能で急ピッチに変化し、不安定で潜在的に有害であるなど、置かれた環境が非常に厳しい

3. 偉大な企業へ脱皮する前は歴史の浅い中小企業であり、経営基盤が脆弱

狂信的規律
自ら設定した目標に向けて一貫して進む

自己を超越した大義
偉大な企業を育てる情熱

レベルファイブ
野心

実証的創造力
実証したデータ分析をもとに大胆な対策を打ち出す

建設的パラノイア
最悪のシナリオを想定して日頃から準備を怠らない

（ジム・コリンズ、モートン・ハンセン『ビジョナリーカンパニー④』を元に作成）

▶ 偉大さは、環境ではなく自分自身の意志によって作られます　HINT

Q 日本の持続的成長企業の特徴は？

日本版ビジョナリーカンパニーと呼ばれている書籍を紹介します。野中郁次郎らの『日本の持続的成長企業』です。日本は長寿企業の数が世界一多い国で、世界最古の企業も日本にあります（578年創立の金剛組）。そして世界中の創業200年以上の企業のうち65%は日本企業です。その日本の優良かつ長寿企業の特徴をまとめた『日本の持続的成長企業』と、世界の偉大な『ビジョナリーカンパニー』を読み比べてみましょう。

■三対の価値基準

持続的成長企業の特徴は価値基準にあります。

価値基準とは、組織において暗黙の前提になっている価値観や行動規範、信念の体系であり、現場の日常場面から経営レベルに至るまでの行動や判断を貫くものである（『日本の持続的成長企業』より）。

この価値基準は、各々相反する性質をもっていて、それらを両立しバランスすることがエネルギーを生み出しています。ビジョナリーカンパニー「ANDの才能（ツボ063参照）」ともつながる考え方です。3つそれぞれを確認します。

①長期志向でありながら、現実も直視：未来を見据えて現実を直視する価値基準です。ビジョナリーカンパニーのストックデールの逆説「どんな困難にも必ず勝てると確信するが厳しい現実を直視する（ツボ066）」と共通しています。

②社会的使命を重視しながら、経済的価値も重視：社会的使命「共通善」をキレイゴトでおわらせずに事業として現場のリアリティに直結させる価値基準です。一方ビジョナリーカンパニーでは針鼠の概念で「自社の世界一」「情熱を持てる」「経済的原動力」の重なりを狙っており（ツボ066）、社会的な使命への言及は見られませんでした。

③共同体意識がありながら、健全な競争も共存：あたたかさとシビアさを両立させた価値基準です。家族的な共同体でありながら、互いに厳しく鍛え合う組織風土が求められます。一方ビジョナリーカンパニーは採用も配属も超厳格（ツボ066）。自ら規律を守り規律ある行動をとる熱狂的な個人を求めており、家族的というよりはカルト的なつながりが重視されています（ツボ064）。

■ビジョナリーカンパニーとの比較

「世のため、人のため」。この大前提を置いていることが、日本の持続的成長企業の特徴でした。ビジョナリーカンパニーではリーダーや働く人という「個人」が「文化」を作っていますが、日本の持続的成長企業では経営トップ層、中間管理職層、一般社員層という「層」が「風土」を作っているのです。

次のツボ070は、ビジョナリーカンパニーのこれからについて考えます。

100のツボ
069

「世のため、人のため」という価値基準を持っている

図表069

持続的成長企業とビジョナリーカンパニーの比較

日本の持続的成長企業　　　　　　　　　　　　世界のビジョナリーカンパニー

三対の価値基準①
長期志向でありながら、現実も直視

比較
長期志向と現実直視は共通している

ストックデールの逆説
どんな困難にも必ず勝てると確信するが、極めて厳しい現実を直視する

三対の価値基準②
社会的使命を重視しながら、経済的価値も重視

世のため

企業の存在目的が異なる

針鼠の概念
「自社の世界一」「情熱を持てる」「経済的原動力」の重なりを狙う

三対の価値基準③
共同体意識がありながら、健全な競争も共存

人のため

組織風土・文化が異なる

誰をバスに乗せるか
採用も配属も超厳格
カルトな文化に熱狂できる
自ら規律を守った行動のできる個人

（リクルートマネジメントソリューションズ組織行動研究所 , 野中郁次郎『日本の持続的成長企業』およびジム・コリンズら『ビジョナリーカンパニー①〜④』を元に作成）

▶価値基準は創業者の哲学から形づくられ、継承と環境変化の中で磨かれていきます　HINT

100のツボ
070

■四半世紀以上読まれ続けて、最新刊も

　ジム・コリンズ『ビジョナリーカンパニー』シリーズは1994年に1巻目が出版されてから、世界中で「偉大な企業になるための教科書」として読まれてきました。

　その人気の中で2021年には、コリンズがビジョナリーカンパニーより前に執筆していた『ビヨンド・アントレプレナーシップ』（1992年発行、日本語未訳）という書籍が『ビジョナリーカンパニーZERO』として大幅に加筆されて再出版されました。これは偉大な企業を目指すスタートアップや中小企業にロードマップを示した本でした。ネットフリックス共同創業者のリード・ヘイスティングスは若手企業家にこの本の「最初の86ページを丸暗記せよ」とアドバイスするほど大切にしてきたそうです。

■偉大な企業は「誰バス」を徹底している

　この最新刊も含めジム・コリンズはずっとこう主張しています、「誰をバスに乗せるかを徹底せよ」。偉大な企業への飛躍は、何をやるか（事）よりも前に、誰がやるか（人）から始める、この順番が最も重要でした（ツボ066）。そして偉大な企業の特徴は、製品や戦略をつくる（時を告げる）のではなく、卓越した組織（時計）をつくることでした（ツボ063）。偉大な企業が衰退してしまうのは、不適切な人材が主要ポストについて

しまうから（ツボ067）。適切な人材が、適切な席に座っていること。これがビジョナリーカンパニーの真髄だと私は読み取りました。

　企業が追及すべきもっとも重要な指標は、売上高や利益、資本収益率やキャッシュフローではない。バスの重要な座席のうち、そこにふさわしい人材で埋まっている割合だ。（ジム・コリンズ, ビル・ラジアー『ビジョナリーカンパニーZERO』より）

　世代を超えて業績「事」を上げ続けてきた企業を、丁寧に分析した結果、得られた答えは、手法ではなく「人」だったのです。

■「飼い殺し」は残酷であると気づく

　「誰バス」を徹底するとは、まず最初に適切な人をバスを乗せ（採用）、不適切な人をバスから降ろし（代謝）、適切な人をふさわしい席に座らせる（配属）ことです。しかし日本は、不適切な人をバスから降ろす「代謝」がとても苦手です。戦後の雇用を守る法律や制度があることも一因ですが、何よりも「辞めさせてはいけない」「辞めてはいけない」という企業、個人それぞれの前提（思い込み）が強くあるためです。

　40歳50歳まで合わない企業で働き、何の能力も向上していない「飼い殺し」は何より残酷な行為ではないでしょうか。バスから降ろすこと、バスから降りること、が双方の幸せのために求められていくと考えます。

「誰をバスに乗せるか」が組織に浸透していく中で バスから降りることが重要になる

図表070

バスから降りる

とまります

お降りの方は
このボタンを
押してください

▶そのバスに乗っていることが幸せとは限りません。行き先が違うときは降りましょう HINT

まとめ

　Chapter7.のまとめとしてツボ061〜070のQ&Aを一覧としています（右表）。

　また、人事担当者、管理職（マネジャー）、経営者、組織で働く人それぞれに向けてこの「ビジョナリーカンパニー」でお伝えしたいメッセージを記載しています。

人事担当者の方へ

　人事担当者の方にこのビジョナリーカンパニーで最も学んで欲しいのは「誰をバスに乗せるか」です。まず最初に適切な人をバスを乗せ（採用）、不適切な人をバスから降ろし（代謝）、適切な人をふさわしい席に座らせる（配属）。これらの人事の動き（リソースフロー）が企業を偉大にするかどうかを決定します。

管理職（マネジャー）の方へ

　管理職（マネジャー）の方に一番学んでほしいのは「規律の文化」です。無理やり管理することで規律を守るのは「無能の証明」だとジム・コリンズは言います。現場の一人ひとりが自ら規律を守っている状態を作らなければなりません。規律を破壊してしまうような不適切な人材にはバスから降りてもらうことも重要です。日本企業では困難なことですが、冷酷にならず、法律を遵守した上で、双方の幸せのために向き合いましょう。飼い殺しが最も残酷です。

経営者の方へ

　経営者の方は「うまくいっている」と感じたときほど「衰退の五段階」を睨んでいただきたいのです。衰退は慢心から始まります。そして「10X型リーダー」に照らして自己点検してみてください。また「うまくいっていない」「どうしていいかわからない」ときは「針鼠の概念」に立ち戻りましょう。

組織で働く方へ

　組織で働いているあなたは、そのバス（組織）のシンプルな戦略を知っていますか？　そしてそこに向かうための規律を自ら守っていますか？　もし守れていないのであれば、組織へ貢献できていないことになります。貢献のない仕事は短期的には良くても、中長期ではじわじわと自身の価値を下げています。バスを降りるボタンをあなたは押すことができます。貢献するか、バスを降りるか、どちらが自分の幸せに繋がるかを考えてみましょう。

　次のChapter8.では、グリーン組織として社員を幸せにする職場を作ることで事業を成長させてきた、ザッポス社の実践「デリバリング・ハピネス」について学びます。

	Q	A
061	書籍『ビジョナリーカンパニー』とは？	全世界累計1,000万部以上のベストセラーシリーズ
062	『ビジョナリーカンパニーシリーズ』の全体構成は？	偉大な企業の成立から衰退までを扱っている
063	偉大な企業の特徴は？	製品や戦略をつくる（時を告げる）のではなく、卓越した組織（時計）をつくる
064	偉大な企業を築くためには？	5つの方法論を「一貫性」を持って行う
065	優良企業が偉大な企業になるためには？	地道な成果によって、静かに「弾み車」を回し続ける
066	偉大な企業に飛躍するための原則は？	何をやるか（事）よりも前に、誰がやるか（人）を重視する
067	偉大な企業が衰退するのはなぜか？	偉大さの基盤となる「原則」から逸脱したため
068	カオスな時代に飛躍する企業の特徴は？	狂信的規律、実証的創造力、建設的パラノイア、大義に向かう野心、を持ったリーダーの存在
069	日本の持続的成長企業の特徴は？	「世のため、人のため」という価値基準を持っている
070	ビジョナリーカンパニーの考え方はこれからどうなる？	「誰をバスに乗せるか」が組織に浸透していく中でバスから降りることが重要になる

次の1歩

ビジョナリーカンパニーについて、
さらに1歩踏み出して学びたい方へおすすめの書籍をご紹介します。

エクセレント・カンパニー

トム・ピーターズ , ロバート・ウォーターマン 著
英治出版／2003年

難易度 🌶🌶🌶

マッキンゼーのコンサルタントたちが超優良企業の特徴を探った書籍で、600万部のベストセラー。「組織を構成する一人一人が今でも重要なのだ、といういわばあたりまえの事を私たちは見出したのである」と述べており、ビジョナリーカンパニーと近いものを感じます。それもそのはず、ジム・コリンズがマッキンゼーでコンサルタントをしていたとき、この書籍に関わっているのです。コリンズもいくつもの共通点がある事を認めています。

日本の持続的成長企業

野中郁次郎ら 著
東洋経済新報社／2010年

難易度 🌶🌶🌶

日本版ビジョナリーカンパニーと呼ばれている書籍です。長寿企業が世界一多い日本の「長寿優良企業」を研究しています。監修者である野中郁次郎は「『人を持続的に生かせる企業、世のため人のために頑張る企業が持続成長する』という当たり前のことにこそ、企業のエクセレンスの根源がある」と言っています。

ビジョナリー・カンパニー ZERO

ジム・コリンズ , ビル・ラジアー 著
日経BP／2021年

難易度 🌶🌶🌶

偉大な企業を目指すスタートアップや中小企業にロードマップを示した本です。コリンズが『ビジョナリーカンパニー』より前に執筆していた『ビヨンド・アントレプレナーシップ』（1992年）の再出版ですが、大幅に加筆されており『ビジョナリーカンパニー』シリーズ総決算とも言えるお得な内容となっています。

企業とは何か

P.F. ドラッカー 著
ダイヤモンド社／2008年

難易度
🌶🌶🌶🌶

コリンズはピーター・ドラッカーを恩師だと感じており、ドラッカーの著作から大きな影響を受けています。『企業とは何か』は1946年ドラッカーが36歳のときの著作で「ここからマネジメントが生まれた」と言われる一冊です。GM（ゼネラルモーターズ）社からの依頼で経営と組織を調べ、何のために企業があるのか、マネジメントがあるのか、人間は産業社会において幸せになれるのかを論じています。

現代の経営（上・下）

P.F. ドラッカー 著
ダイヤモンド社／2006年

難易度
🌶🌶🌶🌶

1954年ドラッカー44歳のときの著作。「世界で最初にマネジメントの概念を体系化した経営書」だと言われています。体系的な知識を必要としている若い優秀な経営管理者たちに、暗黒の大陸であるマネジメントの世界地図を渡そうという意図で書かれました。この本によってドラッカーは「マネジメントの父」と呼ばれるようになります。

創造する経営者

P.F. ドラッカー 著
ダイヤモンド社／2007年

難易度
🌶🌶🌶🌶

1964年ドラッカー54歳のときの著作。『現代の経営』を発展させて書かれた、世界で初めての事業戦略の本です。ドラッカーのコンサルタントとしての実践経験から生まれました。「経済的な成果をあげることが、企業に特有の機能と貢献であり存在理由である」。

ジム・コリンズはピーター・ドラッカーに師事しています。『ビジョナリーカンパニー』のタイトルを考えているとき「『ドラッカーは正しかった』という書名でどうだろう?」と言ってしまうほど、コリンズはその思想に影響を受けています。コリンズが36歳のとき、85歳のドラッカーから発せられた問いによって人生が一変したのだそうです。「君は永続するマネジメント思想をつくりたいのか?それとも、永続するコンサルティング会社を作りたいのか?」(『ビジョナリーカンパニー④』解説より)。

師を持つことは、人生を最も豊かにする方法の1つではないでしょうか。

私の師匠の話をさせてください。リクルートマネジメントソリューションズ社のマスタートレーナー山岸英樹さんは、これまで数多くのトレーナーを採用し育成してきた方です(トレーナー育成についてはツボ019参照)。70歳代の今も現役で活躍されています。リクルートの組織開発の原点を探るプロジェクトMY-DPでご一緒したときから、私は人生の師匠だと感じてきました。

自分の信じているものが他者に届かない、そんな苦しい時期が私には長くありました。例えば前著『図解 人材マネジメント入門』は15社の出版社に企画を断られていました。「確かに意義のある本だと思う、しかし出版不況の今、実績のない著者の本は売れない」「坪谷さんの言う体系化された知識を現代の読者は求めていない、彼らはちょっとつまみ食いできる手軽なノウハウを求めているんだ」と。一体どうすれば本質を届けることができるのか…。悩む私に、山岸さんは口をへの字にして言いました。

「他者から求められるのはいつも表層だ。坪谷はバカになって根幹をやり続けろ」

そうか!「自分の中にあるものを信じろ、そこに価値がある」。師匠の教えをそう捉え、私は走り始めました。根幹に向かうバカになって。

デリバリング・ハピネス

Chapter 8.

ザッポスの実践

100のツボ 071

Q デリバリング・ハピネスとは何か？

Chapter8.では「デリバリング・ハピネス」について学んでいきます。デリバリング・ハピネスとは、ザッポス社が実践している企業文化の作り方を、他企業・他組織でも転用できるように型化したものです。

顧客接点に独自の強みを持つザッポス社

ザッポスはアメリカにある靴のオンライン通販会社。コンタクトセンターにて「電話」の対応を24時間年中無休で受け付けていることが特徴です。電話は非効率でコストがかかるように思えます。しかしザッポスはそのマンパワーによる顧客接点（カスタマー・サービス）に集中することでリピート率が75%となるなど、サービス上の強みを築いてきました。

1999年に創業してから8年で売上10億ドルに急成長しアマゾン社が約800億ドルで買収したことから世界中で注目を浴びました。そしてアマゾンもザッポス独自の強みを維持して欲しいと望み、買収後も変わらず独立経営が行われているのです。

サービスの強みは企業文化から生まれる

創業者トニー・シェイの自伝的経営書『ザッポス伝説』はベストセラーとなり、ビジネススクールのケース・スタディにもなりました。顧客に「ワオ！（感動）」をもたらすカスタマー・サービスの強みは、企業文化が生み出しているとトニー・シェイは言います。

> 企業文化がきちんと設定できていれば、素晴らしいカスタマー・サービスも、長期にわたる素晴らしいブランド構築も、情熱的な社員や顧客といったそのほか大部分のことも、自然に始まると考えています。（『ザッポス伝説』より）

ザッポス本社では1日4回の社内見学ツアーが開かれ、毎日平均100人以上がその企業文化を学ぶために訪れているそうです。

ザッポス社の企業文化の作り方を体系化

そのザッポス社の企業文化の作り方を、他の企業などの組織に導入できるように体系化したものが「デリバリング・ハピネス」です。

2010年にザッポス社で文化づくりを担当していたジェン・リムをCEOとして、デリバリング・ハピネス社が設立されました。クライアントの組織に入り込み、一員として組織文化を継続的に支援するスタイルは、コーチングとコンサルティングをあわせた「コーチサルティング®」と呼ばれています。

次のツボ072では、ザッポスの企業文化の根幹である「コア・バリュー」を確認します。

ザッポス社が実践してきた企業文化の作り方

図表071
デリバリング・ハピネス

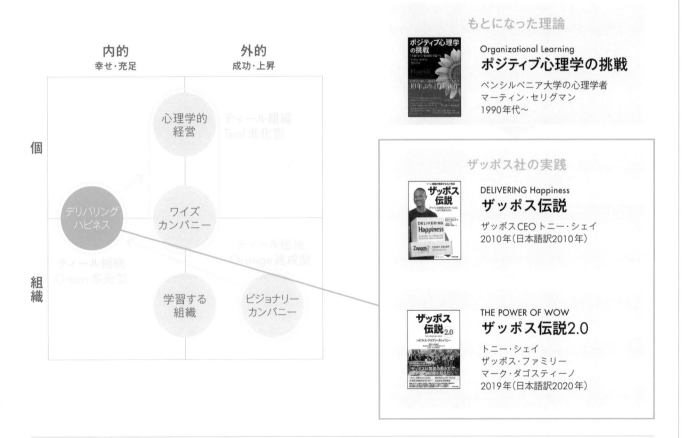

もとになった理論

Organizational Learning
ポジティブ心理学の挑戦

ペンシルベニア大学の心理学者
マーティン・セリグマン
1990年代〜

ザッポス社の実践

DELIVERING Happiness
ザッポス伝説

ザッポスCEO トニー・シェイ
2010年（日本語訳2010年）

THE POWER OF WOW
ザッポス伝説2.0

トニー・シェイ
ザッポス・ファミリー
マーク・ダゴスティーノ
2019年（日本語訳2020年）

内的
幸せ・充足

外的
成功・上昇

個

組織

心理学的
経営

ティール組織
Teal 進化型

デリバリング
ハピネス

ワイズ
カンパニー

ティール組織
Orange 達成型

ティール組織
Green 多元型

学習する
組織

ビジョナリー
カンパニー

▶デリバリング・ハピネスはザッポス社の実践から始まった組織モデルです

HINT

■ お金儲けでは幸せになれないという哲学

ザッポスの創業者であるトニー・シェイは、お金儲けに励んでも、結果的に幸せになれないと考えました。それは彼がザッポスを創業する以前、リンクエクスチェンジというベンチャー企業を起こしてマイクロソフト社に2億6500万ドルで買収されたという「成功」をおさめたのに、まったく幸せになれなかったという経験からきています。

頭が良く、モチベーションの高い社員たちは、キャリアアップになる他社への転職か、たくさんお金をもらってリタイアすることを考えていました。駆け引きや噂話ばかりのその環境に、トニー自身がもう出社したくないと強く思ったそうです。

最終的に「幸せになること」が目的で仕事をしているのなら、もっと「幸せそのもの」に焦点をあてるべきだということに気がついたのです。だからザッポスは社員、顧客、取引先、そして世界に幸せを届ける会社でありたいのです。（『ザッポス伝説』より）

■ 検閲のないカルチャー・ブック

ザッポスの企業文化は新入社員に配るカルチャー・ブックを作成する中で、言葉になっていきました。トニー・シェイがザッポスの全社員に「あなたにとってザッポス・カルチャーとは何を意味するのか」を問い、それに答えてくれた全員の原稿を一冊にまとめました。

透明性を高めるため、どの原稿も誤字の修正以外、検閲や編集は行いませんでした。その結果、大部分は好意的でしたが、全員が会社の成長に対してワクワクしているわけではないこともわかり、必要な警鐘として受け止められています。

このカルチャー・ブックは、年々改訂を重ねる中で進化し、取引先、ビジネスパートナー、顧客からの投稿も載るようになり、誰でも読むことができます。

■ 形骸化させないコア・バリューづくり

ザッポス社の採用は、初期はトニーたち経営層が面接をしていましたが、規模の拡大とともにそれも不可能となりました。文化にフィットするとは何か、マネジャーたちが採用を決める「指針」となるコア・バリューを作ることになりました。

カルチャー・ブックのときと同様に全社員とのメールのやり取りを重ねて完成したものが図表072です。作成に1年間もかかっているのは、最終的にどのような形になったとしても、全員が心からそれを受け入れられる状態を作りたかったからです。

次のツボ073では、こうしたザッポスの企業文化づくりを体系化した「デリバリング・ハピネス」の構成要素を確認します。

A 全社員の価値観を丁寧に聞き、
透明性を重視して言語化していった

図表072

ザッポスのコア・バリュー

1. サービスを通じて「ワオ!」という驚きの体験を届ける

2. 変化を受け入れ、変化を推進する

3. 楽しさとちょっと変なものを創造する

4. 冒険好きで、創造的で、オープン・マインドであれ

5. 成長と学びを追求する

6. コミュニケーションにより、オープンで正直な人間関係を築く

7. ポジティブなチームとファミリー精神を築く

8. より少ないものからより多くの成果を

9. 情熱と強い意志を持て

10. 謙虚であれ

（トニー・シェイ『ザッポス伝説』を元に作成）

▶ 企業文化が、経営からの押し付けではなく一人ひとりの価値観から作られています　　HINT

Q　デリバリング・ハピネスを現実化するためには？

デリバリング・ハピネスを現実化していくために必要な、3つの切り口を紹介します（図表073）。

■ハイアーパーパス -Higher Purpose-

「ハイアーパーパス（高次の目的）」とは、より大きな何かの一部として存在・貢献する感覚のことです（詳細はツボ074参照）。

個人においては、自分の人生が意義あるものだと感じられる、私利私欲を超えた生きる意味です。これを明確にすることで、個人に持続的な活力がもたらされます。

組織においては、提供価値（顧客がサービスからうけとる早い・美味しいなどの価値）や利益の先にある存在理由のことです。事業活動に意味が与えられ、事業上の大きな意思決定も左右します。

■価値観と行動 -Values & Behaviors-

企業文化の骨格として、組織の価値観（Values）を明文化する企業も増えていますが、それらは体現・行動（Behaviors）してこそ真価が発揮されます。

個人は、価値観を大切にした行動をすることが、幸せな人生の羅針盤となります。組織は、価値観を大切にした実践を重ねることが事業の強みへと発展します。

個人の価値観と組織の価値観の「一貫性」をデザインし、1人ひとりの大切にする価値観を体現・

実践することが、文化づくりの基礎となります（ツボ075参照）。

■幸せの研究 -Science of Happiness-

「幸せの研究」とは世界中で行われている幸せに関連する研究のことです。デリバリング・ハピネスでは主にポジティブ心理学を活用しています。

それらの知識が実際に現場で息づき「幸福感」を感じられるように、個人と組織の行動と習慣を再定義して促進していきます（ツボ076参照）。

■個人から組織へ、そして社会へ発展させる

どの構成要素においても、重要なことは、常に個人の側面から始めるということです。そして組織の側面へ、協働するプロセスを通じて発展していきます。さらに顧客やファンが共鳴してブランドとなり、社会のムーブメントとなることを目指していきます。これがデリバリング・ハピネスの考え方です。

次のツボ074から076では、3つの切り口をそれぞれじっくり確認していきましょう。

A 3つの切り口、ハイアーパーパス・価値観と行動・幸せの研究が必要

図表073

3つの切り口

ハイアーパーパス	価値観と行動	幸せの研究
Higher Purpose	Values & Behaviors	Science of Happiness

ハイアーパーパス

個人
私利私欲を超えた
生きる意味

↓

組織
利益を超えた
企業組織の
存在理由

価値観と行動

個人
人生で大切にする
価値観
仕事の活力を
生み出す行動

↓

組織
組織で大切にする
価値観
事業の強み
となる

幸せの研究

個人
幸福感を感じられる
行動・習慣

↓

組織
お互いに
幸福感を感じる
行動・習慣

↓

社会
顧客やファンが共鳴してブランドとなる

▶ 組織で決めて落としこむのではなく、個人から始まるところが最も重要です

HINT

Q ハイアーパーパス（高次の目的）とは何か？

デリバリング・ハピネス1つ目の切り口は、ハイアーパーパス（高次の目的）です。

■ 短期の快楽・没頭の情熱・高次の目的

幸せには3つあります。短期の快楽（Pleasure）、没頭の情熱（Passion）、そしてハイアーパーパス（Higher Purpose）です（図表074）。

短期の快楽とは、ロックスターの最高のライブを味わった後のような気持ちの高揚のことです。短く長続きしません。没頭の情熱はフロー（Flow）とも呼ばれます。ポジティブ心理学者のチクセントミハイは「時を忘れるくらい、完全に集中して対象に入り込んでいる精神的な状態」だと定義しています。そしてハイアーパーパスは、大きな意義を感じられる「あなたが生きる目的」です。長期的なエネルギーを生み出す源となります。

■ 個人は、才能・怒り・情熱から見出す

個人のハイアーパーパスは、才能・怒り・情熱の3つを観察することで明らかになります。

あなたが友人からよく頼られることは何でしょうか（才能）、怒りや憤りを感じることは何でしょうか（怒り）、やらずにはいられなくなってしまうことは何でしょうか（情熱）。それらを見つめ仲間と語りあうことで「自分の才能を活かし、情熱を注ぐことができ、意義がある」目的を見つけることができます。

■ 組織は、顧客への提供価値から見出す

組織のハイアーパーパスは、実際のサービスにおいて「顧客への提供価値」が何かを考えることで明確になります。経営者だけが考えるのではなく、社員一人ひとりの声から、長期的に、より高い使命感、志に基づく、高次の目的を見つけていきます。

ハイアーパーパスは、事業上の重要な意思決定に影響力をもってこそ意味があります。例えばサウスウエスト航空の高次の目的は「飛ぶことの自由（free to fly）」です。顧客により自由な翼を与えるため、荷物の運送費を無料にしました。

■ アラインメントとエンゲージメント

個人のハイアーパーパスと、組織のハイアーパーパスとを重ね合わせる（アラインメントする）ことで、個人と組織がともに成長し合う関係（エンゲージメント）が持続的に高められていきます。

米国のパーパスインデックス2015によれば「ハイアーパーパス」を掲げている企業は、そうでない企業に比べてエンゲージメント指標（e-NPS：自分の職場を友人に紹介したいと思うか）が47%高く、仕事への満足度も64%高かったそうです。

次のツボ075では、2つ目の切り口「価値観と行動」について考えます。

A 意義を感じられる「あなたが生きる目的」のこと、長期的なエネルギーを生み出す源となる

図表074

3種類の幸せ

幸せ
時間
短期の快楽
Pleasure
気持ちの高揚
次の興奮を探す
没頭の情熱
Passion
フロー状態
時を忘れて集中する
ハイアーパーパス
Higher Purpose
大いなる意義を感じられるもの
生きる目的
長期的なエネルギーを生み出す源

（トニー・シェイ『ザッポス伝説』を元に作成）

▶**個人のハイアーパーパスと、組織のハイアーパーパスを重ね合わせていきます**　HINT

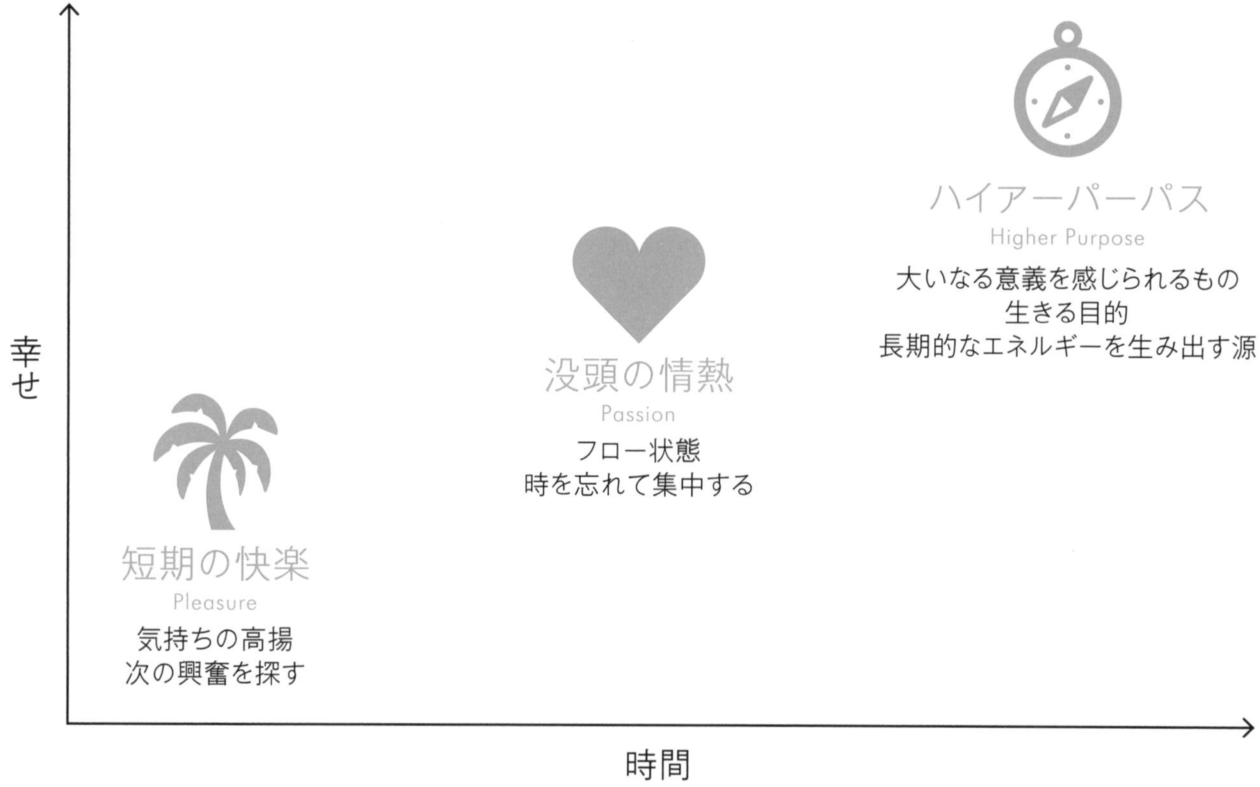

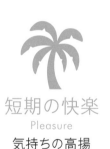

Q どうすれば価値観が行動につながるのか？

デリバリング・ハピネス2つ目の切り口は「価値観と行動」です。

■ 価値観を行動につなげるために

ザッポス社では10のコア・バリューを定めています（ツボ072参照）。こうして明示された「価値観（バリュー）」は、ハイアーパーパスの実現や事業成功への道を指し示してくれる道しるべです。実際にその方向に歩いていかなければ、つまり価値観を実際に行動へと移さなければ何の意味もありません。どのようにすれば価値観は行動につながるのでしょうか。デリバリング・ハピネスでは、組織の価値観が真に息づき、行動や意思決定に反映されるためには、組織の価値観を伝えるだけではなく、まずは一人ひとりの価値観に向き合い、チームメンバーでわかちあうことから始めるべきだと考えています。

■ 個人の価値観を見える化して対話する

デリバリング・ハピネスの「バリューカード」は個人の価値観を理解するヒントとなるツールです（図表075）。56の価値観が記されており、その中から個々人が大切にする5枚を選びます。チームでカードゲームとしてプレイすると、一人ひとりが何を大切にしているのかが明らかになり、普段話さないレベルで価値観について対話するきっかけとなります。

バリューカードは、数名のチームの価値観を定義するためのツールとしても活用できます。一人ひとりの価値観を混ぜ合わせて、チームで大切にしたい価値観を絞り込んでいきます。その過程で自分たちのチームの価値観が見えてくるのです。

また企業組織全体として価値観を策定する・見直す時にもバリューカードを用いることで、一人ひとりの自分ごと化を促進することができます。

これらのバリューカードを使った対話のファシリテーションは、デリバリング・ハピネスのマスタークラスで体感・習得することができます（ツボ077）。

■ 組織の価値観を体現した行動の振り返り

定義された価値観を企業として習慣化するためには、定期的に振り返る場を持つことが有効です。

振り返りの場では、一人ひとりが組織の価値観のうちで自分が最も体現できた行動事例をわかちあいます。そして次の数週間でトライしたいことを定めます。価値観が仲間たちの行動の実例と紐付くことで、言葉だけだった価値観が、実際の行動として具体的に「ああ、こうすればいいのか」と認識されます。そうして行動の質は磨かれ、習慣となっていくのです。

次のツボ076で、構成要素の3つ目「幸せの研究」について考えます。

図表075

バリューカード

CAPABILITY

Ser Capaz

能力・才能

AMBITION

Ambición

意欲・大志

INDEPENDENCE

Independencia

独立（性）

EXCITING LIFE

Vida Emocionante

躍動的な人生

FAMILY LIFE

Vida Familiar

家族生活

FREEDOM

Libertad

自由

COURAGE

Coraje

勇気

CREATIVITY

Creatividad

創造性

EQUALITY

.Igualdad

平等・公平性

FRIENDSHIP

Amistad

友情

GENEROSITY

Generosidad

優しさ・気前よさ

HEALTH-WELL BEING

Salud – Bienestar

健康ーウェルビーイング

INNER PEACE

Paz Interior

内なる平安

HARMONY

Armonia

調和

INNOVATIVENESS

Innovación

革新性

INTEGRITY

Integridad

一貫性・高潔

INTELLECTUALITY

Intelectualidad

知性

POSITIVITY

POSITIVITY

ポジティブさ

（デリバリング・ハピネス社『バリューカード』を一部改変して作成）

▶ 自分の会社の価値観に全く共感できない人は、他社に活路を見出す勇気も必要です　HINT

■幸福感を高める5つのハビネスハビット

ポジティブ心理学などの研究から明らかになった、幸福感を高める5つの習慣をご紹介します。

①合理的楽観の習慣：楽観と悲観の両側面を直視した上で、良くなる未来を選択する習慣です。ポジティブ心理学者マーティン・セリグマン※1によれば、営業成績、水泳のタイム、寿命に有意差が出るそうです。

②感謝の習慣：感謝を表す習慣です。感謝の研究者ロバート・エモンズ※2によると、世の中の60％の人は、年に1回程度しか仕事で感謝を表すことがないそうです。しかし感謝の日記をつけると、将来の楽観性、幸福度、身体的疾患、運動量などに顕著な好影響があります。

③利他の習慣：善意をもって、他に手を差し伸べる習慣です。組織心理学者アダム・グラント※3は、利他精神が長期的には成功につながるという興味深い研究結果を残しています。

④フローの習慣：没頭状態に入る習慣です。心理学者チクセントミハイ※4はフローの4条件をこう提示しています「タスクが挑戦的」「挑戦に必要なスキルがある」「フィードバックがすぐにある」「気を散らすものがなく集中できている」。

⑤マインドフルネスの習慣：あらゆる事柄に判断をいれず、今ここに集中できる状態に入る習慣です。マリアンナ・クラットらの研究※5によれば、8週間取り入れたグループは39％ストレスが減少し、日中の眠気も35％低いという研究結果があります。また脳の研究でも学習、記憶、共感で良い効果が見られました。

■やる気を高める3つのハビネスレバー

デリバリング・ハピネスでは、やる気を高めるために3つのハビネスレバー「進歩の感覚」「つながりの感覚」「コントロールの感覚」を日常的に感じられる環境ときっかけを作ることに注力します。これはエドワード・デシとリチャード・ライアンの自己決定理論における3つの基本欲求「有能感」「関係性」「自律性」をもとにした考え方です。

■習慣化 Feel how, Know how, Be how

ハピネスハビットやハピネスレバーを仕事の現場で息づかせるためのポイントは、実際に体験し体感覚として効果を実感すること（Feel how）、説得力あるデータによって納得感を得ること（Know how）、日常的な習慣の行動に組み入れること（Be How）の3点です。

次のツボ077では、幸せな企業文化の浸透方法について紹介します。

※1.マーティン・セリグマン『オプティミストはなぜ成功するのか』
※2.ロバート・エモンズ『Gの法則―感謝できる人は幸せになれる』
※3.アダム・グランド『GIVE & TAKE「与える人」こそ成功する時代』
※4.チクセントミハイ『フロー体験 喜びの現象学』
※5.Health Educ Behav OnlineFirst, published on May 9, 2008

100のツボ
076

5つのハピネスハビットと、3つのハピネスレバーを習慣化する

図表076

幸せの研究

習慣化

Feel how	Know how	Be how
効果を体感	データで納得	日常の行動

5つのハピネスハビット
幸福感を高める

1 合理的楽観の習慣
2 感謝の習慣
3 利他の習慣
4 フローの習慣
5 マインドフルネスの習慣

3つのハピネスレバー
やる気を高める
内発的動機

進歩の感覚 有能感
つながりの感覚 関係性
コントロールの感覚 自律性

▶ 仕事の最終ゴールが「幸せ」なら、最初から職場に幸せを組み込んでしまいましょう　HINT

Q 幸せな企業文化を浸透させるには？

キレイな言葉を並べたハイアーパーパスや価値観を定めても、それだけでは一時的なムーブメントに終わってしまうでしょう。表面上のリブランディングには、短期的な価値しかありません。どうすれば企業文化は本当の意味で浸透していくのでしょうか。

◤ 経営層のコミットが最重要

企業文化の創造は経営層やリーダーから始まります。そして浸透が失敗する要因は、ほとんどが経営層のコミット不足です。

幸福を基点に成果を出すという考え方は、まだまだ一般的なものとはいえないため、懐疑的な方もいる状態からのスタートになることがほとんどです。経営上のインパクトがでる結果に至るには時間がかかります。「戦略をサポートする企業文化づくり」を影響力のあるリーダーが推進することが、必要不可欠になります。デリバリング・ハピネスでは、各企業の経営層と、どのような文化を創っていくかを丁寧に議論して検討します。

◤ 文化はコピー＆ペーストできない

借り物の文化は定着しません。方法論だけをコピー＆ペーストしても、真に浸透することはありません。それぞれの企業が持つ目的や価値観を掘り起こし、自分たちでインスパイアしあう文化をつくりだすという、地道な活動が必要なのです。

デリバリング・ハピネスでは「マスタークラス」と呼ばれるワークショップ（2日間24名まで）を実施しており、各企業にその考え方を体感してもらいます。そしてその企業内でマスタークラスを全社員に実施できる状態を目指します（マスタークラスの詳細は　https://deliveringhappiness.jp/masterclass/ を参照）。

◤ 測定し対話を重ね、持続的に改善する

企業文化が浸透している状態とは、一人ひとりが納得・実感・決意して、行動しているということです。そこに至るまでの中長期の活動を、効果があると実感しながら進めるために、売上、利益、離職率、採用応募数などの経営指標から中間指標を定め、観測することは効果的です。

「デリバリング・ハピネス・インデックス」というアンケートは、幸せの研究（ツボ076）の内容をベースにしたもので、メンバーの状態を可視化し、世界の他社企業の結果と比較することができます。この結果と、経営指標を参考にしながら、各事象や各組織において対話を行い、トライすることを定め、アクションするというサイクルを重ねることで、企業文化は浸透していきます（サーベイ・フィードバックについてはChapter3.参照）。

次のツボ078はザッポス社の「ティール組織」への挑戦について紹介します。

A 経営層のコミットメントを前提に、組織状態の見える化、対話、トライのサイクルを回すこと

図表077

企業文化の浸透

1 見える化
組織・チームの
状態をデータとして
可視化する

デリバリング・
ハピネス・インデックス
経営指標

2 対話
可視化されたデータに
現場と関係者が
向き合い対話を行う

3 トライ
将来のあり方を
自分たちで決めて
アクションプランを
得る

前提：経営層のコミットメント

（中原淳『サーベイ・フィードバック入門』を元に作成）

▶ 経営層のコミットがない中では浸透のサイクルを回すことはできません

HINT

Q ザッポスのティール組織への取り組みは？

ザッポス社は創業から15年目の2014年にティール組織を目指した大きな組織改革を行っています。これまでのやり方で成功を収めている真っ只中に、土台を作り直そうとしたのです。その経緯を見てみましょう。

■ 目指したのは都市のような自主経営

CEOトニー・シェイはS&P500企業の平均寿命は15年であり「居心地のいいゾーンにとどまるなら、やがて衰退するだろう」と自社を危惧しました。そしてザッポスをよりレジリエンス（回復力・復元力）のある企業へ進化することを目指しました。これまでデリバリング・ハピネスで起こしてきた素晴らしい文化を何十年も存続させようと考えたのです。

参考にしたのは「都市」です。エドワード・グレイザー『都市は人類最高の発明である』によれば、都市の規模が2倍になるたびに、住民1人あたりのイノベーションと生産性は15%向上します。しかしビジネス組織では多くの場合、逆に生産性が大きく低下していきます。都市は時の試練に耐えて繁栄し、数百年、数千年と続くことがあります。都市にはヒエラルキー構造は存在せず、ルールはあっても支配者がいません（市長は命令しない）、つまり自主経営がなされているのです（自主経営についてはツボ053参照）。

■ ティール・オファーで18％が退職

そして2014年に「ホラクラシー」が導入されました。自主経営に向けて組織を後押しするガイドラインでありツールです（ツボ079参照）。1400人もの規模で導入したケースはザッポスの他になく、世界中から注目をされました。

2015年3月にはトニー・シェイから全社員に長文メールが送られています。タイトルは「ザッポスを再発明する：ティール組織への道」。目指すべきものは管理職のいない組織への完全移行だという宣言文でした。それに賛同できない社員には早期退職パッケージプラン「ティール・オファー」が提示されました（退職金は給料3ヶ月分か、勤続年数1年につき給与1ヶ月分の合計のどちらか高い金額）。利用して退職した社員は18％、混乱も痛みも伴いました（しかし、ザッポスに戻ってきた社員も少なくないそうです）。

■ 最大限の自由のための最小限の制約

2019年には最大限の自由をもつための最小限の制約条件、責任のトライアングル「企業文化と価値観」「顧客にフォーカスしたマインドセット」「顧客がつくる予算編成」が打ち出されました。この3つを守っている限り、やりたいことを追求できるという指針です。

次のツボ079ではホラクラシーを紹介します。

A 都市のような自主経営組織を目指した

図表078

ザッポス創業15年目からの歩み

2014年1月 ホラクラシーの 全社展開	2015年3月 ティール ・オファー		2017年10月 3年連続の 収益性向上達成		2019年1月 責任の トライアングル
2014年	2015年	2016年	2017年	2018年	2019年

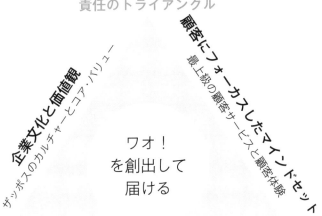

責任のトライアングル

顧客にフォーカスしたマインドセット
最上級の顧客サービスと顧客体験

企業文化と価値観
ザッポスのカルチャーとコア・バリュー

ワオ！
を創出して
届ける

顧客がつくる予算編成（CGB）
サークル収益のバランス

（トニー・シェイ『ザッポス伝説2.0』を元に作成）

▶ 賛同できない場合は組織から降りる道を提示、この一手が規律の文化を守ります　HINT

Q ホラクラシーとは何か?

■ホラクラシーはティール組織実現の手法

ホラクラシーは、ティール組織を実現するためのガイドラインと構造、つまり手法の1つです。米国のソフトウェア会社の創業者ブライアン・ロバートソンにより開発されました。経営層や管理職に権限を集中させるのではなく、組織全体に分配することで「進化し続ける組織」を目指します。

特徴①ホラクラシー憲法:組織の権限や責任の所在を定めた「ホラクラシー憲法」を作成します。これにより、意思決定のプロセスなどを厳密に規定することで、管理がない状態でも無秩序になることを防ぎます。

特徴②役割による運営:組織の進化する目的を実現するため、役職ではなく役割(ロール)にて組織を組成し、権限を分散します。社員は明確に定められた役割を担い、それぞれの目的や領域に応じて意思決定を行っていきます。1人が複数の役割を持つこともできます (図表079)。

特徴③2つの会議体:ホラクラシーには、2つの会議体があります。1つ目は、役割や役割間の協力に関する問題を扱う「ガバナンス・ミーティング」。2つ目は、メンバーが役割を果たす際のひずみを解消するための「タクティカル・ミーティング」です。どちらもメンバーは誰もがいつでも提案して開催することができます。これらはバックアップ態勢であり、定常的に行うのではなく問題が起きたときにのみ行われます。

■ザッポス社での導入における困難と前進

ザッポスでは2014年にホラクラシーを取り入れましたが、1400名という大きな組織での導入は前例がなく、様々な混乱がありました。ルールやプロセスが多く、すぐに理解できた人はほとんどいない「カオス」からのスタートだったそうです。

カスタマー・ロイヤルティチームの顧客へのレスポンス時間が長くなるなどのビジネス指標に影響が出たため、社内にレビューシステムを立ち上げる必要も生じました。そして、マネジャーという役職が本当になくなると、マネジャーだった人たちの多くが肩書と権威を失ったことに憤慨しました。これらの困難を伴ってもザッポスがホラクラシー導入を諦めず前進させ続けてきた理由を、チーフ・スタッフのジェイミー・ノートンは「変化を受け入れ、変化を推進する」という企業文化にあると説明しています。

> 間違いを犯すことを許すということは、多くの企業が想像するよりも迅速に学び、変化して物事を達成できるということです。これこそが、レジリエンスと、企業が長生きするための最大のカギの一つです

そしてそこからザッポス社は3年連続の収益性向上を達成しているのです。

次のツボ080ではザッポス社のこれからを考えます。

図表079

役職と役割

ピラミッド型の「役職」

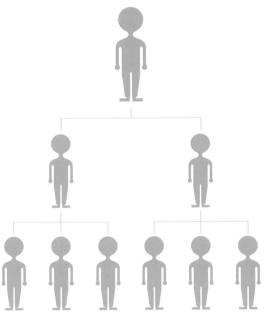

役職に人が紐づく

シンプルで意思決定の責任が明確
権限が集中してしまう

ホラクラシーの「役割」

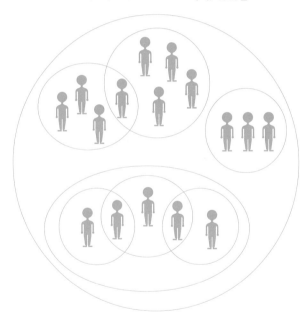

役割に人が紐づく

多くの人は複数の役割を持つ
複雑になり混乱が起きやすい

（ブライアン・J・ロバートソン『HOLACRACY（ホラクラシー）』をもとに作成）

▶ホラクラシーはジョブ型雇用とも相性が良いと言われています　　HINT

最後に、ザッポス社をティール組織の発達段階（ツボ052参照）に照らして考えてみましょう。

■ トニー・シェイはオレンジから脱却した

ザッポスはグリーン多元型からスタートし、ティール進化型へのチャレンジを行いました。

まず、多くの企業がオレンジ達成型で苦しみ、先に進むことができない中で、ザッポスがグリーンからスタートできたのは、なぜでしょうか。

発達段階とは「今の段階を、うんざりするほど十分に味わっておかなければ、次の段階へ行くことができない」ものでした（ツボ058参照）。

トニー・シェイは、9歳の誕生日にミミズを繁殖させて大量販売する「ビジネス・プラン」を立ててからというもの、お金を稼ぐことばかりを考えてきました（そこから大学卒業までのビジネスの挑戦も面白いので、興味があれば『ザッポス伝説』を読んでみてください）。そして大学を出て就職したオラクル社を辞めて立ち上げたベンチャー企業リンクエクスチェンジは、マイクロソフト社に2億6500万ドルで買収されるという、オレンジとしての達成を果たしました。

しかし「まったく幸せになれなかった」のです。

飽き飽きするまでオレンジをやり尽くしたトニー・シェイは「金銭を追い求めるのを辞め」て、次の段階に達したのでした。

■ グリーンを自社だけでなく世界中へ

トニー・シェイはザッポス社のCEOとなってから、企業文化を中心とした組織づくりを行ってきました（ツボ072）。「文化を大切にし、社員に出来る限り権限委譲を行う」というグリーン多元型の定義を、そのまま実践しています。

そしてこの方法論を他社に提供している「デリバリング・ハピネス」はグリーン組織を世界中に広める活動です。アメリカ、ロシア、スペイン、ブラジル、アフリカに展開しており、スターバックス、マクドナルドなどの接客サービス業だけでなく、トルコの倉庫会社、ロシアの鉄鋼メーカーなど様々な業種にも導入されました。2019年にはデリバリングハピネスジャパン社が設立され日本企業にも導入が始まっています。

■ ティールへ、そして偉大な創業者の喪失

そこからザッポス社はその素晴らしい文化を何十年も存続させるため、ティール組織を目指しました（ツボ078参照）。しかし2020年11月にトニー・シェイは事故で亡くなってしまいます。一人ひとりが自律した自主経営となることがティール組織の要件です。この悲しい事件は、ティールへの最大の試練なのかもしれません。

次のChapter9.では、経営者が交代しても自主経営してきたリクルート社を見ていきましょう。

偉大な創業者を失うという最大の試練を超えて
ティール組織へと向かう

図表080

ザッポス社の歩み

オレンジ 達成型	グリーン 多元型	ティール 進化型
近代・科学・産業革命・探究・時計仕掛け・MBA・組織設計・革新と最適化・知性と創造力・説明責任・実力主義	ポストモダン・非営利団体・コミュニティ・家族・全員の幸せ・サーバントリーダー・権限委譲・価値観の文化・混乱・合意の失敗	個人と集団の解放・自我の手放し・内なる心・全体性の希求

トニー・シェイ ザッポス社 世の中

1982～
ビジネスへの挑戦
お金を稼ぐことを夢見て試行錯誤する

1996～1998
売却による成功
経済的な成長は幸せに結びつかない実感

1999
カスタマーサービスと企業文化
コアバリューを中心とした企業文化によってサービスの強み、ブランド、社員の幸せを叶える

2010
幸せを世界中に届ける
デリバリング・ハピネス社を設立。サービスだけではなく、独自の企業文化づくりを世界中に広める

2014
都市のような自己組織化へ
ホラクラシー導入、ティールオファー、MBD・CGBなどで自己組織化を目指す

2020
偉大な創業者の喪失

（トニー・シェイ『ザッポス伝説』『ザッポス伝説2.0』をもとに作成）

▶ オレンジを脱却するには、リーダーがその段階を味わい尽くす必要があります　HINT

まとめ

　Chapter8. のまとめとしてツボ071〜080のQ&Aを一覧としています（右表）。

　また、人事担当者、管理職（マネジャー）、経営者、組織で働く人それぞれに向けてこの「デリバリング・ハピネス」でお伝えしたいメッセージを記載しています。

人事担当者の方へ

　人事担当者の方は「社員が幸せに働く」ことを願って仕事をしているのではないでしょうか。しかしその想いが実現されないことも多々あるでしょう。幸せな組織文化の浸透には「経営層のコミットメント」が前提となります。経営層がどんな文化を作りたいのか、しっかりと確認して、まずはあなた自身がコミットするか否かを決めましょう。

管理職（マネジャー）の方へ

　管理職の方にとって、ザッポス社がティール組織へ移行し「管理職をすべて撤廃した」ことは脅威かもしれません。もしいまの会社が同じように管理職を撤廃し、賛同できない人には早期退職パッケージプラン「ティール・オファー」が提示されたとしたら、あなたはどうしますか？　いまの組織の形は永続的なものではありません。自分のスタンスを見直すきっかけとしてみてください。

経営者の方へ

　ザッポス社の創業者トニー・シェイは、経済的な成功をマイクロソフト社への売却によって成し遂げ（オレンジ達成型）、社員が幸せになる組織文化をザッポス社で作り（グリーン多元型）、そしてCEOや管理職がいなくても機能する自律的な組織作り（ティール進化型）を目指している途中で亡くなりました。あなたは経営者として、いまどのフェーズに挑んでいますか？　それぞれの段階でトニー・シェイの残してくれた記録が参考になると思います。

組織で働く方へ

　自律が前提となっている組織で働くことは、一見とても幸せなことに思えますが、実は大変なことでもあります。コア・バリューを心から大切だと感じ実践し続けている人の中で、自らもそれを行うことが当たり前のように求められます。楽園が用意されているわけではありません。あなたがそれを作るのです。

　次のChapter9. ではリクルート社の実践してきた組織モデル「心理学的経営」について学びます。

071	デリバリング・ハピネスとは何か?	ザッポス社が実践してきた企業文化の作り方
072	ザッポスの企業文化はどうやって作られたのか?	全社員の価値観を丁寧に聞き、透明性を重視して言語化していった
073	デリバリング・ハピネスを実現化するためには?	3つの切り口、ハイアーパーパス・価値観と行動・幸せの研究が必要
074	ハイアーパーパス(高次の目的)とは何か?	意義を感じられる「あなたが生きる目的」のこと、 長期的なエネルギーを生み出す源となる
075	どうすれば価値観が行動につながるのか?	個人の価値観をわかち合い、組織の価値観を再確認して、重ね合わせる
076	幸せに関する研究をどう活用すればよいか?	5つのハピネスハビットと、3つのハピネスレバーを 習慣化する
077	幸せな企業文化を浸透させるには?	経営層のコミットメントを前提に、組織状態の 見える化、対話、トライのサイクルを回すこと
078	ザッポスのティール組織への取り組みは?	都市のような自主経営組織を目指した
079	ホラクラシーとは何か?	ティール組織を実現する手法の1つ
080	これからザッポス社はどうなる?	偉大な創業者を失うという最大の試練を超えてティール組織へと向かう

次の1歩

デリバリング・ハピネスについて、
さらに1歩踏み出して学びたい方へおすすめの書籍をご紹介します。

ザッポス伝説

トニー・シェイ 著
ダイヤモンド社／2010年

難易度

ザッポス社経営ノウハウ本であり、かつ創業者トニー・シェイの自伝です。9歳の誕生日にミミズを100匹繁殖させて大儲けしようと考えてからビジネスに奮闘する青春時代の前半と、ベンチャー企業をマイクロソフト社に売却するという成功を収めても「まったく幸せになれない」と気がつき、幸せな組織を作ろうとしてザッポス社を作り上げる後半。オレンジ達成型をやり尽くしてグリーン多元型へ至る物語。読み物としても、とても面白いのです。

オプティミストは
なぜ成功するか

マーティン・セリグマン 著
パンローリング／2013年

難易度

トニー・シェイが「幸せ」を追求する中で参考にした「ポジティブ心理学」、その原点と言われる一冊です。悲観主義の研究者だったマーティン・セリグマンは「病気を治す」心理学に疑問を持ちます。「幸せになるためのスキルは、悲しみや不安や怒りを抑えるためのスキルとはまったく異なることが分かった」のです。

ハーバードの
人生を変える授業

タル・ベン・シャハー 著
大和書房／2015年

難易度

ポジティブ心理学の第一人者、タル・ベン・シャハー。ハーバード大学で最大の履修者数となった人気授業を書籍にしたものです。52のレッスンでポジティブ心理学の概要を掴むことができます。

ザッポス伝説2.0

トニー・シェイ 著
ダイヤモンド社／2020年

難易度 🌶

創業から15年経ち、企業文化を中心とした経営で有名になったザッポス社が、さらにその先へとチャレンジします。ホラクラシー、ティール、自己組織化。前作とは異なり、トニー・シェイ自身が書いたのではなく、さまざまな社員の声を組み合わせて構成されてます。その編集自体が、一人ひとりが主役の自主経営組織であることを表しているようにも読めます。トニーは「ちゃちゃ」を入れる役割として、ところどころに顔を出しています。

HOLACRACY
（ホラクラシー）

ブライアン・J・ロバートソン 著
PHP研究所／2016年

難易度 🌶🌶🌶

ザッポス社が自己組織化に向けて取り入れた手法、ホラクラシーの具体的な方法論を説明した書籍です。

都市は人類最高の
発明である

エドワード・グレイザー 著
NTT出版／2012年

難易度 🌶🌶🌶🌶

都市には、企業と違って指示命令がありません。パン屋を作ろうと思ったら必要な手続きや守るべきルールはありますが、誰かの指示に従う必要はなく、自分で判断して運営していけば良いのです。企業では効率が重視されるため、パン屋は区画に1つしか作れないかもしれません。レジリエンス（しなやかさ）を持った「都市」のような組織をトニーは目指しました。彼にインスパイアを与えたのが、この書籍です。

ザッポス社は創業者トニー・シェイを2020年の事故で失ってしまいました。リクルート社も創業者江副浩正を1989年にリクルート事件と呼ばれる贈収賄事件で失っています。理由は異なりますが、偉大な創業者が突然いなくなってしまう状況は同じです。

リクルート社の社員たちはその危機をどうやって乗り越えたのでしょうか？　当時リクルートで総務課長をされていた「のりおさん」に伺いました。
「あのときリクルートの社員が踏ん張れたのは、支えてくれた味方がいたから。それはお客さんだった」と、のりおさんは振り返ります。
お客さんたちは、事件によってリクルートが社会的な信頼を失っている中でも、取引を停止することなく使い続けてくれました。それは「求人広告」という事業が本当に必要としていたからです。
「この状況でも自分たちは世の中のお役に立てている」という事業価値の実感は自己肯定感に直結しました。価値を感じてくれている「お客さん」ひいては、これまでやってきた自分たちの「仕事」自体に、当時のリクルートの社員たちは救われ、前に進めたというのです。

江副浩正が退任してから1年後の1990年に旅行専門雑誌「じゃらん」が立ち上がりました。そして1993年には「ゼクシィ」、2000年には「Hot Pepper」と社会の「不」を解消する新しいサービス・事業が次々と生まれ、リクルートは拡大成長していきました。まさに自己組織化、社員一人ひとりによる自主経営が実現している組織になったと言えるでしょう。
トニー・シェイが目指した「自主経営」に至るためには、本当に社会の役に立っている事業であること、その実感が力になるのかもしれません。

C o l u m n　08
リクルート事件そのあと

Chapter 9.

心理学的経営

リクルートの実践

Q 心理学的経営とは何か？

100のツボ
081

Chapter9.ではリクルート社で創業期から実践されてきた「心理学的経営」について学びます。

■ リクルート社の組織文化

1960年に創業したリクルート社は、60年以上の歴史を積み重ねながら、独自のポリシーを貫き続けてきた強い組織文化のある会社です。特に社員の一人ひとりが「圧倒的当事者意識」を持っており、多くの経営者を生み出した「人材輩出企業」として有名です。そのような組織文化はどうやってつくられたのでしょうか？

大沢武志：リクルート社の組織文化の骨格を築いたのが、創業メンバーの1人である大沢武志です。創業者江副浩正のもと、組織人事担当の専務取締役としてリクルート社を30年間支えました。そしてグループ会社である人事測定研究所（現リクルートマネジメントソリューションズ）にて代表取締役を務め、適性検査「SPI」や組織開発「ROD」などの人材マネジメントの商品を開発しています（2012年逝去）。

心理学的経営：『心理学的経営』は「リクルートの社員はどうしてそんなに元気なのか？」という世の中からの問いに、大沢武志自身が答えた本です。人事であり、経営者であり、サービス開発者である大沢武志の書いたこの実践書には、マジシャンが手の内を見せて種明かしをしているような面白さがあります。

■ 個をあるがままに生かす

その秘密は心理学にあります。東京大学教育学部で心理学を学んだ大沢の根本思想は「個をあるがままに生かす」。

> 心理学的経営にとって大切なのは、キレイごとではすまない現実の世界でアンビバレントなコンフリクトを受容し、それを乗り越えるヒューマニズムではないだろうか。何人も人間の真実を避けては通れないのである。（大沢武志『心理学的経営』より）

「不合理と不条理に満ちた人間」「どろどろとした現実」を直視する現実認識が出発点です。そして「組織と個人の関わりのなかで、各人の『自我関与』を可能な限り高める」ことに鍵があると主張します。自我関与とは、心理学用語で「ある事柄を自分のもの、もしくは自分に関係するものと捉えること」。つまり、仕事や組織のことを「我がこと」と感じるようにする、ということです。

「『労働』とか『労使』という言葉は死語にすべき」と煽動し「『人材経営』『個性の尊重』その真の意図を理解し実現している企業組織がどれほどにあるだろうか」と憤る、そこには組織開発の方法論というだけでなく、大沢の強い信念が窺えます。「仕事の主役はあくまでも働く個人」なのだ、と。

次のツボ082では、心理学的経営を構成する要素を見ていきましょう。

リクルート社の組織文化の骨格を築いた「個をあるがままに生かす」思想とその実践

図表081

心理学的経営

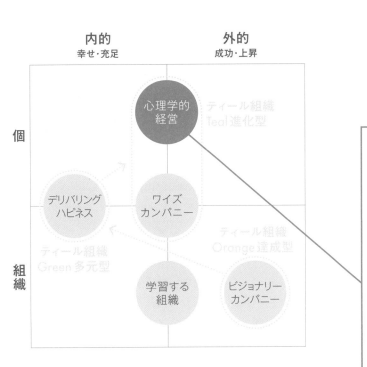

内的
幸せ・充足

外的
成功・上昇

個

心理学的
経営

ティール組織
Teal 進化型

デリバリング
ハピネス

ワイズ
カンパニー

ティール組織
Orange 達成型

組織

ティール組織
Green 多元型

学習する
組織

ビジョナリー
カンパニー

もとになった理論

ユング心理学

スイスの心理学者
カール・グスタフ・ユング
1875-1961年

個をあるがままに生かす

心理学的経営 大沢武志

「リクルートの社員はどうしてそんなに元気なのか？」という世の中からの問いに、組織文化の骨格を築いた創業メンバーの大沢武志自身が答えた本
1993年（2019年復刻）

株式会社リクルートホールディングス

創業	1960年
社員数	49,370名（2020年3月末連結）
売上	2兆3,994億円（2020年3月期連結）
営業利益	2,060億円（2020年3月期連結）
事業	HRテクノロジー事業、メディア＆ソリューション事業、人材派遣事業

▶ リクルート社の「個人」が主役となる組織文化は心理学をベースに設計されました　HINT

■ 6 つの構成要素

　心理学的経営は6つの要素からできています (図表082)。

　動機付け：「リクルートの社員はどうしてそんなに元気なのか？」その問いに直接答えるなら、「自分はできる・自分で決める・認められている」と思える環境を用意することで、個人を主役として「動機付け」しているからです。F・ハーズバーグ「二要因論」やハックマンとオルダム「職務設計の中核五次元」といった心理学の知見がベースとなっています (詳細はツボ083)。

100 の ツ ボ
082

　自律したチーム：自律的に動き、成果を出し続けるイキイキしたチームを作るために必要な要件は「所属が明確」「お互いの個性がわかる人数」「強い連帯感」「邪魔されない意思決定」です。ホーソン実験から始まる行動科学の研究 (ツボ006) やクルト・レヴィンのグループ・ダイナミクス (集団力学) の研究 (ツボ007) をもとに実践されてきました (詳細はツボ084)。

　組織の活性化：活性化した組織とは自ら「カオス」状態を引き起こし、既存の秩序を自己否定する、危機感と緊張に満ちた「自己革新」組織です。リクルート社の活性化担当役員だった大沢武志は「カオスの演出」としてそのポイントを「一に採用、二に人事異動、三に教育、四に小集団活動、五にイベント」とまとめています (詳細は085)。

　リーダーシップ：リーダーシップとは影響力。組織がうまくいくかどうかは管理職 (マネジャー) のリーダーシップ発揮にかかっています。大沢武志は管理職に向いているタイプ (性格)、そしてリーダーシップを伸ばすための方法を実証研究から見出しサービス化しています (詳細はツボ086)。

　適性：適性とは個人の向き・不向きのことです。適性検査などの情報を統合的に捉えた上で面接によって「自社の仲間として迎えたいか (社員適性)」を見極めます。3つの適応状態「仕事ができるか」「職場の人とうまくやれるか」「自分らしくいられるか」を予測して、意思決定することになります (詳細はツボ087)。

　個性化：人間を大事にするとは、それは一人ひとりの「個性」を尊重することです。心理学者ユングの性格類型論をもとに開発された「MBTI」というパーソナリティ・テストの活用を通じて、働く人の自己理解、自己受容、そして自己実現という究極・永遠とも言えるテーマに取り組んでいきます (ツボ088)。

　次のツボ083から088でそれぞれの要素の詳細を確認していきましょう。まず083は動機付けについてです。

図表082

心理学的経営の構成要素

動機付け
第1章
モティベーション・マネジメント

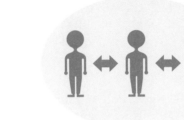

自律したチーム
第2章
小集団と人間関係

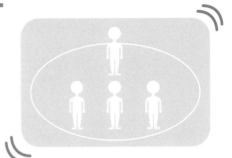

組織の活性化
第3章
組織の活性化

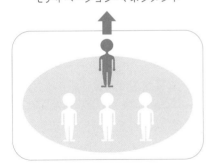

リーダーシップ
第4章
リーダーシップと管理能力

適性
第5章
適性と人事

個性化
第6章
個性化を求めて

(大沢武志『心理学的経営』を元に作成)

▶6つの要素はすべて「個をあるがままに生かす」ためにあります　HINT

Q どうやって個人を「動機付け」するのか?

100 の ツ ボ
083

■「若者を仕事に駆り立てる」心理的条件

心理学的経営では「若者を仕事に駆り立てる」動機付けの条件を3つあげています (図表083)。

1つ目は挫折や自信喪失などの葛藤を乗り越えて「自分はできる!」と効力感を得ること(自己有能性)。2つ目は裁量が大きく責任を伴って「自分で決める!」と思えること(自己決定性)。3つ目は努力・苦労・成果を「認められている!」と心理的充足と情緒的安定を得ること(社会的承認性)。この3つが満たされる状態に向けて、リクルート社では、個人の自由裁量の幅を可能な限り広げ、しかも多様な能力が要求される仕事に挑戦できる環境と風土を醸成してきました。

■ リクルート社での実践

年2回の人材開発委員会では、1人ひとりの成長を徹底的に議論して、長期的な成長プラン、次のポスト、仕事のアサインを検討します。目標を定めたら「やりきる」ことを推奨し、達成したときには垂れ幕や表彰イベントで大いに祝います。自己有能性と社会的承認性を高める文化です。

キャリアウェブという社内公募制度では、本人が異動を志望した場合、上司に拒否権がなく引き止めることはできません。多くの企業では本人の希望「も」聞くのですが、最終判断は上司や人事が行います。本気で本人の意志を尊重しているのは、自己決定性を重視しているためです。

■ 動機付けに関する心理学の知見

これらの前提となる心理学の知見を確認しておきましょう。F・ハーズバーグ「二要因論」によれば、働く人の満足は「仕事そのもの」からしか生まれません(動機付け要因)。一方、仕事の「環境」は不足すると「不満」になりますが、多くても満足とはなりません(衛生要因)。

また、ハックマンとオルダムの「職務設計の中核五次元」によれば、自らやりたくなる仕事の要件は「スキル多様性」「仕事の完結性」「仕事の重要性」「自律性」「フィードバック」です。

■ 動機付けに効果的な目標

追いかける「目標」によって動機付けは大きく左右されます。「一所懸命やれ」では力にならないのです。「具体的で明確」「背伸びをすれば届く」そしてときには「一見不可能」な目標が効果的です(松井賚夫の行動科学の研究、エドウィン・ロック「目標設定理論」より)。さらに個人目標とは別に「集団」で一緒に追い求める目標が大きな効果をもたらします(角山剛の実験より)。また目標は放置されると効果は薄れていきます。このままのやり方で進めば達成されるのかされないのか「フィードバック」が必要なのです。

次のツボ084では心理学的経営の2つめの要素「自律したチーム」について見ていきましょう。

A 「自分はできる!」「自分で決める!」「認められている!」と思える環境を用意する

図表083

動機付け

若者を仕事に駆り立てる心理的条件

自分はできる！
（自己有能性）

自分で決める！
（自己決定性）

認められている！
（社会的承認性）

効果的な目標

①具体的で明確な目標

②背伸びをすれば届きそうな目標

③一見不可能な目標

④集団目標

⑤進捗のフィードバック

心理学の知見

F・ハーズバーグ「二要因論」

動機付け要因：あると満足につながる
・仕事の達成・仕事の承認
・仕事の責任・仕事を通じた成長

衛生要因：　ないと不満足につながる
・給与・福利厚生
・オフィスの執務環境・上司の信頼
・職場の人間関係など

ハックマンとオルダム「職務設計の中核五次元」

スキル多様性：　必要なスキルが多様である
仕事の完結性：　初めから終わりまで携われる
仕事の重要性：　重要な仕事だと感じられる
自律性：　　　　裁量が大きく結果に責任を感じられる
フィードバック：成果を知ることができる
ただし、当人の能力が極端に低い、成長への欲求が弱い、給与や作業条件などの環境（衛生要因）に不満を持っている場合には、動機は高まらない

（大沢武志『心理学的経営』を元に作成）

▶ 目指す状態に向けて「一貫性」をもって施策を実践することが組織文化を作ります　HINT

Q 自律したチームを作る要件は？

自律的に動き、成果を出し続けるイキイキしたチームを作るための要件を確認しましょう（図表084）。

■ 所属が明確

人は公式のルールよりも、チームの暗黙のルールに行動を左右されます（集団規範）。そのため自分が心理的に所属している集団（リファレンス・グループ）が複数あることは「二重忠誠」となり不健康な状態を招きます。例えば労働組合への参加や、マトリクス組織、プロジェクト型の横断組織など、2つ以上のチームに所属しているメンバーは、振る舞いに迷いが生じ、自律的な動きが取りにくいのです。可能な限り所属先を明確にして1人1つのチームに配属しましょう。難しい場合はどちらが主務でどちらが兼務かを決めておいて、主務を優先させることを約束するだけでも、健全さが担保されます。

■ お互いの個性がわかる人数

組織が大きくなりすぎて機能していない状態を「大企業病」と呼びますが、その原因の1つはお互いの個性を知らないこと。1人ひとりの顔が見えて個性を認識しあえる人数（対面小集団）には限界があるのです。それぞれが意志を持ち、相互に介入しながら自律的に動くことができる人数は5〜7人と言われています。この人数を守ってチームを編成することが重要です。

■ 強い連帯感

メンバーが所属していたいと思う求心力（集団凝集性）が高いチーム、つまり強い連帯感があるチームでは、仕事における不安や緊張感が少ないことがわかっています（ショーショアの研究）。その要因は3つあります。①チームの目標が魅力的であり、それがメンバー自身の目標として受け入れられていること。②メンバー間の関係がよく、心理的な安定に結びついていること。③チームが周囲から高い評価を受けている、とメンバーが思っていること。

■ 邪魔されない意思決定

チーム自体にどこまで自律性が認められているかが、メンバーの自発的な活動の程度を決めます。権限委譲がなされ、自分たちで意思決定を行うことができるチームは活性度が高くなります。

自主運営が可能となったチームは、企業全体の「組織の活性化」にも大きく貢献します。チームの内部で情緒的な自己開示が促進され、気持ちの交流と連帯感が育まれ、その共振と共感の輪が全組織に広がり、風通しのよい組織風土が醸成されます。心理学的経営ではその状態を促進する技法としてROD（ツボ015参照）を推奨しています。

次のツボ085は、心理学的経営の3つめの要素である「組織の活性化」について考えましょう。

図表084

自律したチームの要件

所属が明確
心理的な所属先が
1つのチームであり
二重忠誠となっていない
（リファレンス
・グループ）

**お互いの個性
がわかる人数**
お互いの顔が見えて
個性を認識しあえる
（対面小集団）

強い連帯感
①チームの目標が魅力的
で自分の目標と重なる
②対人関係がよく心理的
に安定している
③チームが周囲から高い
評価を受けている
（集団凝集性）

**邪魔されない
意思決定**
権限委譲または自主的な
運営がされておりチーム
自身で意思決定ができる
（自律性）

心理学の知見
**メーヨー、レスリーバーガー
「ホーソン実験」**

- 何か新しいことに特定のメンバーを選
  んで参加させると、そのチームのモラー
  ル（士気・意欲）が高まる（ホーソン効果）。
- チームの運営にあれこれ指示を与えず
  メンバーに多くを委ねることが、高い
  モラールを維持するポイントである。

(大沢武志『心理学的経営』を元に作成)

▶チームが機能していないとき、どの要件が足りないのかを確認してみましょう　HINT

■組織の秩序を壊す

組織の活性化に必要なのは、組織の「秩序を壊す」ことだと大沢武志は言います。この非常に刺激的な考え方が心理学的経営の「カオス」理論です（図表085）。「秩序」のある安定した組織。普通は維持するべきものだと感じるのですが、なぜ、それを壊さなければならないのでしょうか？

生き残る組織とは、1人ひとりが自律的に行動することで苦労して環境に適応し、成功を積み上げていくものです。その経験は習慣や常識として組織に蓄積されていきます。こうして自律的な行動が「秩序」を作りあげていくことを「自己組織化」と呼びます。このときの組織にはエネルギーが溢れており、活性化した状態といえます。

危険なのは「秩序」の状態で止まってしまうことです。固定化した階層組織、型にはまった役割、規則・制度・ルールなど、安定していたいという人間の「秩序」への執着が、組織を硬直化させていきます。その究極の姿が官僚制組織（M.ウェーバー）です。こういった組織は「不活性」で、外部に対して閉鎖的になり、既成の価値観や形式に拘泥していきます。

■自己否定・アンラーニング

活性化は自己否定から始まります。既成の価値体系や暗黙のルールへの疑問の提示、過去の成功体験の否定、現状への厳しい批判です。

変化の時代に対応するために、学んだものや既成概念を捨て去ることを「アンラーニング」と呼びます。アンラーニングによる自己否定が、組織に様々な抵抗を巻き起こします。

この「カオス」状態によって既成の基準やルールは揺り動かされ「自己革新」を可能にする土壌が作られていきます。活性化した組織とは自ら「カオス」を創り出し、既存の秩序を自己否定する、危機感と緊張に満ちた自己革新組織なのです。

■リクルート社の実践

活性化とは、きれいごとで実現できるようなテーマではない。汗と泥にまみれた、ときには血のにじむ葛藤の世界のなかにこそ活性化の原動力がある。（大沢武志『心理学的経営』より）

リクルート社専務時代に組織人事、活性化担当役員であった大沢武志は、その実践における活性化のポイントを「カオスの演出」としています。「一に採用、二に人事異動、三に教育、四に小集団活動、五にイベント」（野中郁次郎との対談より）。人事の取り組み一つひとつの中に「カオス」を演出する意図を組み入れ、秩序を壊し組織を活性化していったのです。

次のツボ086では、心理学的経営の4つめの要素「リーダーシップ」について考えましょう。

A 秩序を作って秩序を壊す。カオスを演出する

図表085

秩序と無秩序　循環のプロセス

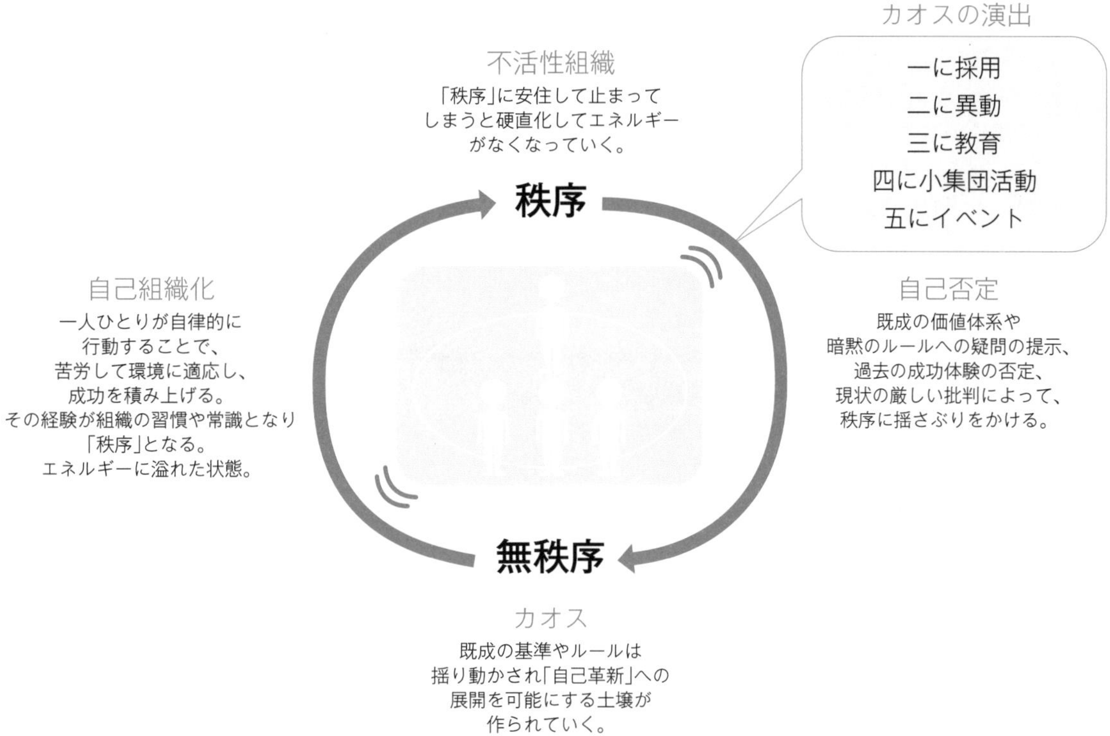

カオスの演出
一に採用
二に異動
三に教育
四に小集団活動
五にイベント
不活性組織
「秩序」に安住して止まってしまうと硬直化してエネルギーがなくなっていく。
秩序
自己組織化
一人ひとりが自律的に行動することで、苦労して環境に適応し、成功を積み上げる。その経験が組織の習慣や常識となり「秩序」となる。エネルギーに溢れた状態。
自己否定
既成の価値体系や暗黙のルールへの疑問の提示、過去の成功体験の否定、現状の厳しい批判によって、秩序に揺さぶりをかける。
無秩序
カオス
既成の基準やルールは揺り動かされ「自己革新」への展開を可能にする土壌が作られていく。

（大沢武志『心理学的経営』を元に作成）

▶**無秩序な中でさらにカオスを起こすのはただの破壊です。状態を見極めましょう**　HINT

■ 管理職に求められるリーダーシップ

リーダーシップとは「影響力」のことです。役割上リーダー・管理職（マネジャー）・経営者であるかどうかの話ではなく事実上の影響力のことです。大沢武志は「共通の目標達成のために人々に影響を与えること」だと言っています。

■ 管理職に向いているタイプ

どのような人を管理職に選べばよいのでしょうか。大沢武志と人事測定研究所（現在のリクルートマネジメントソリューションズ）は日本企業の管理者を対象に実証研究を行い「管理職に向いているタイプ（性格）」を見出しました。その知見はNMATなどの管理者適性検査サービスへと発展し、いまでは多くの企業の昇進昇格の場面で活用されています（4万7,100名実施 2020年3月期）。NMATの追跡調査によれば、管理職として昇進している人の特徴がわかりました（『管理者適性アセスメント追跡調査2011』より）。対人面では「社交的で集団の中でも臆せずに自分の意見を主張し、ものの筋を重視しながら、多少のことには動じない（外向・統率・理性・強靭）」タイプ、仕事面では「革新的で思い切った決断をする（変革・大胆）」タイプです。

■ リーダーシップの伸ばし方

それでは管理職に適性のあるタイプでなければ、リーダーシップは発揮できないのでしょうか？そんなことはありません。大沢武志はリーダーシップの発揮に必要なのは「行動」であることを、実証研究から見出しました（図表086）。

「要望性」指示を与え生産性を高める行動、「共感性」メンバーを思いやる行動、「通意性」仕事を進める上で必要な情報を十分に提供する行動、「信頼性」能力的、そして人間的に信頼に値する行動の4つです。

ここで重要なのは、これらの行動ができているかどうかを決めるのはリーダー本人ではなくメンバー（部下）だという点です。「対人影響力」としての実態はメンバーが感じている心理的事実そのものなのです。

つまりリーダーがリーダーシップを伸ばすためには、メンバーが採点したサーベイ結果を受け止め自覚し、自分の行動を変える努力が求められることになります。この行動変容を起こす手法として「ROD」（ツボ015）が開発されました。創業者江副浩正は「RODがリクルートの強さの源泉」だと言っています。全社員に自分のサーベイ結果を開示し、ここが弱いのが課題だと赤裸々に話したそうです。

次のツボ087では、心理学的経営の5つめの要素である「適性」について考えていきましょう。

図表086

リーダーシップの伸ばし方

リーダーシップ行動サーベイ

**メンバーの認識こそが
管理職の影響力である
リーダーシップの実態そのもの**

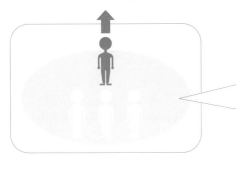

管理職に向いているタイプ(性格)

対人面:
社交的で集団の中でも臆せずに自分の意見を主張し、ものの筋を重視しながら、多少のことには動じない(外向・統率・理性・強靭)タイプ

仕事面:
革新的で思い切った決断をする(変革・大胆)タイプ

要望性
1. メンバーが予定どおり仕事をしたときでも、さらに高い目標を要求する
2. メンバーの力からみてギリギリいっぱいの仕事を要求する
3. メンバーに仕事の改善を求めている
4. メンバーに期待を上回る業績を求めている

共感性
5. メンバーの成長に気を配っている
6. メンバーがやる気をなくしたときに勇気づけている
7. メンバーの人間関係がうまくいくよう配慮している
8. メンバーの仕事で問題が起きたとき一緒になって考えている
9. メンバーの良い仕事を認めている

通意性
10. メンバーに仕事の計画を知らせている
11. メンバーに仕事に必要な情報を知らせている
12. メンバーに会社全体の動きを知らせている
13. メンバーの能力や知識の不足をつかんで指導している
14. 仕事の方針や計画を変更したとき、そのことをただちにメンバーに知らせている

信頼性
15. メンバーが問題を抱えているとき適切な処置ができる
16. 一度決定したことは実行している
17. メンバーの仕事に対するアドバイスが適切である
18. 仕事に必要な知識や技術をもっている
19. メンバーはこのリーダーの決定や判断を信頼している

(大沢武志『心理学的経営』を元に作成)

▶ **重要なのは「自覚」。自分の適性を知り他者への影響を知ることから始まります** *HINT*

Q 企業は社員の「適性」をどうやって判断するべきか？

「適正」と「適性」はどちらも「てきせい」と読みますが意味が異なります。「適正」は正しく適していること、つまり定められた基準に照らして適当である状態を指します（例：適正価格など）。一方で「適性」とは人の性質がある分野に適しているかどうか、つまり個人の向き不向きのことです。その分野に対して「適応」できる可能性だと言えます（例：職業適性など）。

■ 適性検査は何を測ることができるのか

「SPI」は大沢武志と人事測定研究所（現在のリクルートマネジメントソリューションズ）が1970年代に開発した日本で最も多く利用されている適性検査です（13,600社・204万人 2020年3月期）。どの仕事においても基本的に要求される知的適応能力を測る「能力検査」と、日ごろの行動や考え方などについて人となりを把握する「性格検査」の2つからできています。

追跡調査によれば能力検査は人事評価との関連性が認められており幅広い職務において妥当性が確認されています。一方で性格検査はそのまま評価に直結したり、職務適性に読みかえたりすることは難しいことがわかっています。職務要件を明確に定めて、成功度と検査データの関連性を収集すること自体が職能の多い日本では困難です。性格検査は安易な判断に直結させず、統合的で深い人物理解のために活用すべきなのです。

■ 社員適性と面接の意味

日本企業では、職務によって採用を行う欧米企業とは異なり、自社の仲間として迎えたいか、やっていけそうか（社員として適応できるか）という基準で統合的に判断する「社員適性」に重きが置かれています。そのため複数の面接者による「面接」が採用の中心となります。適性検査結果・履歴書・職務経歴書など当人に関する情報すべてを統合し、矛盾も含めて最終的な意思決定を行う、それが人間による面接の意味です。

■ 3つの適応を予想して判断する

企業は適応の可能性を予想し採否を判断します（図表087）。これまで企業は「仕事ができる（職務適応）」「職場の人とうまくやっていける（職場適応）」人材を採用したいと考えてきました。心理学的経営においてはさらに「自分らしくいられる」自己適応を求めており、企業に概念の転換を迫っています。

「個をあるがままに生かす」観点からは、自己適応を促進する一歩目として、性格検査の結果を本人に返却して自己理解に役立ててもらうこと、職場のメンバーに開示して職場適応の援助ツールとして活用することが推奨されています。

次のツボ088では、心理学的経営の6つめの要素である「個性化」について考えていきましょう。

図表087

社員適性と3つの適応

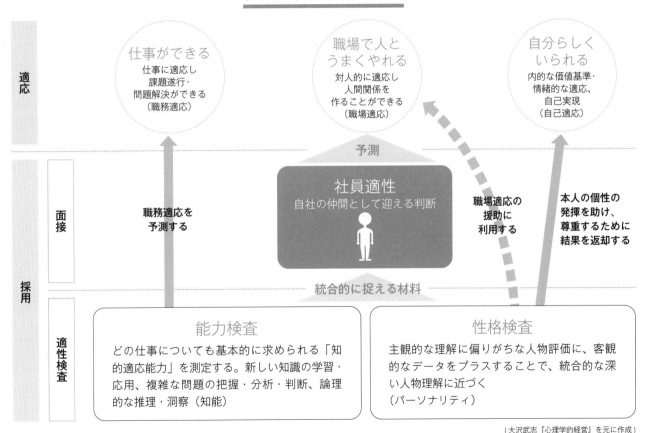

適応

仕事ができる
仕事に適応し
課題遂行・
問題解決ができる
（職務適応）

職場で人と
うまくやれる
対人的に適応し
人間関係を
作ることができる
（職場適応）

自分らしく
いられる
内的な価値基準・
情緒的な適応、
自己実現
（自己適応）

予測

社員適性
自社の仲間として迎える判断

面接

職務適応を
予測する

職場適応の
援助に
利用する

本人の個性の
発揮を助け、
尊重するために
結果を返却する

採用

統合的に捉える材料

適性検査

能力検査
どの仕事についても基本的に求められる「知的適応能力」を測定する。新しい知識の学習・応用、複雑な問題の把握・分析・判断、論理的な推理・洞察（知能）

性格検査
主観的な理解に偏りがちな人物評価に、客観的なデータをプラスすることで、統合的な深い人物理解に近づく（パーソナリティ）

(大沢武志『心理学的経営』を元に作成)

▶ **適性検査は意思決定の材料。怠慢や責任逃れの道具とならないように**　HINT

Q 人間を大事にする経営とはどういうことか？

心理学的経営とは、人間をあるがままにとらえて、人間を大事にする経営です。では人間を大事にするというのはどういうことでしょうか？

それは1人ひとりの「個性」を尊重することです。

■ MBTIの活用

大沢武志は「個性」の問題を扱うとき、心理学者ユングのタイプをもとに開発された「MBTI」というツールの活用を推奨しています。メリットは以下の3点です。

個人の「自己理解」　自己組織化していく汗と泥と血にまみれたプロセス（ツボ085参照）の中で、組織が全社員一人ひとりの個性を把握し、手取り足取り生かしてくれることなど、現実問題としてはありえません。まずは生かされるべき「個性」について、当の本人が自己理解している必要があります。そして自己理解がなければ他者理解は望めず、自己受容ができなければ他者受容も望めません。

職務適応する「適性」を発見（ツボ087参照）し、配置し、開発するという人事上の課題解決につながります。

自己開示と自己受容の促進　リーダー、そしてメンバー同士がお互いに個性を理解し合うことで、それぞれの強みを生かし、弱点を補うチームビルディングに役立てることができます。

■ 個性を見出し理解する

「MBTI」は人間の個性を一定の物差しで測るテストではなく、個性を探る人間理解の手がかりとして、お互いの個性を認め合うための枠組みです。4つの尺度の組み合わせで16タイプのいずれかに分類されます（図表088参照。例えば①は内向、②は直観、③は思考、④は判断の場合は、それぞれのアルファベットを組み合わせて「INTJ」タイプとなります）。タイプに分類することは、個性理解に迫る出発点であって終着駅ではありません。自分のタイプを探し出すところから自分を見直し、自分というもの（自己概念）の点検が始まります。それは同時に他者の「自分」が見えてくる、つまり他者理解の始まりでもあります。

■ 自己実現は永遠のテーマ

「人間は自分自身になろうとして生きる」とは哲学者キルケゴールの言葉です。自分自身とは一体何者なのでしょうか。仕事を通じて、組織の中で、自己実現することを大沢武志はこう言っています。

企業における働く人びとの自己実現、そして豊かな人生の実現自体が心理学的経営のゴールなのだが、それは一筋縄では解決に至らない究極、永遠のテーマであることも認識しなければならないだろう。

次のツボ089では、心理学的経営がどうやって浸透してきたのかを確認しましょう。

100のツボ
088

A 全ての「個性」を積極的に認め、尊重すること

図表088

MBTI

① 基本的態度

外向（E）		内向（I）
エネルギーが自分の外の世界に向かう 行動する―考える―行動する	or	エネルギーが自分の内面の世界に向かう 考える―行動する―考える

② 知覚の方法

感覚（S）		直観（N）
五感を通して、直接ものごとをあるがままに意識する 現実、経験、決められたこと、確実	or	無意識の中にある内在的な観念を、 外界の近く対象に付与する。第六感、可能性、飛躍

③ 判断の方法

思考（T）		感情（F）
知覚したものを論理的な方法で客観的に結論を 下そうとする。冷静、合理原理、分析	or	好みや個人的な基準、関係者や状況に配慮して結論を 下そうとする。主観、共感、調和

④ ライフスタイル

判断（J）		知覚（P）
計画好き、定められた行動、 組織的、規則的、慎重、堅実	or	自由な、流れに任せる、順応的、 臨機応変、柔軟、融通のきく

（大沢武志『心理学的経営』を元に作成）

▶ MBTIの開発者I・B・マイヤーズは「個性」を天からの贈り物「Gift」だと表現しています　HINT

■『心理学的経営』は「バイブル」ではない

心理学的経営はどうやって浸透して文化となっていったのでしょうか。40年近くリクルートに在籍し、創業初期には総務課長としてその歴史をつぶさに見てきた「のりおさん」に伺いました。

> 自分よりも年下の先輩にビシバシ鍛えられるわけです。自分より年下の先輩が数多く活躍しているし、学歴・性別・雇用形態なんてまったく関係ないということを入社して数週間で目の当たりにして、「働く人が主体者である」ということを実際に体験してしまうんです。（BizHint『「人材マネジメント」のツボ』第5回より）

『心理学的経営』に書かれている思想は、バイブルのように読み継がれるものではなく「体験」して「実感」するものなのです。ではなぜリクルートではそれを実際に「体験」してしまうのでしょうか。

■一貫した思想と実践

私（坪谷）はたった1回だけ大沢武志さんにお会いしたことがあります。新しい組織サーベイを開発していた私は、何かヒントをもらえないか、と引退されていた大沢さんを訪ねました。2011年、当時坪谷は35歳、大沢さんは75歳で亡くなる2年前のことでした。

笑顔で固い握手を交わしてくれた大沢さんの第一声は「で、きみのMBTIはなんだね」でした。

100のツボ
089

そして組織サーベイの件をご相談すると「坪谷くん、きみは何をもって人と組織を語っているんだ？どんな本をどれくらい読み、いったい何を信じて発言しているんだ？」と真剣な表情で問いました。私が返答に窮していると、力強い声で続けました。

「私はね、ユングだよ。ユングほど深く人間を理解した人はいないと思っている。だからMBTIだ、そしてSPIなんだ」

迫力とともに感じたのは「一貫性」です。思想、方法論、事業、商品が直線上につながっている、だからこそ組織文化となっていたのだ。そう悟りました。

■根幹に人間の真実がある

「伝統とは火を守ることであり、灰を崇拝することではない」とは作曲家グスタフ・マーラーの言葉です。「個をあるがままに生かす」も「自ら機会を創り出し、機会によって自らを変えよ」も、ミッションやバリューなどと定義されているわけではありませんが、今でも多くの人が座右の銘としています。その根幹にあるものが「人間の真実」だったからこそ、多くのリクルートメンバーが実際に体験し、その火を受け継いできたのではないでしょうか。

次のツボ090では、心理学的経営のこれからについて考えていきましょう。

思想をもとに一貫して施策が行われているため、
入社した人は「体験」してしまう

図表089
大沢武志の書

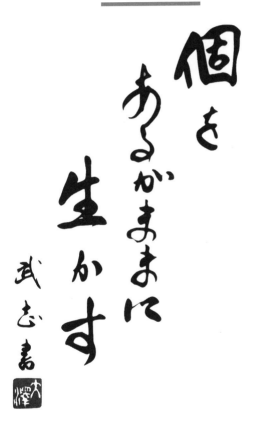

▶ ミッション・バリューと定義しても「人間の真実」に繋がらない言葉は廃れていきます　HINT

絶版となっていた書籍『心理学的経営』は、古書で5万円以上という高値で取引されていましたが2019年に待望の復刻。発売1週間で1,000部の注文が入りました。復刻を機にセミナーや講座が実施され、再び注目を浴びています。さて、これからどうなるのでしょうか？

日本企業の人事のスタンダード

心理学的経営から展開されたサービスたちは日本企業の人事のスタンダードをつくってきました。1963年、履歴書偏重だった企業の採用の常識を否定して「適性検査」を作りました。入社時に適性検査を使用することは、いまでは通例となっています。そして1973年に発売したSPIは今でもシェアNo.1の適性検査です（ツボ087参照）。1971年に開発されたRODは「部下が上司を評価するなんてとんでもない」という当時の価値観をひっくり返すものでした（ツボ015参照）。RODから始まった研修分野においてもリクルートマネジメントソリューションズは最大シェアとなっています（年間受講者23万7,000名 2020年実績）。

残された多くの課題

しかしまだまだ多くの課題が残されています。例えばSPIは「統合的で深い人間理解」「個性発揮のための自己理解」「職場適応支援のツール」として利用すべきだと大沢武志は言いますが、実態はどうでしょう。得点で「足切り」として短絡的に使用されるケースも多くかつ本人や職場に共有されることは少ないのです。

どの企業も「個を尊重する」と口にします。しかし、人事異動や代謝の実態を見ると、本当に尊重しているようには感じられません。人材開発委員会で1人ひとりの成長プランを必死に考え、その上で本人がキャリアウェブで異動希望を出したら、考えはすべて捨ててでも本人の意志を優先する「個人の意志は会社の決定よりも上である」。そんな理想を貫ける会社がいま、リクルート以外にどれだけ存在するのでしょうか。

火を灯し続ける実践者

図表090はリクルート出身（元リクと呼ばれます）の代表取締役・CEOたちです。これが人材輩出企業と呼ばれている所以です。この皆さんが「個をあるがままに生かす」という言葉を使っているかどうかはわかりません、しかしその根幹にある「働く個人が主人公である」思想をリクルートで体験し実感していることは疑いないでしょう（ツボ089）。

リクルートから輩出された数多くの経営者たちが実践者として、心理学的経営の火を、次の時代に灯し続けてくれるのではないでしょうか。私はそこに希望を感じます。そして微力ながら、私自身もその役割を担っていきたいと考えています。

100 の ツボ
090

図表090

リクルート出身の代表取締役・CEO

47ホールディングス株式会社	代表取締役	阿久根 聡		株式会社キャリアインデックス	代表取締役会長CEO	板倉広高
株式会社エアトリ	CEO	薛 悠司		株式会社キャリアデザインセンター	代表取締役社長兼会長	多田弘實
GMO TECH株式会社	CEO	鈴木明人		株式会社クイック	代表取締役会長兼会長	和納 勉
株式会社Kaizen Platform	代表取締役	須藤憲司		株式会社クライス&カンパニー	代表取締役社長	丸山貴宏
negocia株式会社	代表取締役CEO	柴山 大		株式会社グライダーアソシエイツ	代表取締役社長	杉本哲哉
toBeマーケティング株式会社	代表取締役	小池智和		株式会社グリーンロード	代表取締役	高原良午
WAmazing株式会社	CEO	加藤史子		株式会社ゴールドクレスト	代表取締役社長	安川秀俊
アウンコンサルティング株式会社	代表取締役社長CEO	信太 明		株式会社壺中天	代表取締役	坪谷邦生
アクトデザインラボ株式会社	代表取締役CEO	和田宏樹		株式会社ジーニー	代表取締役社長	工藤智昭
アソビュー株式会社	代表取締役	山野智久		株式会社じげん	代表取締役 社長執行役員CEO	平尾 丈
JIG-SAW株式会社	代表取締役	山川真考		株式会社ジザイラボ	代表取締役	江畑聡美
パーソルホールディングス株式会社	取締役会長	水田正道		株式会社ジモティー	代表取締役社長	加藤貴博
ルーセントドアーズ株式会社	代表取締役	黒田真行		株式会社ショーケース	取締役会長	森 雅弘
株式会社deflag	代表取締役	佐々木 陽		株式会社Schoo	代表取締役社長CEO兼CCO	森健志郎
株式会社 大都	代表取締役	山田岳人		株式会社セルム	代表取締役社長	加島禎二
株式会社BRICOLEUR	代表取締役	野元義久		株式会社セレブレイン	代表取締役社長	高城幸司
aMi Inc.	CEO	藤井悠夏		株式会社ツナググループ・ホールディングス	代表取締役社長	米田光宏
株式会社HARES	代表取締役社長	西村創一朗		株式会社バーニャカウダ	代表取締役CEO	古川 亮
株式会社HERP	代表取締役CEO	庄田一郎		ピクス一株式会社	CEO	塩澤元氣
株式会社JAM	代表取締役社長	水谷健彦		株式会社フージャースホールディングス	代表取締役社長	廣岡哲也
株式会社Jストリーム	代表取締役社長	石松俊雄		株式会社フェリーチェ	代表取締役	青池隆明
株式会社K&A	代表取締役	鎌田和彦		株式会社ブライトウェイ	代表取締役	高祖智明
株式会社リブ	代表取締役社長	松本洋介		株式会社ママスクエア	代表取締役	藤代 聡
株式会社LIFULL	代表取締役社長	井上高志		株式会社メドレックス	代表取締役社長	松村米浩
株式会社meleap	CEO	福田浩士		株式会社モノリス	代表取締役会長	岩井良明
株式会社MS-Japan	代表取締役社長	有本隆浩		株式会社ユニヴァ・ペイキャスト	代表取締役会長	稲葉秀二
株式会社Selan	代表取締役	樋口亜希		株式会社ユニポテンシャル	代表取締役	蛎田一博
株式会社U-NEXT	代表取締役社長	堤 天心		株式会社ラージヒル	代表取締役	百瀬寿祐
株式会社アクアビットスパイラルズ	代表取締役CEO	萩原智啓		株式会社ラージヒルマーケティング	代表取締役社長	安江良一
株式会社イトクロ	代表取締役CEO	山木 学		株式会社リンクアンドモチベーション	代表取締役会長	小笹芳央
株式会社イノベーション	代表取締役社長	富田直人		株式会社レジェンダ	代表取締役	藤波達雄
株式会社エバーセンス	代表取締役	牧野哲也		株式会社北の達人コーポレーション	代表取締役社長	木下勝寿
株式会社オックスコンサルティング	代表取締役	原 康雄		自然電力株式会社	代表取締役	磯野 謙
株式会社カチタス	代表取締役	新井健資		有限会社エマメイコーポレーション	代表取締役	大塚 寿
株式会社キッズライン	代表取締役	経沢香保子				

(KeyPlayers『リクルート出身の社長・起業家・経営者一覧【CXOのキャリアまとめ】』を元に作成)

▶「金を残して死ぬ者は下。仕事を残して死ぬ者は中。人を残して死ぬ者は上」後藤新平　　HINT

235

まとめ

Chapter9.のまとめとしてツボ081〜090のQ&Aを一覧としています（右表）。

また、人事担当者、管理職（マネジャー）、経営者、組織で働く人それぞれに向けてこの「心理学的経営」でお伝えしたいメッセージを記載しています。

人事担当者の方へ

人事担当者の方に、この心理学的経営から最も学んで欲しいのは「施策の一貫性」です。自社が存在する目的（ミッション）、そして経営の思想を知り、それを一貫した人事施策で実現していくことが求められます。ヒントはあなた自身の中にあります。「あなたはどうしたい？（Why are you here?）」まったく思い浮かばない時は、まず「入社動機」を思い出し、仲間たちと語り合ってみましょう。

管理職（マネジャー）の方へ

管理職（マネジャー）の方に一番学んでほしいのは、リーダーシップ（影響力）です。組織の目的に向けて影響力を発揮できていますか？　その答えは自己認知ではなく、他者認知の中に、つまりメンバー（部下）の中にあります。たとえ素晴らしい理想を掲げて指し示していたとしても、誰もついてきてくれないのであれば、あなたにはリーダーシップがなかったということです。しかし諦めないでください。リーダーシップは伸ばすことができます（ツボ086）。

経営者の方へ

経営者の方は、自社の思想（ミッション・理念）を指し示す役割を担っています。大沢武志は「個人が主役である」という思想を指し示し、一貫して徹底することでリクルート社の組織文化を作りました。あなたは何を指し示していますか？　そしてそれはどのような「人間の真実」につながっていますか？　ぜひ考えてみてください。

組織で働く方へ

心理学的経営で謳われている「個人が尊重される」「個人が主人公である」とはとても素晴らしいことです。しかし、それは個人にWill（やりたいこと・意志）が問われ、そしてそれを葛藤の中で自分で実行し続けるという自律の厳しさも含んでいます。「あなたはどうしたい？（Why are you here?）」と問われることを、時には苦しみながらも「楽しい」と感じられるかどうかによって、その環境は天国にも地獄にもなるでしょう。

次のChapter10.では、知恵の企業モデル『ワイズカンパニー』について学びます。

次の **1** 歩

心理学的経営について、
さらに1歩踏み出して学びたい方へおすすめの書籍をご紹介します。

ユング心理学入門

河合隼雄 著
岩波書店／2009年

難易度 🌶🌶🌶

心理学的経営の源流であるユング心理学を知る入門書として最適な一冊。河合隼雄はユングを日本に持ち込んだ心理学者です。大沢武志との親交は深く『心理学的経営』にも幾度も登場しています。個性化を推進しながら「個性化とは本当は恐ろしいこと」だと言い、心理学者でありながら「人の心などわかるはずがない」と言う、二律背反のスタイルに彼の本質が感じられます。

人間のタイプと適性

I.B. マイヤーズ 著
日本リクルートセンター出版部／1982年

難易度 🌶🌶🌶🌶🌶

MBTI（ツボ088参照）の開発者マイヤーズ自身による解説書。大沢武志が翻訳しています。訳者あとがきには「ひとりひとりの人間に授けられた天賦の個性が、それぞれ完全に発現されることこそ、そして天賦の才能をお互いに認め合うことから出発して、各人がその贈物を限りなく開花させるところに、人間の最高の価値があるとするのがMBTIの哲学である」とあります。研究データとマイヤーズ自身の思想に触れられる数少ない日本語の書籍です。

人事と採用のセオリー

曽和利光 著
ソシム／2018年

難易度 🌶🌶

リクルート社の人事部で十数年、人事業務を担当してきた曽和利光の名著。『心理学的経営』で謳われていることは、実際にどのように行えば良いかがよくわかります。特に「人員計画」「採用」「代謝」の設計について学びたい方におすすめです。その領域をここまで実践的に書いた本は他にないと思います。

マネジメントの基礎理論

海老原嗣生 著
プレジデント社／2015年

難易度 🌶🌶

元リクルート「Works」編集長、海老原嗣生が大沢武志の「遺志」を継いで執筆した一冊です。あとがきには当時絶版となっていた『心理学的経営』復刊の露払い役となりたいと書かれています。『心理学的経営』に登場する概念をわかりやすく解説し、実際のマネジメントで活用できる形にまで落とし込んでいます。『心理学的経営』は難しすぎるという若手マネジャーにおすすめです。

強みを活かす

曽山哲人 著
PHP研究所／2017年

難易度 🌶🌶

サイバーエージェント社の人事役員、曽山哲人はTwitterでも『心理学的経営』から影響を受けていると発信していました。人事の実践が書かれた当書は、タイトルからも思想の近さを感じられ、ある意味最もリアルに「個をあるがままに生かす」を体現している実例だと感じます。巻末にはリクルートホールディングスCHRO瀬名波文野と曽山哲人の人事トップ対談も掲載されてます。現在の両社の実践がわかり、この部分だけをとっても貴重な書籍と言えます。

個と組織を生かすリモートマネジメントの教科書

武藤久美子 著
クロスメディア・パブリッシング／2021年

難易度 🌶

「リモートワークになってからマネジメントがうまくいかなくて…」コロナ禍以降、私もこのお悩みを各社からずっと相談されてきました。当書はそこにダイレクトに答えてくれる教科書です。著者の武藤久美子はリクルートマネジメントソリューションズのコンサルタントとして働き方改革の先進事例を作り続けてきた方です。「個と組織を生かす」心理学的経営の系譜にあるマネジメント方法論の最新版と呼べる一冊でしょう。

ユング心理学には「シャドウ（影）」というものが登場します。

自分自身の認めたくない部分、これまでの人生で生かされてこなかった未発達・未成熟な性質のことです。「個をあるがままに生かす」ためには避けて通れない存在で「個性化（ツボ088）」の大きなヒントがあるといわれています。

私がシャドウに直面したのは、リクルートマネジメントソリューションズ社で人事コンサルタントになったばかりの32歳のときでした。初めてクライアントに提案をすることになり、駆け出しコンサルである私は張り切っていました。しかし1つ気になることが。今回の提案は、中途入社同期の小河くんと一緒に行うことになったのです。彼は大手銀行の経営企画出身のエリートで、如才なく周囲に溶け込んでいくことができる人でした。入社して間もないのにもう先輩たちと談笑しています。内向的で初対面の人と接することが下手な私は、彼に苦手意識を持っていたのでした。

私は提案の要点をA3用紙1枚にまとめて社長に提案しようと考えました。一方小河くんは詳細まで丁寧に説明したA4用紙100枚の提案書を作成すべきだと主張しました。どうにも意見が合いません。侃々諤々と言い争っているときに、ベテランコンサルタントである橋本一郎さんが見るに見かねて声をかけてくれました。『心理学的経営』を開いてMBTIの一覧表を見せながら「坪谷と小河のタイプは対極だろう？　これがシャドウだ。シャドウ同士はたいてい反発しあうが、もしうまくいったら強みを生かしあい、弱みを補いあえる、最強のタッグになる」と教えてくれたのです。

我がシャドウ、小河くんの強みを生かす…。そこから私たちの協働の質が大きく変わりました。提案当日。私が社長にA3用紙1枚で要点を説明し、社長からの細かい質問にはすかさず小河くんがA4用紙100枚の資料で補足する。コンビプレイが綺麗に決まり、無事に初の大型受注となったのでした。

Chapter 10.

ワイズカンパニー

Chapter10.は『ワイズカンパニー』を学びます。有名な経営書『知識創造企業』の続編です。

■ 日本を代表する経営書『知識創造企業』

1995年『Knowledge-Creating Company』として英語の書籍として出版された『知識創造企業』は10ヶ国語以上で翻訳されました（日本では1996年に翻訳）。当時、日本企業は隆盛を誇っていました。平成元年（1989年）の世界の時価総額ランキングを見ると、TOP5は日本企業が独占、上位50社中32社は日本企業がランクインしています。「その強さの理由を知りたい」という時代の要請に応えて当書は執筆されました。

その強さの理由は「知識」でした。言葉にできる知識「形式知」だけではなく、言葉にできない知識「暗黙知」にこそ当時の日本企業の強さの秘密があったのです。1人ひとりのもつ暗黙知を、組織の形式知へと変換し、イノベーションに高めていく。当書で提唱された「SECIモデル（知識創造理論）」は世界中で活用され、ナレッジマネジメントブームを巻き起こしました。

世界中の論文で3万件以上引用され、ピーター・ドラッカーに「現代の名著」と称賛されています。その価値は現代でも変わりません。2019年に世界の経営学を紹介してベストセラーとなった『世界標準の経営理論』において、入山章栄教授はこう評しています。

現時点の経営学において、SECIモデルほど知の創造を深く説明したモデルは存在しない。（中略）SECIモデルは今ビジネスの世界で大きな課題となっているイノベーション、デザイン思考、そしてAIとの付き合い方にまで、多大な示唆を与える。これからの時代に、不可欠な理論なのだ。（入山章栄『世界標準の経営理論』より）

■ 実践と知恵の『ワイズカンパニー』

『知識創造企業』から25年、四半世紀を経て書かれた続編が『ワイズカンパニー』です。著者たちは執筆の理由を3点あげています。

①理論から「実践」へ：SECIは世の中に受け入れてもらえたが、日々のビジネスの場面で具体的にどのように役立てれば良いのか、知識を活用して行動に結びつける、より実践的な内容を示す。

②変化に対応する「知恵」：あらゆる知識が無料で手に入り、企業の枠組みを超えて共有される世の中になった。この大きな変化に対応するために必要なのは、高次の暗黙知である「知恵」だ。

③「理論」をさらに磨く：クルト・レヴィン（ツボ007）は「優れた理論ほど実用的なものはない」と言った。優れた理論を追究し続けることが人々の役に立つと信じて、理論をさらに磨いた。

次のツボ092はワイズカンパニーの特徴を見ていきましょう。

100のツボ
091

日本を代表する経営書『知識創造企業』の続編。より実践的な理論を目指した「知恵」の書

図表091

『知識創造企業』と『ワイズカンパニー』

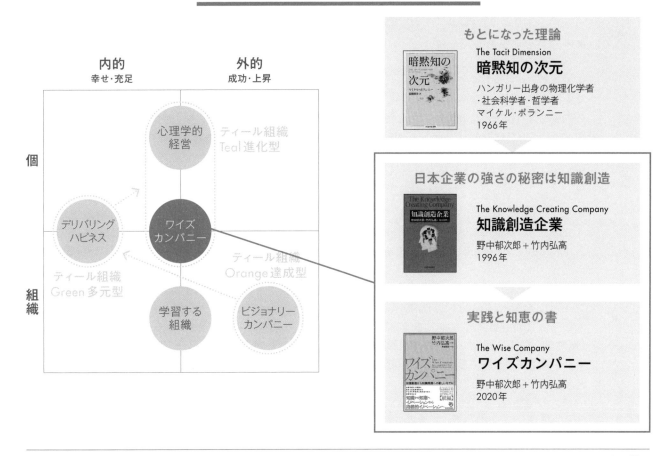

内的
幸せ・充足

外的
成功・上昇

個

組織

心理学的経営

ティール組織
Teal 進化型

デリバリングハピネス

ワイズカンパニー

ティール組織
Green 多元型

ティール組織
Orange 達成型

学習する組織

ビジョナリーカンパニー

もとになった理論

The Tacit Dimension
暗黙知の次元

ハンガリー出身の物理化学者
・社会科学者・哲学者
マイケル・ポランニー
1966年

日本企業の強さの秘密は知識創造

The Knowledge Creating Company
知識創造企業

野中郁次郎＋竹内弘高
1996年

実践と知恵の書

The Wise Company
ワイズカンパニー

野中郁次郎＋竹内弘高
2020年

▶「情報」に目的と文脈が伴って「知識」へ、「知識」に実践的な習慣が伴って「知恵」へ

HINT

Q ワイズカンパニーの特徴は？

ワイズカンパニーの前提となる「SECI」について確認し、さらにその実践のポイントを学びましょう。

■ 情報から知識へ（SECI）

1995年に提唱されたSECIという「知識」を創造するモデルは世界中で受け入れられ、ナレッジマネジメントブームを巻き起こしました。

知識には（情報とは異なり）こんな特徴があります。「目的」があり「行動」と切り離せない、「信念」や「積極的な関与（コミットメント）」が深く関わる、当人の「価値観」「倫理観」「道徳観」によって形作られる、文脈や他者との関係があり「意味」が伴う。

SECIとは、組織において共同化（Socialization）、表出化（Externalization）、連結化（Combination）、内面化（Internalization）というプロセスを通じて、新しい知識を生み出すことこそが、イノベーションを起こす鍵である、という理論でした。

ここでは哲学者マイケル・ポランニーのいう「暗黙知」つまり個人の身体的な経験、主観的な直観、理想に深く根ざした知識が重要な位置を占めています。

個人の暗黙知が、組織全体の知識に転換され、そしてまた1人ひとりへ返ってきて暗黙知が豊かに深まっていく。個人と組織、暗黙知と形式知がダイナミックに行き交う成長サイクルがSECIなのです。

■ 知識から知恵へ（SECIスパイラル）

それから25年以上が経ち、実際の組織ではSECIが止まってしまう「SECI行き詰まり症候群」が現れました。これを解決するために、SECIが循環し続けている企業の実践を探り、理論に磨きをかけたものがワイズカンパニーの「SECIスパイラル」です。

実践企業（ワイズカンパニー）では、SECIが何周も回ることで、持続的にイノベーションが起こり、その影響範囲が組織、組織間、社会へと広がり上昇を続けていました。例えばホンダはピストンリング、バイク、自動車、飛行機と範囲を拡大しながらイノベーションを起こし続けてきたのです。

このSECIを止めずに上昇させ続ける原動力は、リーダーの「フロネシス」にあります。フロネシスとは古代の哲学者アリストテレスが提唱した概念です。高次の暗黙知であるフロネシスは実践によって育まれる力です。ものの本質を見抜き（ミステリアスで）、変化の激しい世界に対処することができる（ダイナミックな）「知恵」のことです。

知恵を持ったリーダー、ワイズリーダーがSECIスパイラルを回し上昇させ、持続的なイノベーションを可能にするのです。

次のツボ093ではワイズリーダーのフロネシス、つまり実践知のリーダーシップがどのようなものか見ていきましょう。

100のツボ
092

SECIをスパイラルに上昇させ、持続的にイノベーションを起こし続けている

SECI スパイラル

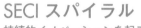

持続的イノベーションを起こし続ける

- 知識から知恵へ
- SECI を回し続ける
- スパイラルに上昇して影響範囲を拡大
- ワイズリーダーのフロネシスが原動力
- 共通善へと向かう

SECI

イノベーションを起こす

- 情報から知識へ
- 暗黙知と形式知を循環させることで知識を創造する
- 個人の暗黙知から始まる

図表092
SECI スパイラル

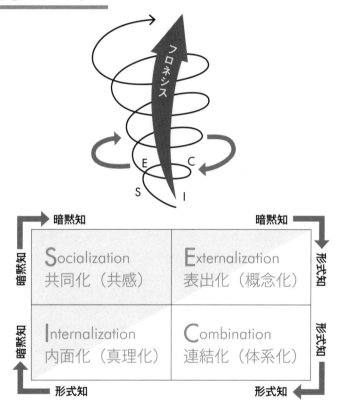

（野中郁次郎 + 竹内弘高『ワイズカンパニー』を元に作成）

▶ 知識も知恵も、個人の内側から始まり、他者との関係性の中で高められていきます　HINT

■6つのリーダーシップの実践

持続的イノベーションを起こし続けるSECIスパイラルを回すのは、ワイズリーダーの6つの実践です。

何が善かを判断する：ワイズリーダーは何が「善」かを判断する習慣を身につけています。創業者は共通善を「生き方」とすること、そしてその率先垂範を見ながら、現場の社員は「いま・ここ」で判断し行動する、これを習慣としていくのです。

その能力を育むためには①逆境や失敗の経験、②あくなき卓越の追求、③リベラルアーツを学ぶ、④価値観や倫理観の原則を共有する、という4つの方法があります（詳細はツボ094）。

本質をつかむ：ワイズリーダーは本質を素早くつかみ、出来事や人の真の性質を見抜きます。

その能力を育むためには①徹底的に問う、②木と森を見る、③仮説を立て試し検証する、という3つの方法があります（詳細はツボ095）。

「場」を創造する：ワイズリーダーは、経営幹部や社員が互いに学び合い、新しい知識を共同で創造できるよう、相互交流の機会を作っています。

その能力を育むためには①垣根を作らない、②タイミングを見計らう、③セレンディピティを引き出す、④本音で話す、⑤共通の目的意識を育む、⑥コミットメントの範を示す、という6つの方法があります（詳細はツボ096）。

本質を伝える：ワイズリーダーは、レトリック・メタファー・物語を使い、伝わる言葉で本質を届けます。

その能力を育むためには①小説をたくさん読む、②感動的なスピーチを聞く、③率直な会話を交わす、④歴史を再構築する、という4つの方法があります（詳細はツボ097）。

政治力を行使する：ワイズリーダーは、善なる目的に向けて、あらゆる手段を使って人を動かします。

その能力を育むためには①弁証法の利用、②ミドルアップダウンマネジメントの適用、③肯定的な反抗を奨励する、という3つの方法があります（詳細はツボ098）。

社員の実践知を育む：ワイズリーダーは、自律分散型リーダーシップによって組織のあらゆる層の人々の実践知を育みます。

その能力を育むためには①現代版の徒弟制度、②全員経営、③ジャズのような即興、④ダイナミックなネットワーク型組織、という4つの方法があります（詳細はツボ099）。

次のツボ094〜099にてそれぞれを詳しくみていきましょう。まず094は、「何が善かを判断する」です。

図表093

6つのリーダーシップの実践

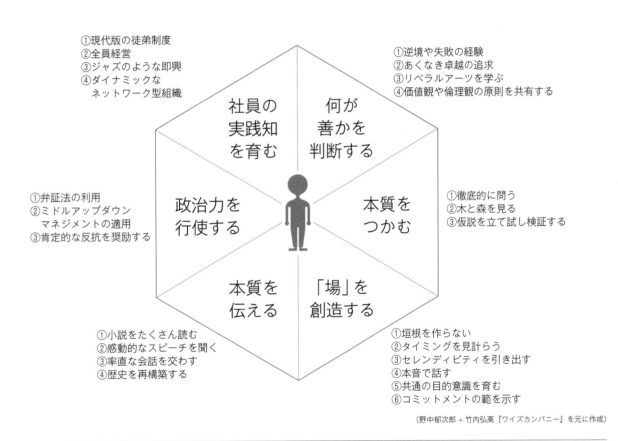

①現代版の徒弟制度
②全員経営
③ジャズのような即興
④ダイナミックな
　ネットワーク型組織

①逆境や失敗の経験
②あくなき卓越の追求
③リベラルアーツを学ぶ
④価値観や倫理観の原則を共有する

社員の
実践知
を育む

何が
善かを
判断する

①弁証法の利用
②ミドルアップダウン
　マネジメントの適用
③肯定的な反抗を奨励する

政治力を
行使する

本質を
つかむ

①徹底的に問う
②木と森を見る
③仮説を立て試し検証する

本質を
伝える

「場」を
創造する

①小説をたくさん読む
②感動的なスピーチを聞く
③率直な会話を交わす
④歴史を再構築する

①垣根を作らない
②タイミングを見計らう
③セレンディピティを引き出す
④本音で話す
⑤共通の目的意識を育む
⑥コミットメントの範を示す

（野中郁次郎 + 竹内弘高『ワイズカンパニー』を元に作成）

▶6つのリーダーシップは「育む」ことができます　HINT

Q 何が「善」かを判断する力を養うためには?

ワイズリーダーシップ実践の1つ目は、「善」についての判断力です。ワイズリーダーは、自社や社会にとって何が良いことかを見極める能力に秀でています。

■ 共通善を「生き方」とする創業者

組織における「善」の判断を習慣として根付かせることは簡単ではありません。まずは創業者が率先垂範することが大切です。そのお手本としてYKKの創業者、吉田忠雄を紹介します。

吉田の経営哲学は「善の巡環」です。25歳の時、働いていた会社が倒産し、その子会社であるファスナーメーカーを譲り受けた吉田は「他人の利益を図らずして自らの繁栄はない」と考えました。顧客に価値の高い製品を提供し、供給業者や流通業者を繁栄させ、社員に高給をもたらす、この三者に利益が分配される「成果の三分配」が果たされるとき、企業は存在価値を社会に認めてもらえるという持論に至ったのです。これは理想論に聞こえるかもしれません。しかしその「善」の理想があったからこそ、YKKは世界一のファスナーメーカーになりました。

■「いま・ここ」で判断し行動する社員

偉大な創業者や経営者からの指示を待たずに「いま・ここ」で正しい判断をして実行できる現場の社員こそがワイズリーダーだと言えます。

2011年3月11日東北地方を襲った震災の時、福島ヤクルト販売のヤクルトレディ(配達を行うパート社員)たちは、被災者である顧客に無償で水やインスタント麺を届けました。その行動は会社に無断であったのですがCEOの渡邊博美は「皆さんはわが社の理念(世界の人々の健康で楽しい生活づくりに貢献します)を実践してくれました」と称賛し、さらにその動きを後押しする支援を行いました。

■「善」についての判断力を育む

善の判断力を養う4つの方法を紹介します。

①逆境や失敗の経験:本田宗一郎「成功は99%の失敗に支えられた1%だ」、柳井正「一勝九敗」。

②あくなき卓越の追求:トヨタ「カイゼン」、ホンダ「作って喜び、売って喜び、買って喜ぶ」。

③リベラルアーツを学ぶ:ピーター・ドラッカー「『リベラル(自由)』であるのは、マネジメントでは知識や、自己認識や、知恵や、リーダーシップの土台が問われるからであり、『アーツ(技芸)』であるのは、マネジメントでは実践と応用が問われるから」。

④価値観や倫理観の原則を共有:稲盛和夫「JALフィロソフィ」、柳井正「経営理念23か条」。

次のツボ095ではワイズリーダーシップ実践の2つ目「本質をつかむ」について見ていきます。

図表094

善についての判断

創業者・経営者
共通善を「生き方」とする

現場の社員
「いま・ここ」で判断し行動する

率先垂範

書き残す

能力の育み方

①逆境や失敗の経験　　②あくなき卓越の追求　　③リベラルアーツを学ぶ

④価値観や倫理観の原則を共有する

（野中郁次郎＋竹内弘高『ワイズカンパニー』を元に作成）

▶ 稲盛和夫の倫理の基準は「子どものときに親から教わった、ごく当たり前の道徳心」　HINT

Q 本質をつかむためには？

ワイズリーダーシップ実践の2つ目は、本質をつかむことです。ワイズリーダーは、本質を素早くつかみ、出来事や人の真の性質を見抜きます。

■ 深い根を張って、高みを目指す

本質をつかむことの事例をお伝えします。

身体的な経験：ホンダの創業者、本田宗一郎は新しく設計されたバイクの出来を判断するために、レーストラックをフルスピードで30周させた。グラウンドに低くしゃがんで、目の前を通り過ぎるバイクを目でみて、エンジン音を耳できいて、振動を地面から手で感じ取って「これでいこう」「やり直し」と決定を下した。

細部への注意：JALの元会長、稲盛和夫は経営会議において、他の経営幹部や執行幹部が見逃す問題を見つけ出すことで有名だった。A3サイズで80〜100枚の数字で埋め尽くされた報告書を読んでいると「おかしなところはな、向こうから数字が飛び込んでくるんや」。

直観を研ぎ澄ませる：アップルのスティーブ・ジョブズは主観的な直観と規律をどう使うかを理解していた。「技術を生み出すためには直観と創造性が求められる」。禅の瞑想を体験をして、永平寺の修行僧になりたいと口にしていた。

利他の本質を知る：稲盛和夫は65歳のとき京都の円福寺で得度して僧侶になった。厳しい托鉢の修行の途中、公園を掃除していた作業服姿の年配の婦人が頭陀袋に入れてくれた500円玉から、利他の心の真髄を実感した。

変化に対応する：セブン＆アイ・ホールディングスの元CEO、鈴木敏文は「変化への対応」を経営理念としている。コンビニ事業は需要が目まぐるしく変わるため、長期的な計画に従うのはナンセンスである。「いま・ここ」において一番必要とされる知識を創造することを重視している。

科学ではなくアート：KUMONの創業者、公文公は「足に靴を合わせる教育」つまり生徒1人ひとりに合わせた教育を志した。指導にマニュアルはなく、生徒にどう応じるかは指導者の判断に委ねられている。科学ではなくアートなのだ。

■ 本質をつかむ能力を育む

本質をつかむ能力を養う3つの方法を紹介します。

①徹底的に問う：トヨタでは「なぜ」を5回繰り返すことで、問題の根本的な原因を突き止める。

②木と森を見る：セブンイレブンでは、店舗の従業員が発注する商品を決める。幹部も商品を見て感じて味わうことが求められている。

③仮説を立て試し検証する：セブンイレブンでは、店舗の従業員が顧客の立場で仮説を立て、発注し、POSデータの結果を検証している。

次のツボ096ではワイズリーダーシップ実践の3つ目「場を創造する」について見ていきましょう。

図表095
本質をつかむ

深い根を張って、高みを目指す

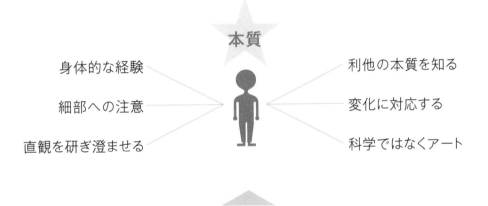

★
本質

身体的な経験 ——

細部への注意 ——

直観を研ぎ澄ませる ——

—— 利他の本質を知る

—— 変化に対応する

—— 科学ではなくアート

能力の育み方

①徹底的に問う

②木と森を見る

③仮説を立て
試し検証する

(野中郁次郎 + 竹内弘高『ワイズカンパニー』を元に作成)

▶本質をつかむとは「体と心の働きを完璧に一致させる」ことです　HINT

Q 「場」を創造するとは？

ワイズリーダーシップ実践の3つ目は、「場」を創造することです。ワイズリーダーは、経営幹部や社員が互いに学び合い、新しい知識を共同で創造できるよう、相互交流の機会を作っています。

■ あらゆる相互交流の「場」

この「場」という概念は日本の哲学者、西田幾多郎によって打ち立てられました。「場」とは人と人との関係が築かれ、相互交流が生じる環境のことを言います。

酒席などの非公式な場も、会議などの公式な場もあります。数百人が集う大きな場も、数名の小さな場もあります。社内の場も、社外の場もあります。直接顔を合わせる場も、バーチャルな場もあります。これらの「場」に加わった人々は情報を共有して「いま・ここ（ツボ005）」の関係を築きます。各自が自分を互いの関係の中に置き、相手の視点や価値観を、主観的に理解しようとします。

■「場」になるための条件

すべての相互交流が必ず「場」になるわけではありません。その相互交流から「新しい洞察」が得られたり、「新しい意味」が創出されたりするのでなければ「場」とはいえません。そして「コミュニティを拡大させる原動力」にもならなければなりません。その効果の大きさは、誰が参加するか、1人ひとりのコミットメントがどれほど強

いか、いつどこで参加者同士が関わり合うかによって決まります。

■「場」を創造するための能力を育む

「場」を創造する能力を育む方法を紹介します。

①垣根を作らない：福島原発事故の後、短期間で放射線測定器の開発に成功したセーフキャストはオープンさを第一とした（情報の無料公開）。

②タイミングを見計らう：セーフキャストは事故から1週間経たないうちにチームを結成し開発に取り組んだ。

③セレンディピティを引き出す：グーグル本社は偶然の出会いを狙って、大学キャンパスのような空間を設計した。

④本音で話す：ホンダの「ワイガヤ」は30人が3日間「自分たちの根本的な存在理由」を語り合う。天才本田宗一郎に社員が全員で張り合うため生み出された。

⑤共通の目的意識を育む：エーザイでは研究員たちが患者を訪問することで、「ヒューマンヘルスケア」という理念を理解する。

⑥コミットメントの範を示す：トヨタCEO豊田章男はドライバーとしてヨーロッパのカーレースに10年間挑み続けることで「場」を切り開いた。

次のツボ097では、実践の4つ目「本質を伝える」について見ていきましょう。

100のツボ
096

図表096
「場」の創造

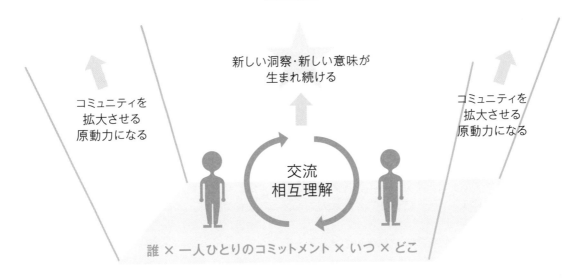

新しい洞察・新しい意味が
生まれ続ける

コミュニティを
拡大させる
原動力になる

コミュニティを
拡大させる
原動力になる

交流
相互理解

誰 × 一人ひとりのコミットメント × いつ × どこ

能力の育み方

①垣根を作らない　②タイミングを見計らう　③セレンディピティを引き出す
④本音で話す　⑤共通の目的意識を育む　⑥コミットメントの範を示す

（野中郁次郎 + 竹内弘高『ワイズカンパニー』を元に作成）

▶ 西田幾多郎は、自分と他者が1つになろうとすることを「主客合一」と言っています　HINT

ワイズリーダーシップ実践の4つ目は、本質を伝える能力です。ワイズリーダーは、レトリック・メタファー・物語を使い、伝わる言葉で本質を届けます。

■レトリックで人々の心を奮い立たせる

レトリックとは、効果的に伝えて説得し「意欲を引き出す」方法のことです。アリストテレス『弁論術』によれば「個々の状況に適した説得の仕方を見極める能力」であり、深い感情レベルで相手の反応を感じ取ることが求められます。事例として1913年に探検家アーネスト・シャクルトンが出した新聞広告を見てみましょう。南極点を目指す遠征隊に5,000人が応募してきた求人広告の金字塔です。

「過酷な旅行の同行者募集。低報酬で酷寒、数ヶ月続く完全な闇夜、絶えざる危険。安全な帰還は保証されない。成功の暁には、名誉と称賛が与えられる」

レトリックにはロゴス（論理）・パトス（感情）・エトス（人格）の3つの手段が必要だとアリストテレスは説いています。この例では端的で嘘のない文章（論理）、愛国心を揺さぶる成功の定義（感情）、そしてシャクルトンの信頼できる経歴と性格（人格）、見事に3つの手段が入っていることがわかります。

■メタファーでわかりやすく想像させる

メタファーとは、隠喩、例えのことです。野球やゴルフなどのスポーツ、そして子育てがメタファーに多用されます。ほとんどの人がその経験を持っていて鮮明に思い描くことができるからです。

■物語を使って共感と自己理解をもたらす

物語を使うと、他者の視点から人間を理解できます。経験に共感することで相手の感じ方や考え方を知り、その知恵は自分自身を理解することにつながります。2005年のスタンフォード大学の卒業式で披露されたスティーブ・ジョブズの物語は、卒業生たちに「心の声に従うことをやめてはならない」という生きるために最も必要な知恵を、物語によって伝授しました。

■本質を伝える能力を育むために

本質を伝える能力を育む4つの方法を紹介します。
①小説をたくさん読む：多様な追体験で共感力を磨く。
②感動的なスピーチを聞く：レトリックを学ぶ。
③率直な会話を交わす：様々な人を理解する。
④歴史を再構築する：過去を再解釈して歴史を紡ぐ。

次のツボ098では、実践の5つ目「政治力の行使」について見ていきましょう。

図表097

本質を伝える力

レトリック	メタファー	物語
効果的に伝えて説得し意欲を引き出す	何かに例えることでわかりやすく想像させる	他者への共感と自己理解をもたらす
必要な3つの手段	日常的なたとえ	不可欠な要素
• ロゴス：論理 • パトス：感情 • エトス：人格	• 野球 • ゴルフ • 子育て……など	• 偶然 • 個性 • 選択

能力の育み方

①小説をたくさん読む　　　　③率直な会話を交わす
②感動的なスピーチを聞く　　④歴史を再構築する

（野中郁次郎＋竹内弘高『ワイズカンパニー』を元に作成）

▶「伝える」とは想像力を働かせて、相手に共感し、相手から共感されることです　HINT

Q　政治力を行使するとは？

100 の ツボ
098

　ワイズリーダーシップ実践の5つ目は、政治力の行使です。ワイズリーダーは、善なる目的に向けて、あらゆる手段を使って人を動かします。

■ 矛盾を受け入れ、統合する

　本質をつかみ、伝えるだけではなく「実際に人を動かす」ことがリーダーには求められます。相反する目標を持つ人々を、いかなる状況においても動かすためには、「あれか、これか」ではなく「あれも、これも」という統合的な発想が必要です。「二つの相反する考えを同時に抱きながら、なおかつきちんと考えられるのが、第一級の知性の証し」（F・スコット・フィッツジェラルド）なのです。

■ 人 を 行 動 に 駆 り 立 て る

　どうやって人を動かすのか、まったくタイプの違う2人のワイズリーダーを紹介します。

　ホンダの本田宗一郎は社長退任後、自分で車を運転し、全国の事業所700ヶ所を1年半かけて巡り、全社員と握手を交わしました。さらに半年かけて海外の社員とも握手を交わして回りました。「『おう、××君、ありがとう』といって、一人一人手を握ったんだ。オレは涙が出た。むこうの若い人たちも泣いたよ。けど、オレは士気を鼓舞するなんて気じゃない。自分が嬉しいからやるんだ」社員がおやじさん（宗一郎）のためなら「火中の栗を拾う」という理由がここにあります。

　アメリカ合衆国34代大統領であり、陸軍参謀総長であったアイゼンハワー将軍は、ポーカーやブリッジの名手でした。自分の手を悟られずに相手の心を読むことがうまかったのです。ジャーナリストはこう評しています。「米国にとって幸運だったのは、国を率いる人物が戦争の性質を誰よりよく理解していたこと、忍耐強さや知恵に加え、平和を保つために必要な抜け目のなさも兼ね備えていたことである」（エバン・トーマス）。アメリカ国民は、アイゼンハワーのために喜んで命を捧げようとしました。

■ 政 治 力 を 育 む

　政治力を育む3つの方法を紹介します。

　①弁証法の利用：「あれも、これも」を統合するためには、ヘーゲルの弁証法が有効である。

　②ミドルアップダウンマネジメントの適用：トップダウンではなく、ボトムアップでもなく、ミドルマネジャーが経営と現場を接続する。未来と今との矛盾、理想と現実のギャップの解消を担う。

　③肯定的な反抗を奨励する：良心に基づく反抗、社会のための反抗、創造的な反抗を奨励する。

　次のツボ099では、ワイズリーダーシップ実践の6つ目「社員の実践知を育む」について見ていきましょう。

図表098

政治力の行使

善なる目的

矛盾を受け入れ
統合する

「あれか、これか」ではなく
「あれも、これも」

人を行動に
駆り立てる

1人ひとりに人間として接する
人の心を読む・抜け目がない

あらゆる手段を使って人を動す

能力の育み方

①弁証法の利用

②ミドルアップダウン
マネジメントの適用

③肯定的な反抗
を奨励する

（野中郁次郎＋竹内弘高『ワイズカンパニー』を元に作成）

▶ マキャベリの「目的は手段を正当化する」という言葉にも一面の真実があります　　HINT

Q 社員の実践知を育むためには？

ワイズリーダーシップ実践の6つ目は「社員の実践知を育む」です。

■ 自律分散型リーダーシップ

自律分散型リーダーシップとは、孫悟空が髪の毛を抜いて吹き飛ばすと、毛の一本一本が孫悟空の分身になるように、組織のあらゆる層の社員が、社長のようにリーダーシップを発揮している状態のことを言います。

ワイズカンパニーにおいては、一部のエリートだけではなく組織の全員が実践知を体現しなければなりません。つまり組織にいる全員が「すべきことを知っている」必要があるのです。

経営トップの関与：ミドルマネジャーと現場の社員が賢明な行動を取れるのは、経営トップから信頼されていることを知っているからです。経営トップが積極的に関与し、自社の使命、価値観、生きた哲学を説き、必要な知識とスキルを身につけてもらい、任せて実行させることで相互信頼は育まれていきます。

チームの力：自律的なチームとなるために、稲盛和夫『アメーバ経営』やジェフ・サザーランド『スクラム』などの手法があります。自分たちが正しい方向に進んでいるか、自分たちが本当に望むことをしているか、を見える化してくれる自己組織化のツールです。誠実さや信頼、精神的なタフさ、感情的な成熟が求められます。

■ 社員の実践知を育む方法

社員の実践知を育む4つの方法を紹介します。

①現代版の徒弟制度：中世の職人は徒弟制度によって「守破離」の型を学んだ。現代版の徒弟制度は企業におけるメンターである。社員は手取り足取り教わるのではなく、メンターと経験・文脈・時間を共有し、見て学ぶこと。

②全員経営：JALを再建した稲盛和夫は、個人から家族、地域、社会、そして国、世界へと「利他」の心を広げることによって「ひとりひとりの社員がそれぞれの持ち場・立場で自分の会社を少しでもよくしようと懸命の努力を重ねてくれるようになった」と言う。

③ジャズのような即興：変化が激しく不確実性が高い現代においては個人レベルでの自発性と、集団レベルでの連携と相互主観性が同時に求められる。それはまるでジャズの演奏のように。

④ダイナミックなネットワーク型組織：従来のヒエラルキー型組織と、迅速で自発的な行動を主としたネットワーク型組織を、二重構造として築く。中央集権的なヒエラルキー型においては有能なトップは一人でいいが、非中央集権的なネットワーク型では、有能なリーダーが組織のあらゆる層に必要となる。

次のツボ100では、これからのワイズカンパニーについて考えます。

100のツボ
099

経営トップが積極的に関与する、
チームの力を生かす

図表099
社員の実践知を育む

全員が「すべきことを知っている」

経営トップの関与

- 自社の使命・価値観・生きた哲学を説く
- 必要な知識とスキルを身につけてもらう
- 権限を与えて任せる

相互信頼

チームの力

自律したチーム

例：アメーバ経営・スクラム
- 自分たちで判断し、実行し、解決を図る自律したチームへ
- 自己組織化のツール、状況が見える化される
- 誠実さ、信頼、精神的なタフさ、感情的な成熟が求められる

能力の育み方

①現代版の徒弟制度　　　　　　　③ジャズのような即興
②全員経営　　　　　　　　　　　④ダイナミックなネットワーク型組織

（野中郁次郎 + 竹内弘高『ワイズカンパニー』を元に作成）

▶ ヒエラルキーは「20世紀の最高の発明の1つ（コッター）」。必ずしも悪ではないのです　　*HINT*

259

100 の ツボ
100

■共通善とは何か？

ワイズカンパニーでは、イノベーションを起こし続けるワイズリーダーの姿が描かれました。重要なのはその実践が「共通善」へと向かっていることです（ツボ094）。昔から企業を「社会の公器」と考えてきた日本では、より良い世の中のために企業が働くこと、「共通善」を目指すことはごく自然に思えます（世界のビジョナリーカンパニーとの違いはツボ069参照）。

しかし、改めて考えてみると共通善とは一体なんでしょうか？ もしその大きな目的がずれていたとすれば、企業は誤った道に進んでしまいます。

■対話で目的を見出し、主観を磨く

「みんなにとって善いこと」である共通善は「対話」によってしか捉えられません。何を善いと思うのかは、聞いてみないとわからないからです。

対話とは、そもそも私たちが何に対して取り組みたいか（対）、それぞれの前提や文脈をわかちあうもの（話）です。つまり共通の目的や意義（WHY）を生み出すための話しあいのことでした（ツボ031）。その対話の質は、持ち込まれる「主観」の質によって決まります。主観が美しく磨かれていなければなりません。ワイズカンパニーでは「戦略は心から生まれる」と考えており、個人の意志を原点とした「インサイド・アウト」アプローチを重視しています。

■真・善・美を統合する

そもそも知識とは「真・善・美」の統合のプロセスだと野中郁次郎たちは言っています。

> 知識とは個人の全人的な信念/思いを「真・善・美」に向かって社会的に正当化していくダイナミックなプロセスである（『知識創造企業』より）

主観が美しく磨かれ、対話によって皆が善いと思える目的を持ち、社会的に正当化された真の状態へと統合して導いていく、その実践的な知恵がこれからも求められていくのでしょう。

図表100に、この『図解 組織開発入門』で取り上げた組織モデルの概念（ツボ）をケン・ウィルバーの四象限で整理しました（ツボ055参照）。ぜひ参考にしてみてください。ケン・ウィルバーの言葉から、2つのことが言えます。

1つ目は「すべては正しいが、部分的である」。どのモデルもそれぞれすべて正しいのですが、それは部分的であり必ず足りないところがあります。「優れた理論とは、もっと優れた理論へとたどり着くまでは持ちこたえられるもの」なのです。まだまだ知恵の実践は続きます。

2つ目は四象限いずれもを包括する「統合アプローチ」が必要だということです。この『図解 組織開発入門』は右上の象限が不足していることがわかります。より包括した状態を目指して、次作『図解 MBO入門（仮）』の執筆に取りかかりたいと思います。

図表100

『図解 組織開発入門』におけるツボの整理

	内面 見えない・解釈	外面 見える・知覚

美 　私(I)領域 / それ(It)領域 　真

個人

主観を磨く
045.メンタル・モデル
053.全体性
066.ストックデールの逆説
074.ハイアーパーパス
076.幸せの研究の活用
088.個性化
094.何が善かを判断する
095.本質をつかむ

個の成果に向かう
044.自己マスタリー
083.動機付け

統合する
053.自主経営
064.生え抜きの経営陣
066.誰をバスに乗せるか
066.野心は会社のために
066.規律の文化
068.10X型リーダー
075.価値観と行動
084.自律したチーム
086.リーダーシップ
087.適性

客観のマネジメント
Management by Objectives
and Self Control

集団

対話して目的を得る
046.共有ビジョン
053.進化する目的
064.カルトのような文化
066.針鼠の概念
072.コア・バリュー
077.企業文化の浸透
096.「場」を創造する
097.本質を伝える
Ch2.チェンジエージェント
Ch4.対話型組織開発

組織を動かし続ける
047.チーム学習
064.基本理念を維持しながら変化を促す
064.決して満足しない
065.弾み車を回し続ける
085.組織の活性化
098.政治力を行使する
099.社員の実践知を育む
Ch3.サーベイ・フィードバック

仕組みと型をつくる
048.システム思考
049.組織の設計者
063.時を告げるのではなく、時計をつくる
064.BHAG
064.大量に試してうまくいったものを残す
066.促進剤としての技術
079.ホラクラシー
『図解 人材マネジメント入門』

善 　私たち(We)領域 / それら(Its)領域

▶ 統合と調整は「ティール」、包括と融合は「ターコイズ」の意識段階です　　HINT

まとめ

　　Chapter10.のまとめとしてツボ091〜100のQ&Aを一覧としています（右表）。
　　また、人事担当者、管理職（マネジャー）、経営者、組織で働く人それぞれに向けてこの「ワイズカンパニー」でお伝えしたいメッセージを記載しています。

人事担当者の方へ

　　人事担当者の方にこのワイズカンパニーから最も学んで欲しいのは「社員の実践知の育み方」です。全員が「するべきことを知っている」状態にするためにはどうすれば良いでしょうか。経営者とともに取り組んでいきましょう。その中であなた自身も、何が「善」かを判断する力を身につけて、ぜひワイズリーダーとなってください。

管理職（マネジャー）の方へ

　　管理職（マネジャー）の方は、ワイズカンパニーではミドルアップダウンというマネジメントの中心を担っています。社員が「いま・ここ」で最善の判断ができるようになるには、マネジャー自身がワイズリーダーとして率先垂範していく必要があります。経営者の薫陶を受けつつ、リベラルアーツを学び、そして何よりも現場での日々の判断を通じて、フロネシス（実践知）を磨いていきましょう。

経営者の方へ

　　経営者の方は、ワイズカンパニーを読み通すことが苦しくなるかもしれません。共通善を生き方そのものとした、一朝一夕ではできない「鍛錬の道」（ディシプリン）が延々と説かれているためです。しかし、知恵とは実は「おばあちゃんの知恵袋」であり「幼い頃に習った当たり前のこと」だというシンプルな一面もあります。稲盛和夫は重大な決断をする時には「動機、善なりや」と自分に問うていたそうです。何が善なのか迷いが生じたときは、対話を重ねましょう。共通善は社員の中に、仲間の中にあります。

組織で働く方へ

　　組織で働く人は全員がワイズリーダーであることを、野中郁次郎たちは求めています。「全員経営」です。一人ひとりの社員が、それぞれの持ち場で、少しでも良くしようと貢献を重ねることができれば、その組織は必ず成長していきます。一体何が自分たちの「善」なのか、この組織は何を目指して進むべきなのか、なぜこの組織に自分がいるのか、まずは周囲の仲間たちと語り合うところから始めてみてください。
　　同じ目的に向かって（組んで）、役割分担をして協働したとき（織りなす）、はじめて組織になるのです。

091	『ワイズカンパニー』とは何か？	日本を代表する経営書『知識創造企業』の続編。 より実践的な理論を目指した「知恵」の書
092	ワイズカンパニーの特徴は？	SECIをスパイラルに上昇させ、 持続的にイノベーションを起こし続けている
093	どうやってSECIスパイラルを 回すのか？	ワイズリーダーが6つのリーダーシップを実践する
094	何が「善」かを判断する力を養うために は？	逆境や失敗の経験、あくなき卓越の追求、リベラルアーツを学ぶ、 価値観や倫理観の原則を共有する
095	本質をつかむためには？	徹底的に問う、木と森を見る、仮説を立て試し検証する
096	「場」を創造するとは？	人と人との交流が、新しい洞察・新しい意味を 生み出し続け、コミュニティ拡大の原動力になること
097	本質を伝えるためには？	レトリック、メタファー、物語の力を使う
098	政治力を行使するとは？	善なる目的に向けて、あらゆる手段を使って人を動かすこと
099	社員の実践知を育むためには？	経営トップが積極的に関与する、チームの力を生かす
100	これからワイズカンパニーは どうなる？	真・善・美を統合するための実践が続いていく

次の1歩

ワイズカンパニーについて、
さらに1歩踏み出して学びたい方へおすすめの書籍をご紹介します。

アジャイル開発とスクラム

平鍋健児, 野中郁次郎, 及部敬雄 著
翔泳社／2021年

難易度

ソフトウェア開発で活用されているアジャイル開発スクラムの解説書です。野中郁次郎の知識創造プロセス（SECI）との関係が書かれています。KDDI、ANA、IMAGICA.Lab、NTTの最新事例も載っていて、現代におけるSECI実践がわかります。

美徳の経営

野中郁次郎, 紺野登 著
NTT出版／2007年

難易度

ワイズカンパニーの中心的な哲学である、アリストテレスの「フロネシス」を野中郁次郎がどう考えたのか、深く捉えたいときに読むべき一冊です。

ニコマコス倫理学（上・下）

アリストテレス 著
岩波書店／1971年

難易度

さらに潜りたくなったらアリストテレス自身はどう言っていたのか読んでみましょう。『ニコマコス倫理学』はアリストテレスの倫理学に関する著作を息子のニコマコスたちが編纂したものです。「善」とは何か。「幸福（エウダイモニア）」とは何か。「卓越性」「習慣」「中庸」そして「知慮（フロネシス）」とは何か。2,300年前の知がいまに生きていることが感じられるのではないでしょうか。

失敗の本質

戸部良一，寺本義也，鎌田伸一，杉之尾
孝生，村井友秀，野中郁次郎 著
中央公論新社／1991年

難易度

🌶️🌶️🌶️🌶️

一般的には、野中郁次郎の著作では
『知識創造企業』よりもこちらの
『失敗の本質』のほうが有名かもし
れません。なぜ日本軍は失敗したの
かを掘り下げた古典的名著です。い
まの日本の組織に照らしても、根本
の性質が変わっていないと感じる方
も多いことでしょう。同じ歴史を繰
り返さないように、読んでおきたい
本です。校庭でB29を見上げて小学
校時代を過ごしたという野中先生の
原点ともいえる一冊。

知的機動力の本質 - アメリカ海兵隊の組織論的研究

野中郁次郎 著
中央公論新社／2017年

難易度

🌶️🌶️🌶️

アメリカの軍隊である海兵隊につい
て研究した、日本軍の『失敗の本
質』と対をなす書籍です。
現代の海兵隊を知識創造プロセス
（SECI）とワイズリーダーの観点か
ら分析しており、とても深い内容で
す。「軍隊的組織」とは縦階層・ピ
ラミッド組織・古く悪しき規律とい
うイメージがあるのですが、とんで
もない。海兵隊の組織構造には、緊
急時に機動的に動くための最先端の
知が詰まっています。

善の研究

西田幾多郎 著
岩波書店／1979年

難易度

🌶️🌶️🌶️🌶️

ワイズカンパニーで重要な「場」に
は、日本で初めての哲学者と言われ
る西田幾多郎の思想が大元にありま
す。京都、哲学の道に「人は人 吾
はわれ也 とにかくに 吾行く道を吾
は行なり」と刻まれた石碑がありま
すが、これは西田の言葉です。すべ
ては吾（主観）の純粋経験から始ま
る西田哲学、一冊目はその名も『善
の研究』です。野中郁次郎の言う
「共通善」を知るためにも挑戦して
みてください。

アカツキ社にジョインした私は、開発現場のエンジニアの様子に興味を持ちました。彼らは大きなボードの前に毎朝集まり、手書きしたふせんを貼り付けたり動かしたりしながら話をしていました。ボードにはアニメのキャラクターが落書きしてあって、話している人たちもリラックスした雰囲気でなんだか楽しそう。思わず声をかけました。「皆さん何をしているんですか?」これが私とアジャイル開発スクラムの出会いです。アカツキのスクラムマスター馬場達也さんに教えを乞い学んでいくうちに「ここには組織開発の本質がある」と気づきました。認定スクラムマスターCSMの資格を取得しようと文献を調べていると「野中郁次郎がスクラムの祖父である」という事実を知ります。ジェフ・サザーランドは野中郁次郎の論文「The New New Product Development Game(邦題／新しい新製品開発ゲーム)」から刺激を受けてスクラムを作ったというのです。

「野中先生の話を聞いてみたい」その思いがおさえられなくなった私は、いくつものつてを辿って一橋大学の野中郁次郎教授にアポイントをいただき、その研究室を訪ねました。

「野中先生、スクラムって何ですか?」緊張してたずねた私に、
「スクラムとはね、こうだよ」と野中先生は肩を組んでくれました。

その瞬間にすべてがわかりました。スクラムとは、垣根を越えて、年齢や、役割や、立場を超えて、肩を「組む」こと。ここまで訪ねてきた君は、同じ善なる目的に向かって進んでいる仲間だと知っているよ、自分が伝えられることは伝えてあげよう、という想いが伝わってきたのです。

組織とは組んで織りなすと書きます。現代の組織では、機能として人を扱い、役割として配置する「織りなす」ことばかりが優先されてしまいがちですが、本当に大切なのは、人間として肩を「組む」ことだと、身体感覚で教えていただいたのです。

おわりに

　当書は、偉大な先達たちから私が受け取ったものを、次の誰かへ届けるために書きました。

　執筆にあたっては、テーマごとのワーキンググループで定期的にディスカッションを繰り返してきました。株式会社リンクアンドモチベーションの日野美里さん、株式会社アカツキの安納達弥さん・豊村可奈絵さん・馬場達也さん・小倉将さん、株式会社ヒューマンバリューの菊地美希さん、株式会社ウィル・シードの杉本麻祐子さん・齋藤真智子さん・秋山雄貴さん、株式会社Trustyyleの吉田洋介さん、プラクティショナーの日比健太郎さん、デリバリング・ハピネス・ジャパン認定コーチサルタントの小能拓巳さん。一緒に考え続けてくれた皆さん、ありがとうございました。

　有識者の皆さんから貴重なアドバイスをいただきました。南山大学教授の中村和彦さん、株式会社EHRの兼松正さん、心理学的経営を読む会SKYの三木尭紘さん・澤田倫子さん・松本洋平さん・荒井理江さん・渡邉正子さん、MY-DPの鳥谷奈々子さん、リクルートキャリアのレジェンドのりおさん、組織開発コンサルタントの丹原秀敏さん、システム思考教育家の福谷彰鴻さん、株式会社ウィル・シードの瀬田信吾さん・吉沢昇司さん、株式会社Dialogue withの中村一浩さん、デリバリング・ハピネス・ジャパンの島田由香さん・宮澤大樹さん、ティール組織解説者の嘉村賢州さん、一橋ビジネススクールの川田弓子さん、一橋大学名誉教授の野中郁次郎さん。ありがとうございます。

　また、安部晴佳さんには、前作に引き続き初学者にも伝わる表現方法を考えてもらいました。担当編集のディスカヴァー・トゥエンティワン渡辺基志さんは、このチャレンジングな本のコンセプトづくりを一緒に真摯に取り組んでくれました。多くの方々に支えていただいて、どうにか完成させることができました。本当にありがとうございました。

　組織開発の師であるマスタートレーナー山岸英樹さん・三輪昌生さん、そしてRODの生みの親である潮崎通康さんからの薫陶こそが、当書の核をなすものです。彼らから受け取った大きすぎる宝物を、次の時代の皆さんに使える形でお渡しすることが、私のミッションであります。

　「人間」というのはその字のとおり「人」単体ではなく「間にあるもの」があって初めて成り立つものかも知れません。人が人のことを想う。心配したり、気を揉んだり、成長を願ったり、幸せを祈ったり。その人と人の「間」に発生する目に見えないもの（善）を強く太くすることこそが「組織開発」の本質なのではないか、いま執筆を終えてそう感じています。

　私のお伝えしたいことは、以上です。

2021年12月　壺中天　坪谷邦生

参考文献

- 中村和彦『入門 組織開発』(2015, 光文社)
- 坪谷邦生『図解人材マネジメント』(2020, ディスカヴァー・トゥエンティワン)
- 中原淳,中村和彦『組織開発の探求』(2018, ダイヤモンド社)
- 中村和彦,金井壽宏,大谷友樹,平野光俊『戦略パートナー/チェンジエージェントとしての人事部が取り組む組織開発』(2014, 経営行動科学第27巻第1号)
- ケン・ウィルバー『インテグラル理論』(2019, 日本能率協会マネジメントセンター)
- 『Organization Development and Change(Cummings & Worle,2009)』
- E.H.シャイン『プロセス・コンサルテーション』(2012, 白桃書房)
- 大沢武志『心理学的経営』(1993, PHP研究所)
- リクルートマネジメントソリューションズ『MassageVol.10』
- ドナルド・アンダーソン『Organization Development』
- Brenda B. Jones,Michael Brazzel『NTLハンドブック～組織開発(OD)と変革～(改訂版)』(2018, NextPublishing Authors Press)
- RMSホームページ『https://www.recruit-ms.co.jp/information/tr/important.html(2021年10月14日閲覧)』
- 河合隼雄・茂木健一郎『こころと脳の対話』(2008, 潮出版社)
- 中原淳『サーベイ・フィードバック入門』(2020, PHP研究所)
- 南雲道朋『データ主導の人材開発・組織開発マニュアル』(2021, 経営書院)
- ウィルマー・B・シャウフェリ『ワーク・エンゲイジメント入門』(2012, 星和書店)
- ケネス・J・ガーゲン,メアリー・ガーゲン『現実はいつも対話から生まれる-社会構成主義入門』(2018, ディスカヴァー・トゥエンティワン)
- ジャルヴァース・R・ブッシュ,ロバート・J・マーシャク他『対話型組織開発』(2018, 英治出版)
- エイミー・C・エドモンドソン『恐れのない組織』(2021, 英治出版)
- 香取一昭,大川恒『ホールシステム・アプローチ』(2011, 日本経済新聞出版)
- 中村和彦『対話型組織開発の特徴およびフューチャーサーチとAIの異同』(2014,『人間関係研究』第13号)
- オードリー・タン『自由への手紙』(2020, 講談社)
- アイリス・チュウ,鄭仲嵐『Au オードリー・タン 天才IT相 7つの顔』(2020, 文藝春秋)
- オードリー・タン『オードリー・タン デジタルとAIの未来を語る』(2020, プレジデント社)
- ピーター・センゲ『学習する組織』(2011, 英治出版)
- 小田理一郎『マンガでやさしくわかる学習する組織』(2017, 日本能率協会マネジメントセンター)
- ピーター・センゲ他『フィールドブック 学習する組織「5つの能力」』(2003, 日本経済新聞出版)
- デヴィッド・ボーム『ダイアローグ』(2007, 英治出版)
- SoLジャパン福谷彰鴻さんが翻訳した講演記録『Learning Sandbox』(mylearningsandbox.wordpress.com)
- ロバート・キーガン,リサ・ラスコウ・レイヒー『なぜ人と組織は変われないのか』(2013, 英治出版)
- ピーター・センゲ他『出現する未来』(2006, 講談社)
- フレデリック・ラルー『ティール組

織』(2018, 英治出版)

- 安藤広大『リーダーの仮面』(2020, ダイヤモンド社)
- ジム・コリンズ他『ビジョナリーカンパニー』シリーズ(日経BP社)
- リクルートマネジメントソリューションズ組織行動研究所, 野中郁次郎『日本の持続的成長企業』(2010, 東洋経済新報社)
- ジム・コリンズ『ビヨンド・アントレプレナーシップ』(加筆再出版したものが『ビジョナリーカンパニーZERO』)
- トニー・シェイ『ザッポス伝説』(2010, ダイヤモンド社)
- マーティン・セリグマン『オプティミストはなぜ成功するのか』(1991, 講談社)
- ロバート・エモンズ『Gの法則─感謝できる人は幸せになれる』(2008, サンマーク出版)
- アダム・グランド『GIVE & TAKE「与える人」こそ成功する時代』(2014, 三笠書房)
- チクセントミハイ『フロー体験 喜びの現象学』(1996, 世界思想社)
- Health Educ Behav OnlineFirst, published on May 9, 2008

- DH Masterclass (https://deliveringhappiness.jp/masterclass/B46)
- トニー・シェイ『ザッポス伝説2.0』(2020, ダイヤモンド社)
- ブライアン・J・ロバートソン『HOLACRACY(ホラクラシー)』(2016, PHP研究所)
- BizHint『「人材マネジメント」のツボ』第5回 (https://bizhint.jp/report/199334)
- KeyPlayers『リクルート出身の社長・起業家・経営者一覧【CXOのキャリアまとめ】』(https://keyplayers.jp/archives/3004/)
- 入山章栄『世界標準の経営理論』(2019, ダイヤモンド社)
- 野中郁次郎・竹内弘高『ワイズカンパニー』(2020, 東洋経済新報社)
- 小田理一郎『「学習する組織」入門』(2017, 英治出版)
- センゲ『学習する学校』(2014, 英治出版)
- 河合隼雄『ユング心理学と仏教』(1995, 岩波書店)
- エドワード・グレイザー『都市は人類最高の発明である』(2012, NTT出版)
- リクルートマネジメントソリューションズ『管理者適性アセスメント追跡調査2011』(https://www.recruit-ms.co.jp/research/study_report/0000000287/)
- マイケル・ポランニー『暗黙知の次元』(2003, 筑摩書房)
- 野中郁次郎・竹内弘高『知識創造企業』(1996, 東洋経済新報社)

索引

図解 組織開発入門

組織づくりの基礎をイチから学びたい人のための「理論と実践」100のツボ

発行日　2022年2月20日　第1刷
　　　　2025年1月15日　第4刷

Author	坪谷邦生
Infographic Designer	荒井雅美（トモエキコウ）
Book Designer	新井大輔
Publication	株式会社ディスカヴァー・トゥエンティワン
	〒102-0093
	東京都千代田区平河町2-16-1 平河町森タワー11F
	TEL　03-3237-8321（代表）
	03-3237-8345（営業）
	FAX　03-3237-8323
	http://www.d21.co.jp
Publisher	谷口奈緒美
Editor	千葉正幸

Store Sales Company				
	佐藤昌幸	蛯原昇	古矢薫	磯部隆
	北野風生	松ノ下直輝	山田諭志	鈴木雄大
	小山怜那	藤井多穂子	町田加奈子	

Online Store Company				
	飯田智樹	庄司知世	杉田彰子	森谷真一
	青木翔平	阿知波淳平	大﨑双葉	近江花渚
	徳間凜太郎	廣内悠理	三輪真也	八木眸
	古川菜津子	高原未来子	千葉潤子	金野美穂
	松浦麻恵			

Publishing Company				
	大山聡子	大竹朝子	藤田浩芳	三谷祐一
	千葉正幸	中島俊平	伊東佑真	榎本明日香
	大田原恵美	小石亜季	舘瑞恵	西川なつか
	野﨑竜海	野中保奈美	野村美空	橋本莉奈
	林秀樹	原典宏	牧野類	村尾純司
	元木優子	安永姫菜	浅野目七重	厚見アレックス太郎

	神日登美	小林亜由美	陳玟萱	波塚みなみ	林佳菜
Digital Solution Company	小野航平	馮東平	宇賀神実	津野主揮	林秀規
Headquarters	川島理	小関勝則	大星多聞	田中亜紀	山中麻吏
	井上竜之介	奥田千晶	小田木もも	佐藤淳基	福永友紀
	俵敬子	三上和雄	池田望	石橋佐知子	伊藤香
	伊藤由美	鈴木洋子	福田章平	藤井かおり	丸山香織
Proofreader	株式会社鷗来堂			
DTP	荒井雅美（トモエキコウ）			
Printing	日経印刷株式会社			

Discover

人と組織の可能性を拓く
ディスカヴァー・トゥエンティワンからのご案内

本書のご感想をいただいた方に
うれしい特典をお届けします！

特典内容の確認・ご応募はこちらから

https://d21.co.jp/news/event/book-voice/

最後までお読みいただき、ありがとうございます。
本書を通して、何か発見はありましたか？
ぜひ、感想をお聞かせください。

いただいた感想は、著者と編集者が拝読します。

また、ご感想をくださった方には、お得な特典をお届けします。